运动表现测试与评估

Sports Performance Measurement and Analytics

[美]洛雷纳·马丁（Lorena Martin） 著

李　卫　包大鹏　主译

北京体育大学出版社

策划编辑：王英峰
责任编辑：王英峰
责任校对：林小燕
版式设计：久书鑫

北京市版权局著作权合同登记号：01-2022-4279

图书在版编目（CIP）数据

运动表现测试与评估 / （美）洛雷纳·马丁著 ； 李卫，包大鹏主译. — 北京 ： 北京体育大学出版社，2024.2

书名原文：Sports Performance Measurement and Analytics

ISBN 978-7-5644-3982-8

Ⅰ. ①运… Ⅱ. ①洛… ②李… ③包… Ⅲ. ①人体测量(运动医学) Ⅳ. ①G804.49

中国国家版本馆 CIP 数据核字(2024)第 001930 号

[美]洛雷纳·马丁（Lorena Martin） 著
李　卫　包大鹏　主译

运动表现测试与评估
YUNDONG BIAOXIAN CESHI YU PINGGU

出版发行：北京体育大学出版社
地　　址：北京市海淀区农大南路 1 号院 2 号楼 2 层办公 B-212
邮　　编：100084
网　　址：http://cbs.bsu.edu.cn
发 行 部：010-62989320
邮 购 部：北京体育大学出版社读者服务部 010-62989432
印　　刷：三河市龙大印装有限公司
开　　本：710mm×1000mm　1/16
成品尺寸：170mm×240mm
印　　张：19.5
字　　数：324 千字
版　　次：2024 年 2 月第 1 版
印　　次：2024 年 2 月第 1 次印刷
定　　价：168.00 元

译者名单

主　译　李　卫　包大鹏

译　者　（按姓氏笔画排列）

石　煜　李沛泽　吴　培　张明明

陈　岩　陈赟吉　周开祥　赵子初

贺智健　郭振向　梁美富　谌　杰

阙怡琳

译序

人才培养是高等学校的基本任务，对处于学校工作中心地位的教学工作来说，其质量建设是高等学校的永恒主题。作为传授知识、掌握技能、提高素质的载体，教材在人才培养过程中起着非常重要的作用，是高等学校提高教学质量、促进内涵发展的有力抓手。一本好的教材，不仅要充分体现教材应有的基础性、示范性和权威性，还要能够体现教学内容和课程体系改革和创新的方向，充分反映学科的教育思想观念、人才培养模式及教学科研的最新成果；不仅要展现教材内容的更新和教学方法手段的革新，还要能够妥善处理理论与实践、继承与创新、广度与深度、知识与技能、利学与利教的关系，成为开阔学生视野、引导学生探索、鼓励学生奋进的学业与人生兼备的“工具书”。

《运动表现测试与评估》系“体能训练关键核心技术集成系统与器械教育部工程研究中心系列成果”之一，包含了深厚的运动科学基础、经典的体育统计理论和最新的专项体能测评方法。没有精准评估就没有精准训练，科学的训练方案总是源于科学的测试方法。为了开发精确的运动表现测试方法，首先要知道我们测试的目的和意义。本书分为四个版块：(1) 运动解剖学与生理学，(2) 运动表现的测试与评估，(3) 选择统计模型，(4) 专项运动表现测试与评估。扎实的运动科学知识是专业人士构建专业素养的基石，本书第一章介绍了运动解剖学与生理学的基本原理；第二章和第三章介绍了运动表现测试的理论与方法，对了解和掌握运动员基础体能测试和心理评估至关重要；第四章介绍了体育统计学的基础理论，帮助运动表现分析师进一步理解运动本身、运动员和运动表现的数据并进行优化分析，以及了解如何将这些信息传达给负责决策的运营和管理人员；第五章至第九章介绍了包括橄榄球、篮球、棒球、足球、网球等在内的专项运动表现测试与评估方法，这有利于运动员、教练员及其他体育专业人士更好地理解与运动表现相关的测试和分析。

本书在内容架构上较以往该类书籍更加翔实丰富，引用多个训练实践案例，详细介绍了运动表现测试与评估领域所需的理论基础和应用方法。本书由北京体育大学体能训练学院博士研究生导师李卫教授和中国运动与健康研究院包大鹏研究员带领的师生团队精心翻译，其中有造诣高深的学界名师，也有朝气蓬勃的学术新秀；有扎根实践的训练专家，也有精通理论的青年博士。本书各章的译者都以高质量的译文为译著的完成做出了重要贡献。在忠于原著的基础上，译文尽量符合现代汉语的语法及用语习惯，力求通顺畅达、语言优美。吴培老师在本书的成书过程中，做了大量事务性工作。在此对所有参与翻译、编校工作的同人表示由衷的敬意和真诚的感谢！

本书内容丰富、讲解清晰，既适合运动科学初学者，又适合高等院校体育专业师生，是广大体育运动科学专业人士值得阅读的经典教材和教辅资源。

李卫

2023 年 12 月 18 日

前言

“不可能”只是弱小者的夸大其词，他们发现在既定世界中得过且过要比探索改变的力量来得安逸。“不可能”不是一个事实，而是一种观念。“不可能”不是一种宣言，而是一种勇气。“不可能”是一种潜能。“不可能”只是暂时。没有什么是“不可能”的。

——穆罕默德·阿里

我一生都在从事体育运动。我从 13 岁才开始打网球，在许多网球专家看来，从这一年龄开始练习并想要成为顶级职业网球选手太晚了。从我第一天在家附近的网球场赢了一个男孩开始，我每天训练 6 小时。在那时，我迷上了这项运动。

我的梦想是成为一名职业网球运动员。为了打网球，我在球场上度过了无数个日夜，不参加聚会，不去度假，也不去约会。高中和大学时我也继续打着网球。我在一家航空公司工作，这样我就可以节约出行费用去参加世界各地的职业网球比赛。职业网球比赛曾经（现在仍然）分散在全球各地，经济基础较低的人赢得比赛的机会微乎其微。我经过不断训练和比赛，在佛罗里达州排名第三，在美国女子职业网球运动员中排名前 200。

作为一名本科生，我主修心理学。我想了解成功职业运动员的心理和行为特征，于是我接着获得了心理学硕士学位。

在学习心理学之后，我想更深入地了解生理和体能变量在运动中的重要性，如肌肉力量、爆发力、耐力、无氧功率、心肺耐力和柔韧性。我觉得有必要尽可能多地了解优秀运动员的身心活动过程。我在迈阿密大学获得了运动生理学博士学位，并被圣地亚哥加利福尼亚大学聘任为从事行为医学的博士后。

我一直被督促着去学习统计，了解数字背后的意义。我想知道哪些变量可以用来预测运动表现和回答一个简单的问题：“一个人要成为世界级运动员必须具备哪些素质？”这一问题及更多问题可以通过研究、测量、统计和分析来回答。

我继续在佛罗里达州立大学教授科研方法和统计设计。后来，我加入了西北大学，日前我在那里教授财政分析导论和体育绩效分析。

作为一名从事运动表现分析的老师，我试图找到一本包含运动解剖学和生理学并描述运动表现测试的书。我想要这样一本书，其中包括各种个人和团队运动中使用的统计分析和模型，以及体育行业采用的统计方法，但遗憾的是我没有找到。

我选择写这本书，是为了让运动员、教练员和俱乐部经理更好地理解与运动表现相关的测试和评估。为了制定准确的测试方法，我们需要知道我们想要测试什么，以及为什么要测试这个。这本书对至今在体育运动中经常被忽视的运动结构问题和变量因素提供了新的见解。它还回顾了运动解剖学和生理学、运动表现测试和评估的基础知识。

这本书的受众很广，包括所有参与体育运动的人，如运动员、教练员和训练师。通过阅读这本书，他们都将对运动表现测试和评估有一定的了解。参与运动表现测试与评估的人将对运动表现有新的认识，并清楚要成为一名有竞争力的运动员需要具备什么。这本书对渴望学习运动表现分析的学生是一次很好的“洗礼”。

非常感谢我的策划编辑托马斯・W. 米勒（Thomas W. Miller），没有他，这本书是不可能完成的。特别感谢我的编辑珍妮・格拉瑟・莱文（Jeanne Glasser Levine）和出版商培生（Pearson，FT Press）给我机会出版我的第一本书。当然，任何书写问题、错误或未完成的事项都是我自己的责任。

我要特别感谢我的兄弟胡安・J. 马丁（Juan J. Martin），他是一名职业网球运动员，他根据自己在职业网球比赛和运动生理学方面的经验，不断向我提供有见地的信息。我还想感谢达拉斯牛仔队（Dallas Cowboys）足球研究总监汤姆・鲁滨逊（Tom Robinson）的精彩评论。感谢西北大学马斯特预测分析项目的首席教员罗伊・桑福德（Roy Sanford），他对本书的统计方法提出了建设性的批评。我要感谢我的母亲埃丝特拉·马丁（Estella Martin），感谢她日夜陪伴在我的身边，并一直给予我支持。感谢我的父亲坦比恩·J. 马丁（Tambien J. Martin）为我提供了不竭的动力，促使我完成这本书。

洛雷纳·马丁

加利福尼亚圣地亚哥

2015 年 12 月

目录
Contents

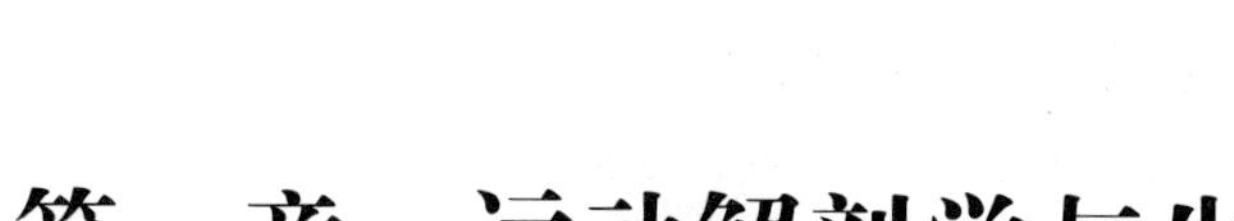

第一章　运动解剖学与生理学

肌肉收缩做功就像驾驶一辆汽车，如果你想让它尽早进入状态就需要提前热车。

——弗洛伦斯·格里菲思·乔伊纳（Florence Griffith Joyner）

深入理解运动解剖学和生理学基础知识能够让我们全面了解：成为一名运动员意味着什么。首先让我们回答一个问题：什么是运动员？我们可以把运动员想象成一个擅长运动、训练有素且拥有极佳身体素质（如力量、爆发力、耐力、速度及灵敏性）的人。

与运动员身体素质相关的内容将在第二章中着重介绍。本章我们将重点介绍运动员的解剖学和生理学基础知识。本章的目的是，帮助运动数据分析师及运动员全面了解人体及其机械效应在比赛中的作用，从而理解生理机能是如何影响运动表现的。本章将让你对数学运算和运动分析产生新的认识，了解与运动表现相关的主要生理机制，将使你成为一个更有竞争力和洞察力的运动数据专家。

首先让我们来回顾一下基本的骨骼结构及解剖学知识。人体由 206 块骨骼和 430 多块骨骼肌组成。仅与解剖学相关的知识就需要好几本书才能解释清楚。本章我们将着重讨论与运动表现最相关的人体解剖学和生理学知识。

研究骨骼的学科被称为骨骼学，骨骼学家始终致力于骨骼功能的研究。骨骼（骨髓）负责不断更新人体的红细胞和白细胞，这不仅对于维持器官的基本功能非常重要，对于运动员在比赛中获得优势也至关重要。骨骼包括以下 5 种类型：长骨、短骨、扁骨、不规则骨和籽骨。由于长骨的力臂较长，所以它的动作幅度更大，相比之下，短骨的活动能力受限，但它更为强壮。每种骨骼形态类型举例见表 1.1。

表 1.1　骨骼形态类型举例

骨骼形态类型	举例
长骨	股骨、肱骨、胫骨
短骨	脚上的跗骨、手腕上的腕骨
扁骨	肩胛骨、胸骨、头盖骨
不规则骨	椎骨、骶骨、下颌骨
籽骨	髌骨、手上有 4 块籽骨、脚上有 2 块籽骨

骨骼肌是人体运动系统的重要组成部分，它由连接骨骼的韧带和连接肌肉–骨骼的肌腱组成。因此，当肌肉拉动骨骼时便会产生动作。根据不同的分类或分组方法，人体骨骼肌的数量在 430～900 块。实际上，每一块骨骼肌都被认为是一个包含肌肉组织、结缔组织、神经和血管的器官。目前，大多数的争议都集中在如何量化骨骼肌的数量方面。

与骨骼一样，肌肉也可以按照结构和功能进行分类：平滑肌存在于血管和器官中，心肌存在于心脏中，而骨骼肌则遍布全身维持人体运动。

我们所熟悉的上半身肌肉和肌群包括背阔肌、菱形肌、斜方肌、三角肌、肩袖肌群、胸肌、肱二头肌、肱三头肌、肱桡肌及旋前圆肌。与运动表现相关的躯干和核心肌肉包括腹直肌、腹外斜肌、腹内斜肌和腹横肌。下肢肌肉对于大多数运动项目而言都至关重要，包括股四头肌、腘绳肌、臀肌（臀大肌、臀中肌、臀小肌）、腓肠肌和比目鱼肌。这些肌肉的位置及主要功能见表 1.2。

表 1.2　肌肉位置及功能

肌肉名称		肌肉位置	功能
上半身肌肉和肌群	背阔肌	位于人体背部，是上半身最大的肌群	参与完成肩关节的伸展、内收及拉的动作；适用于所有运动
	菱形肌	位于上背部斜方肌下方，由两块肌肉组成：分为大菱形肌和小菱形肌	参与完成肩胛骨内收动作；适用于所有运动
	斜方肌	位于菱形肌上表面，从肩部延伸到颈部	参与分配负荷远离颈部和保持肩部稳定的动作
	三角肌	位于肩部皮下，从前、后、外侧包裹着肩关节，是一块多羽状肌	参与完成投掷动作；被需要完成过头动作的运动员广泛使用
	肩袖肌群	位于肩部深层、三角肌下方，共同作用维持肩关节稳定	参与完成投掷动作；在四分卫、投手和网球运动员掷球、发球时起关键作用
	胸肌	通常所说的胸肌包括胸大肌和胸小肌	参与完成胸部下压产生力量，肩关节外展及推的动作
	肱二头肌	位于手臂前侧，被称为二头肌是因为它包含两个头	参与完成游泳动作；网球选手正手击球以及使棒球旋转；参与肘部弯曲和捡起动作
	肱三头肌	位于手臂后侧，被称为三头肌是因为它有三个头	肘关节伸展；用于伸直肘关节；用于橄榄球运动员完成推的动作
	肱桡肌及旋前圆肌	前臂肌群	广泛用于需要手腕参与的运动
躯干和核心肌肉	腹直肌	位于身体前侧、腹部的下面	用于脊柱的屈曲，保持躯干稳定；与所有运动相关
	腹外斜肌	位于躯干两侧腹内斜肌的上表面	用于躯干侧屈和旋转；用于网球击球
	腹内斜肌	位于躯干两侧腹外斜肌的下方	用于躯干屈曲、侧屈、旋转及收紧腹部；与所有运动相关
	腹横肌	腹部最深层的肌肉，环绕在躯干上	用于呼吸和保持躯干稳定；与所有运动相关

续表

肌肉名称		肌肉位置	功能
下肢肌肉	股四头肌	位于大腿前侧，由四块肌肉组成	用于伸展膝关节；是足球运动员力量的主要来源；与所有运动相关
	腘绳肌	位于大腿后侧，由三块肌肉组成	用于屈曲和弯曲膝关节；与所有运动相关
	臀大肌、臀中肌及臀小肌	位于臀部	进行爆发式动作时首先被动员；下肢力量或爆发力的组成部分
	腓肠肌	位于小腿，通常被称为小腿肌肉的一部分	用于跳跃和踮脚尖的动作，包括前脚掌着地
	比目鱼肌	位于小腿，通常被称为小腿肌肉的一部分	用于跳跃和踮脚尖的动作，包括前脚掌着地

大多数人都听说过快肌纤维和慢肌纤维，或白肌纤维和红肌纤维。然而，更准确的说法是Ⅰ型和Ⅱ型肌纤维，其中Ⅱ型肌纤维又可以细分为Ⅱa 型和Ⅱx 型。Ⅰ型肌纤维通常被称为慢肌纤维，Ⅱa 型和Ⅱx 型肌纤维被称为快肌纤维。

为了便于理解，接下来我们将重点介绍Ⅰ型和Ⅱ型肌纤维之间存在的差异，因为它们的氧化酶含量、肌红蛋白数量、毛细血管密度、线粒体大小及密度不同，所以它们利用氧气和糖原的能力不同，这是它们的本质区别。

一般来说，Ⅰ型肌纤维在上述生理特征上具有明显优势。与之相对，Ⅱ型肌纤维的神经传导速度更快、肌肉收缩速度更快、无氧酶的含量更多且输出功率更大。众所周知，Ⅱ型肌纤维的糖酵解能力更强，这意味着它们进行高强度运动时利用糖原（葡萄糖的储存形式）进行供能，而Ⅰ型肌纤维则依赖于它们的有氧氧化能力。不同类型肌纤维特征见表 1.3。

表 1.3 不同类型肌纤维特征

特征	Ⅰ型	Ⅱa 型	Ⅱx 型
运动神经元大小	小	大	大
神经传导速度	慢	快	快
收缩速度	慢	快	快
舒张速度	慢	快	快
抗疲劳性	强	中等/弱	弱
力量输出	小	中等	大
功率输出	小	中等/大	大
耐力	强	中等/弱	弱
有氧酶含量	多	中等/少	少
无氧酶含量	少	多	多
毛细血管密度	大	中等	小
肌红蛋白浓度	高	低	低
线粒体大小及密度	大	中等	小
纤维直径	小	中等	大
颜色	红	白、红	白

资料来源：Baechle 和 Earle（2008）。

显而易见，解剖学与生理学知识在运动表现中发挥着非常重要的作用。拥有更多的Ⅱ型肌纤维可能会让短跑运动员受益，而拥有更多的Ⅰ型肌纤维会让长跑运动员受益。Ⅰ型和Ⅱ型肌纤维在不同运动中的贡献详见表 1.4。

表 1.4 运动项目与肌纤维类型

项目	Ⅰ型肌纤维贡献	Ⅱ型肌纤维贡献
100 米跑	低	高
800 米跑	高	高

续表

项目	Ⅰ型肌纤维贡献	Ⅱ型肌纤维贡献
马拉松	高	低
足球	高	高
美式橄榄球（外接手和前锋）	低	高
篮球	低	高
棒球（投手）	低	高
网球	高	高

资料来源：Baechle 和 Earle（2008）。

除了肌纤维类型划分存在争议，另外一个争议是，能否通过训练来改变人体肌纤维的类型。几项动物实验研究表明，运动能够激活处于休眠状态的生物酶，这意味着在一定程度上能够改变肌纤维类型。

了解了骨骼和骨骼肌系统的基础知识之后，接下来我们将探讨与运动表现相关的生理学知识。首先，我们必须知道人体内持续进行着两种不同类型的新陈代谢，即合成代谢和分解代谢。合成代谢是将小分子物质合成大分子物质，与此相反，分解代谢则是将大分子物质分解成小分子物质并释放能量。生物反应所释放的能量可以通过热量来表示，1 千克水升高 1 摄氏度所需要的热量为 1 千卡，这与食物中所含的热量相对应，食物在体内分解产生能量并以三磷酸腺苷（ATP）的形式储存起来。

人体通过能量代谢系统合成 ATP 来完成不同强度、不同持续时间的运动。无论进行健身锻炼还是专业训练，主要都是通过三种能量代谢系统进行供能，它们分别是磷酸原（ATP–PCr）供能系统、糖酵解供能系统和有氧氧化供能系统。从系统类型上看，能量代谢系统都不属于“全或无”式的，供能时三者会持续协同供能，只是参与的程度不同。哪个能量代谢系统起主要作用在很大程度上取决于运动的强度、持续时间及运动员所摄入的能量底物（食物）。被消耗的能量底物是一个花哨的专业术语，指的是运动员正在消化的食物。相应地，三大供能系统有时也被称为生物能量系统。

运动员的运动能力在很大程度上取决于人体的肌肉机能，包括可用于供能的氧气和底物（葡萄糖）含量。这是什么意思呢？如果一名运动员正在全速冲刺，参与完成动作的肌肉难以如静息状态那样有充足的时间来利用氧气，此时机体会进入无氧状态，肌肉将不需要消耗氧气而直接分解 ATP 产生能量。然而，当人体以较慢的速度进行运动时，线粒体（细胞的发动机）内会发生需要氧气的氧化反应并产生能量。因此有人会说，人体经过自然进化已经足够聪明甚至可以与电脑相媲美，只需设定好“程序”和“算法”，它就知道该做什么。

简而言之，磷酸原供能系统、糖酵解供能系统和有氧氧化供能系统负责合成 ATP 并将其储存在人体内。人体自动储存的 ATP 能够维持细胞的基本功能及人体的日常活动，但并不能满足运动所需。

磷酸原供能系统借助肌酸激酶来合成人体进行短时间、高强度、爆发式运动所需要的 ATP，每消耗 1 摩尔 ATP 产生 0.60 千卡的热量，它对于需要完成高强度、短时间爆发式动作的运动发挥着重要作用。这一供能系统在所有运动的开始阶段都会被动员从静止状态转换为运动状态。

糖酵解供能系统是通过糖酵解（糖原的分解）的代谢方式产生能量，并产生乳酸。糖酵解是指在没有充足氧气的情况下，储存在肌肉中的糖原被快速分解成葡萄糖并产生 ATP 的过程。值得注意的是，运动强度和持续时间决定了糖酵解的类型，存在两种可能的代谢途径：① 无氧（快速）糖酵解，包含的化学反应步骤较少，会产生乳酸；② 有氧（慢速）糖酵解，其化学反应过程较长，能够产生 2～3 摩尔的 ATP，相当于 1.20～1.80 千卡的能量。有氧糖酵解供能速度较慢，它需要足够的氧气才能产生能量，而无氧糖酵解只需要少量的氧气就能够产生能量进行供能。

有氧氧化供能系统可以分解糖原、脂肪和蛋白质。当机体处于静息状态或从事长时间、低强度运动时，该供能系统也能够生成 ATP。人们普遍认为，进行低强度运动时机体会消耗更多脂肪来产生能量，而不是其他能源物质（碳水化合物或蛋白质）。这是对第三个供能系统的简单解释。

有氧氧化供能系统的主要能源物质是脂肪，它能够分解脂肪生成甘油三酯。这使得血液中的游离脂肪酸增多，它们被运送到肌纤维中进行氧化反应产生能量。脂肪转化为葡萄糖的过程被称为脂肪分解，在这个过程中能产生 36～40 摩尔的 ATP，相当于 21.60～24 千卡的热量。

此外，有氧供能还可以氧化蛋白质，但蛋白质并不是主要的能源物质。蛋白质分解产生能量的效率不高，蛋白质水解需要多个步骤才能分解成氨基酸，并最终通过糖异生作用转化为葡萄糖。通过分解蛋白质合成 ATP 需要花费更长的时间，因此，脂肪和碳水化合物是运动过程中的首选能源物质，因为它们在长时间运动过程中产生能量的速度要快得多。不同能量代谢系统 ATP 合成速率和合成能力见表 1.5。

表 1.5　ATP 合成速率和合成能力

供能系统	ATP 合成速率	ATP 合成量
磷酸原	1	5
快速糖酵解	2	4
慢速糖酵解	3	3
碳水化合物氧化	4	2
脂肪和蛋白质氧化	5	1

注：1=合成速率最快或合成量最多；5=合成速率最慢或合成量最少。

资料来源：Baechle 和 Earle。

运动员的主要能量供应系统不仅因运动项目而异，还会因运动员场上位置或比赛风格而异。例如，网球运动员快速上步正手击球、篮球运动员全力起跳扣篮、棒球运动员冲刺触垒、四分卫传球或前锋射门得分，都是以磷酸原供能系统为主要能量来源。如果一名接长传球的运动员全速冲刺时间超过 6 秒，机体就会从磷酸原供能状态转换成磷酸原和糖酵解（快速糖酵解）混合供能的状态。

一名足球中场球员在场上进行 1～2 分钟的持续快速奔跑会使他的机体真正处于快速糖酵解供能状态。如果他继续跑更长的时间（2～3 分钟），机体很可能处于快速糖酵解和有氧氧化供能的混合状态。最后，长跑运动员以相对较慢的速度进行长时间运动，则有氧氧化供能系统是合成 ATP 最主要的途径。不同能量代谢系统所对应的运动强度和运动持续时间见表 1.6。

表 1.6　不同能量代谢系统所对应的运动强度和运动持续时间

运动持续时间/s	运动强度	主要供能系统
0～6	极限强度	磷酸原

续表

运动持续时间/s	运动强度	主要供能系统
6～30	非常高	磷酸原和快速糖酵解
30～120	高	快速糖酵解
120～180	中等	快速糖酵解和有氧氧化
>180	低	有氧氧化

资料来源：Baechle 和 Earle（2008）。

综上所述，磷酸原供能系统主要为短时间、高强度运动合成 ATP；糖酵解供能系统为中/短时间、中/低强度运动提供能量；进行长时间、低强度运动时，有氧氧化供能系统是最主要的供能系统。

表 1.7 描述了能量代谢系统的限制因素。该表展现了运动员的自动动员能量代谢系统，这与他们从事的运动项目密切相关。例如，铁饼运动员体内储存足够的 ATP 和磷酸肌酸对于他们取得好成绩具有重要作用，让他们能够以更加有力的方式将铁饼掷出；马拉松运动员的运动表现更容易受到肌肉和肝脏中糖原（大量的血糖聚集在一起）含量的影响，因为它们是进行糖酵解和有氧氧化反应的能源物质。因此，如果他们所储存的肌糖原和肝糖原含量有限，将对他们的运动表现产生极大的负面影响。

表 1.7　能量代谢系统的限制因素

运动强度	ATP 和磷酸肌酸	肌糖原	肝糖原	脂肪含量	较低的 pH
低（马拉松）	1	5	4～5	2～3	1
中等（1 500 米跑）	1～2	3	2	1～2	2～3
高（400 米跑）	3	3	1	1	4～5
非常高（掷铁饼）	2～3	1	1	1	1
高且多次重复	4～5	4～5	1～2	1～2	4～5

注：1=影响最小的限制因素；5=影响最大的限制因素。

资料来源：Baechle 和 Earle（2008）。

掌握了最大功率百分比和运动持续时间的主要供能系统知识，我们就可以针对不同的能量代谢系统进行训练（表 1.8）。例如，如果你是一名想提高磷酸原供能系统利用率的运动员，你可以按照 90%的最大强度进行训练（冲刺），持续 5 秒，训练/间歇比为 1:20，意味着你可以休息 100 秒（5 秒×20）或 1 分钟 40 秒。如果你想提高心肺耐力，你应该按照 20%～30%的最大强度进行更长时间训练，训练间歇比不超过 1:3。

表 1.8　训练和能量代谢系统

最大功率百分比/%	主要供能系统	训练时间/s	训练/间歇比
90～100	磷酸原	5～10	1:12～1:20
75～90	快速糖酵解	15～20	1:3～1:5
30～75	快速糖酵解	60～180	1:3～1:4
20～30	有氧氧化	＞180	1:1～1:3

资料来源：Baechle 和 Earle（2008）。

与运动表现相关的生理学指标见表 1.9。通常睾酮、生长激素和 IGF－1 与肌肉量、骨密度的增加与保持密切相关，血乳酸水平常用于评估运动员是否处于疲劳状态。当运动员进行技术或技能要求较高的训练时，不需要达到很高的血乳酸水平，因为当血液中存在大量血乳酸时，他们受伤的风险也会增加。此外，众所周知，当运动员过度训练时机体会出现炎症，应激会产生大量的皮质醇，长此以往将可能造成损伤。

表 1.9　与运动表现相关的生理学指标

生理机能	指标
肌肉量的增加和保持	睾酮、生长激素、IGF－1
骨密度	睾酮、雌性激素
疲劳	血乳酸水平
过度训练	皮质醇

续表

生理机能	指标
细胞老化	端粒长度、甲基化评估
心功能	心率、每搏输出量、心率变异性、心输出量和血压
有氧阈	氧化酶含量、最大摄氧量
无氧阈	呼吸频率

近期，学者发表了很多与延缓衰老相关的研究。端粒位于DNA染色体的末端。读者可能会有这样的疑问：这与运动有什么关系呢？职业运动员对于延长他们的运动生涯非常感兴趣，研究已证明端粒与身体衰老高度相关，这可能是一个能够延长运动生涯的有效因素。许多研究表明，无论是动物还是人类，端粒越长则寿命越长、身体越健康。此外，甲基化评估是一种全新的评价衰老的方法，它与生理衰老的相关性甚至比端粒还要强。研究人员建议将它作为测量生理年龄的有效方式，它有助于在损伤预防和延长运动生涯两方面的研究取得新的进展。

心脏功能的好坏对运动表现的优劣至关重要，心脏将血液和氧气输送到骨骼肌的能力是运动员获得最佳运动表现的基础。科研人员通常用心率来评价运动强度，如许多体能教练将心率区间作为划分运动强度（训练）的标准。评估心脏功能对于运动员来说非常重要，不仅要测量心率，还要测量每搏输出量、心率变异性和心输出量。

无氧阈与有氧阈同样非常重要，专家建议根据运动项目的不同来评价运动员的呼吸频率和最大摄氧量。呼吸频率评估对短跑运动员尤其重要，而评估最大摄氧量对于马拉松运动员更为合适。

为了建立准确的运动成绩预测模型，需要评估运动员的心血管生理机能，如心率、静息心率、心率变异性、每搏输出量、心输出量和血压，这些参数至关重要。此外，还要进行乳酸阈值、胰岛素和血糖水平、视力及细胞衰老标记等机能水平的测试。生理参数反映了机体的内部状态，展现了一幅完整的生理发动机构造图，反映了机体是如何运行的，以及它为什么以这种方式运行。

可以依据这些参数评估人体的整体状态，并进行更多的探索性分析。与那些只关注数据的人相比，掌握相关的解剖学和生理学知识将使你成为一名更有竞争力的运动数据分析师，无论这些数据来自实验室测试、训练设备反馈还是可穿戴式设备。可穿戴式设备能够进行与人体解剖学和生理学相关指标的测试，此外，身体机能测试将在第二章中进行讨论。

本章引用了大量的解剖学与生理学资料，包括《体能训练概论》（*Essentials of Strength and Conditioning*）（Baechle and Earle，2008）和《运动生理实验室手册》（*Laboratory Manual for Exercise Physiology*）（Haff and Dumke，2012）。想要进一步了解相关内容的人可以查阅坦纳等（Tanner et al.，2013）及舍伍德（Sherwood，2015）发表的成果。

第二章　运动表现的测试与评估

要想赢得比赛的胜利，就需要一些关键的要素，其中包括耐力、速度、力量、技能。但假如缺少最重要的要素——信念，那么其他要素的效力便大打折扣。

——肯·多尔蒂（Ken Doherty）

一名运动表现分析师只有充分掌握各种运动能力的测试方法，才能够为运动员提供最佳服务。本章主要关注各项运动能力的测试，其中包括身体成分、肌肉力量、爆发力、肌肉耐力、柔韧性、平衡能力、无氧能力、有氧能力、反应时间、敏捷能力、运动技能。

以往关于运动能力的测试只与五项健康体能要素有关：肌肉力量、肌肉耐力、柔韧性、心肺耐力和身体成分。这些测试指标用来评估普通人群的健康情况。

近年来，运动生理学和运动训练学的专家们已经达成共识，认为其他运动能力，如爆发力、协调能力、平衡能力和无氧能力也应该包括在内，以便尽可能准确而全面地测试运动员的综合运动能力。如今，这种测试方案已经很成熟。

尼克斯和弗莱什曼（Nicks and Fleishman，1960）曾尝试在身体机能测试与健康模型中加入肌肉力量、肌肉爆发力、肌肉耐力、静态柔韧性、动态柔韧性、协调能力、平衡能力、无氧能力、心肺耐力和敏捷能力，见表 2.1。

表 2.1 身体机能测试与健康模型

健康体适能要素模型	改良版模型（Nicks and Fleishman，1960）
肌肉力量	力量（爆发力、动态和静态力量）
肌肉耐力	协调性（多关节和全身协调性）
柔韧性	柔韧性（静态和动态柔韧性）
心肺耐力	冲刺速度
身体成分	平衡能力和敏捷能力

资料来源：ACSM（2013a）。ACSM 指美国运动医学学员。

身体成分由机体中肌肉、脂肪、骨骼和其他基本物质共同组成。身体质量指数（body mass index，BMI）是一种简单而便捷的评估身体成分的方法。BMI 通过运动员的身高和体重之间的关系来计算运动员的脂肪含量。BMI 计算公式如下：

$$BMI（千克/米^2）=体重（千克）/身高的平方（米^2）$$

例如，计算一名体重 136 磅（约 61.69 千克），身高是 5 英尺 4 英寸（约 1.62 米，1 英尺=30.48 厘米，1 英寸=2.54 厘米）的女运动员的 BMI。先计算身高的平方，即 1.62 米×1.62 米≈2.62 米^2。将数据代入公式：BMI=61.69（千克）/ 2.62（米^2）= 23.55（千克/米^2）。

BMI 通常用于常规性测试，评估那些不积极运动或不经常参与体育锻炼的大众人群。在使用 BMI 来评估运动员的身体成分时应该更加谨慎，因为与其他个体相比，运动员体内的肌肉比例更高，而肌肉比脂肪要重得多。因此，在使用 BMI 评估运动员的身体成分时，要注意在大多数情况下运动员的 BMI 属于超重或肥胖级别。有关体脂百分比分类和 BMI 标准的信息，见表 2.2 和表 2.3。

表 2.2 体脂百分比分类

分类	男性	女性
生存必需的脂肪含量	2%～4%	10%～12%
精瘦的	6%～13%	14%～20%

续表

分类	男性	女性
健康的	14%～17%	21%～24%
适中的	18%～25%	25%～31%
肥胖的	≥26%	≥32%

资料来源：ACSM（2013a）；Heyward，Wagner 等（2004）。

表 2.3 BMI 标准

等级		BMI
偏瘦		<18.50
正常		18.50～24.90
超重		25～29.90
肥胖	一级肥胖	30～34.90
	二级肥胖	35～39.90
	三级肥胖	≥40

资料来源：ACSM（2013a）。

另一种身体成分的评估方法是测量运动员体内的脂肪分布。一种常用的测量脂肪分布的方法是腰臀比法，即腰围除以臀围。通常测量腰围的部位是在最低肋骨和髂嵴之间（常见的参考点是在肚脐附近最窄的部位），在呼气之末、吸气未开始时测量。臀围是在大转子的水平面上测量（常用的参考点是臀部最突出的部位）。

若想要更精确地测量身体成分中的脂肪含量和瘦体重（即所有非脂肪组织的质量，如骨骼、肌肉和水），则需要使用其他测量方法。相信你一定听说过"肌肉比脂肪重"这句话。但这到底意味着什么呢？这句话源于这样一个事实：肌肉的密度比脂肪的密度大，因此每立方厘米肌肉也更重。接下来将介绍几种能够更精确测量身体成分的方法。

水下密度测试是衡量人体密度水平的一个可靠的方法，其正式名称为水下称重法。水下称重法基于阿基米德原理，即部分或全部浸入水中的物体受到向上的浮力等于该物体所排开液体的重量或体积。水下称重法的测试方案是让运动员进入一个巨大的水池，使运动员可以被完全浸入其中，而排出的水量则被记录下来并代入一个公式，该公式中还涉及水的密度（这是一个已知的参数，即 1 克/厘米^3）。关于水下称重和计算的公式，请参阅《运动生理实验室手册》（Haff and Dumke，2012）。

此外，还有一种简单、无创的体脂测量的方法是生物电阻抗分析法（bioelectrical impedance analysis，BIA），它的主要原理是人体的导电性与非脂肪组织成正比。测量时，有微小的电流通过身体（从脚踝到手腕）以测得阻抗。非脂肪组织（主要是水和电解质）是很好的导体（阻抗低），而脂肪导电性不好、阻抗大，因此，BIA 可用于测量体脂百分比和体内的水分含量。

体脂测量的方法还有使用游标卡尺的皮褶厚度测量法。测试方案是首先获得一名运动员在身体左（或右）侧 3 个（或 7 个）指定皮肤位置连续测量的皮褶厚度的两组数据，如表 2.4 所示，测量数据应准确到毫米，两次测量之间至少间隔 15 秒。如果两次测量误差超过 2 毫米，应进行第三次测量以确保精确度。接下来将来自 3 个（或 7 个）指定皮肤位置测得的皮褶厚度，代入特定公式计算脂肪含量。需要注意的是男性和女性的计算公式略有不同。有关皮褶厚度测量法的更多信息，请参见表 2.4 和《ACSM 运动测试与运动处方指南》（Heyward et al.，2004；ACSM，2013a）。

表 2.4　身体密度方程用来计算身体脂肪百分比

测量部位选择	男性	女性
选项 A：3 个测量部位 男性=胸部、腹部和大腿 女性=肱三头肌、踝关节和大腿	身体密度=1.109 38−0.000 826 7 毫米×（3 处皮褶厚度之和）+0.000 001 6 毫米×（3 处皮褶厚度之和）^{2}−0.000 257 4 毫米×（年龄）[SEE=0.008]	身体密度=1.099 421−0.000 992 9 毫米×（3 处皮褶厚度之和）+0.000 002 3 毫米×（3 处皮褶厚度之和）^{2}−0.000 139 2 毫米×（年龄）[SEE=0.009]
选项 B：3 个测量部位 男性=胸部、肱三头肌和肩胛下肌 女性=肱三头肌、髂嵴上部和腹部	身体密度=1.112 502 5−0.001 312 5 毫米×（3 处皮褶厚度之和）+0.000 005 5 毫米×（3 处皮褶厚度之和）^{2}−0.000 244 毫米×（年龄）[SEE=0.008]	身体密度=1.089 733−0.000 924 5 毫米×（3 处皮褶厚度之和）+0.000 002 5 毫米×（3 处皮褶厚度之和）^{2}−0.000 097 9 毫米×（年龄）[SEE=0.009]

续表

测量部位选择	男性	女性
选项 C：7 个测量部位 男性=胸部、腋部、肱三头肌、肩胛下角、腹部、髂嵴上部和大腿 女性=胸部、腋部、肱三头肌、肩胛角下、腹部、髂嵴上部和大腿	身体密度=1.112−0.000 434 99 毫米（7 处皮褶厚度之和）+0.000 000 55 毫米×（7 处皮褶厚度之和）^{2}−0.000 288 26 毫米×（年龄）[SEE=0.008]	身体密度=1.097 0−0.000 469 71 毫米×（7 处皮褶厚度之和）+0.000 000 56 毫米×（7 处皮褶厚度之和）^{2}−0.000 128 28 毫米×（年龄）[SEE=0.008]

肌肉力量是特定肌肉或肌肉群在收缩过程中所能产生的最大力量。用于评估上肢、下肢力量的最准确的测试方法是 1RM 测试（One-repetition Maximum Test，也叫单次重复最大测试），即单次重复可以举起的最大重量。

如果一名优秀运动员之前有过受伤的经历或者存在薄弱肌群再次受伤的风险，就不应该对其进行标准的最大力量测试。为了避免损伤风险，最好使用 4 次、6 次或 8 次最大重复次数测试（4RM、6RM 或 8RM）来获得次最大力量。然后，用 4RM、6RM 或 8RM 的测试成绩来预测运动员的 1RM。关于最大重复数量系数和重复次数与 1RM 百分率关系的更多信息见表 2.5 和表 2.6。为了获得更为准确的 1RM，运动员应在测试前进行充分的热身准备。

表 2.5　最大重复数量系数

重复数量	蹲/腿推举系数	卧推系数
1	1.00	1.00
2	1.05	1.04
3	1.13	1.08
4	1.16	1.12
5	1.20	1.15
6	1.24	1.18
7	1.28	1.22
8	1.33	1.26
9	1.37	1.29
10	1.41	1.33

资料来源：Baechle 和 Earle（2008）。

表 2.6　重复次数与 1RM 百分率关系

重复次数	1RM
1	100%
2	95%
3	93%
4	90%
5	87%
6	85%
7	83%
8	80%
9	77%
10	75%
11	70%
12	67%

资料来源：Baechle 和 Earle（2008）。

以下是进行 1RM 测试的方案，资料来源：《体能训练概论》（*Essentials of Strength Training and Conditioning*）（Baechle and Earle，2008）。

（1）确定运动员要进行 1RM 测试，还是使用 4RM、6RM 或 8RM 的测试来预测 1RM（这应该基于教练或理疗师对运动员的受伤风险、运动类型和相关肌肉群的认知和把握）。

（2）热身环节通过使用运动员预估最大重量的 50%～70%进行非极限次数热身。

（3）让运动员进行 4 次测试，每次测试之间有 3～5 分钟的休息时间。

（4）在完成热身与准备测试之间，要求运动员休息 4 分钟，然后增加重量；如果是上肢的力量测试，每次增加 10～20 磅（4.54～9.07 千克），或者上一次测试成绩的 5%～10%；如果是下肢的力量测试，每次增加 30～40 磅（13.61～18.14 千克），或上一次测试成绩的 10%～20%，直到指定肌肉或肌肉群达到 1RM 的测试目标。

（5）如果运动员未能举起重物，则需要降低重量。当进行上肢的力量测试时，重量每次减少 5～10 磅（2.27～4.54 千克），或者上一次测试成绩的 2.5%～5%；进行下肢的力量测试时，重量每次减少 15～20 磅（6.80～9.07 千克），或者上一次测试成绩的 5%～10%。

有关 1RM 更详细的测试方案，请参阅《高水平运动员生理机能测试》（*Physiological Tests for Elite Athletes*）（Tanner et al.，2013）。

肌肉爆发力是肌肉在单位时间内产生一定力量的能力，也被称为爆发力。肌肉爆发力是所有运动员在运动中的任何时刻都需要的一种能力，无论是跳跃、冲刺还是上下肢的快速挥摆。在实验室里，测试人员可以使用等速测试仪来测试若干指标并评估肌肉爆发力，包括峰力矩、达到峰力矩的时间、峰力矩斜率和功率（功/时间）。此外，其他更实用的测试肌肉爆发力的方法还有使用自由重量器械、固定器械或气动器械进行测试（当使用等速测试仪受到限制时），这些测试需要使用低阻力重量来完成，使得该重量可以在整个运动范围内保持快速移动的状态。

爆发力的测试方法与最大力量测试方法的热身方式相似，但这么做不是为了得出运动员可以举起的最大重量，而是为了让运动员以自身某特定肌肉或肌肉群的 45%～65%1RM 的重量，尽可能快而爆发性地完成 3 次重复动作，测试的结果是基于完成这 3 次动作的时间而得出的。

爆发力测试方法背后的理念是，测试出在力量–速度曲线中运动员产生最大爆发力的那个点（即运动员在某个速度上表现出最大力量），以便日后应用到运动中（Martin，2015）。

肌肉耐力是指在一段时间内肌肉或肌肉群进行持续收缩直至达到疲劳的能力。肌肉耐力可分为绝对肌肉耐力和相对肌肉耐力两种。绝对肌肉耐力指的是在一段时间内，在某一重量（1RM 特定百分比的重量）下完成的极限重复次数；相对肌肉耐力是指运动员在一段时间内肌肉耐力的变化，如在训练中肌肉耐力发生的变化。

通过持续肌肉收缩直至达到疲劳的方法来测试肌肉耐力，甚至可以在 1～2 分钟内就完成测试。测试方案要求运动员低负荷（如 25%～35%1RM）完成尽可能多的重复次数。

另一种测试方法是运动员在指定的 1～2 分钟内，用自身体重完成尽可能多的重复次数。对于腹部来说，运动员在不休息的情况下连续做仰卧起坐的次数是衡量腹部肌肉耐力的一个很好的指标（ACSM，2013a）。评估肌肉力量、爆发力和肌肉耐力的方案见表 2.7。

表 2.7　运动员身体肌肉群测试

动作名称	动作描述	肌肉力量	爆发力	肌肉耐力
坐姿斜上蹬腿	让运动员双脚分开，与肩同宽，放在脚踏板上。要求运动员在整个练习过程中，将臀部保持在座椅上。整个活动范围是从髋部和膝关节弯曲成 90° 到双腿完全伸直。测量股四头肌、臀大肌、比目鱼肌和腓肠肌的肌肉力量、爆发力和肌肉耐力。此方式更多是进行下肢肌肉群的测试	使用 1RM 或次最大重量；使用 4RM、6RM 或 8RM 进行预测	使用 45%～65% 1RM，尽可能快地重复 3 次爆发性动作（在运动的收缩阶段）	使用 20%～35% 1RM，进行尽可能多的重复次数直到疲劳或者限制在 2 分钟内完成
坐位伸膝	调整好运动员的坐姿，使膝关节与器械轴在同一条直线上。要求运动员双腿伸展，直到双腿几乎成一条直线，然后再回到起始位置。这是另一种测量股四头肌的肌肉力量、爆发力和肌肉耐力的方式，也是比坐姿斜上蹬腿更精确的测试方式	使用 1RM 或次最大重量；使用 4RM、6RM 或 8RM 进行预测	使用 45%～65% 1RM，尽可能快地重复 3 次爆发性动作（在运动的收缩阶段）	使用 20%～35% 1RM，进行尽可能多的重复次数直到疲劳或者限制在 2 分钟内完成
俯卧勾腿	让运动员俯卧在器械椅上，并使膝关节与器械轴成一条直线。接下来，要求运动员膝关节屈曲带动滚垫运动，直至滚垫触碰到臀部，然后回到起始位置；在整个运动过程中，保持躯干稳定紧贴器械垫。这是一个很好的测试腘绳肌和臀部肌群的方式	使用 1RM 或次最大重量；使用 4RM、6RM 或 8RM 进行预测	使用 45%～65% 1RM，尽可能快地重复三次爆发性动作（在运动的收缩阶段）	使用 20%～35% 1RM，进行尽可能多的重复次数直到疲劳或者限制在 2 分钟内完成
垂直推胸	调整手柄高度，使其在运动的过程中处于胸部高度。要求运动员通过向前推动手柄直到手臂近乎伸直，然后回到起始位置。该方式可以对上肢肌肉群（包括胸大肌和胸小肌）的肌肉力量、爆发力和肌肉耐力进行很好的测试	使用 1RM 或次最大重量；使用 4RM、6RM 或 8RM 进行预测	使用 45%～65% 1RM，尽可能快地重复 3 次爆发性动作（在运动的收缩阶段）	使用 20%～35% 1RM，进行尽可能多的重复次数直到疲劳或者限制在 2 分钟内完成

续表

动作名称	动作描述	肌肉力量	爆发力	肌肉耐力
坐姿划船	让运动员坐在器械椅上，将双腿放在器械脚踏上；保持躯干直立，膝关节微屈，双腿双脚互相平行；朝腹部拉动手柄，直至手柄触及腹部，然后回到起始位置；这是一个很好的测试背部肌肉群（包括背阔肌、菱形肌和斜方肌）的方式	使用1RM或次最大重量；使用4RM、6RM或8RM进行预测	使用45%～65% 1RM，尽可能快地重复3次爆发性动作（在运动的收缩阶段）	使用20%～35% 1RM，进行尽可能多的重复次数直到疲劳或者限制在2分钟内完成
肩上推举	让运动员上推至手臂几乎完全伸直，然后肘关节缓慢弯曲降低把手，返回到起始位置。这是很好的测试肩部肌群的肌肉力量、爆发力和肌肉耐力的方式	使用1RM或次最大重量；使用4RM、6RM或8RM进行预测	使用45%～65% 1RM，尽可能快地重复3次爆发性动作（在运动的收缩阶段）	使用20%～35% 1RM，进行尽可能多的重复次数直到疲劳或者限制在2分钟内完成
高位下拉	让运动员手掌朝上握住手柄，宽度大约是肩宽的1.5倍，身体稍微向后倾斜，手柄朝锁骨移动，然后将手柄慢慢放回到起始位置。这是很好的测试背阔肌的肌肉力量、爆发力和肌肉耐力的方式	使用1RM或次最大重量；使用4RM、6RM或8RM进行预测	使用45%～65% 1RM，尽可能快地重复3次爆发性动作（在运动的收缩阶段）	使用20%～35% 1RM，进行尽可能多的重复次数直到疲劳或者限制在2分钟内完成
肱二头肌弯举	当使用弯举器时，要求运动员将座椅调整到适当的高度，并保持躯干直立，然后握住手柄，手臂伸直，掌心朝向自己进行弯举。也可以使用自由重量来完成测试，但需要另一种技术动作。该方法可以很好地测试肱二头肌的肌肉力量、爆发力和肌肉耐力	使用1RM或次最大重量；使用4RM、6RM或8RM进行预测	使用45%～65% 1RM，尽可能快地重复3次爆发性动作（在运动的收缩阶段）	使用20%～35% 1RM，进行尽可能多的重复次数直到疲劳或者限制在2分钟内完成

续表

动作名称	动作描述	肌肉力量	爆发力	肌肉耐力
肱三头肌反屈伸	让运动员伸直双腿，将手根部放在长凳上，靠近臀部。然后要求运动员弯曲肘部，降低身体到地板上，最后让运动员伸展双臂向上推回到起始位置，直至手臂几乎完全伸直，躯干部位在整个运动中保持稳定	使用1RM或次最大重量；使用4RM、6RM或8RM进行预测	使用45%～65% 1RM，尽可能快地重复3次爆发性动作（在运动的收缩阶段）	使用20%～35% 1RM，进行尽可能多的重复次数直到疲劳或者限制在2分钟内完成
后蹲	要求运动员从站立位开始，双脚略宽于髋部，保持背部挺直。缓慢地屈膝屈髋，直到好像坐在椅子上一样（直至膝关节屈曲角度不低于 90°或大腿与地板平行）。当运动员达到此动作后，回到起始位置	使用1RM或次最大重量；使用 4RM、6RM或8RM进行预测	使用45%～65% 1RM，尽可能快地重复3次爆发性动作（在运动的收缩阶段）	使用20%～35% 1RM，进行尽可能多的重复次数直到疲劳或者限制在2分钟内完成

柔韧性是指关节及关节周围肌群的活动范围。柔韧性在日常生活中至关重要，也是一种重要的运动能力。一些运动，如体操、篮球和网球，都需要很好的柔韧性。在团队运动项目中，因不同位置上的运动需求不同，对柔韧性的需求也不同，如足球守门员比后卫需要更好的柔韧性。

可以通过几种现场测试的方法来测试运动员的柔韧性，如坐姿体前屈测试、肩部灵活性测试和功能前伸测试。

坐姿体前屈测试通常用于评估腘绳肌和下背部的柔韧性，要求运动员脱鞋并坐在地板上，双腿完全伸直，双脚平放测试箱上；然后要求运动员将一只手放在另一只手的上方并向前伸，同时保持背部平直和抬头；前伸到最远范围并稳定地保持 2 秒钟，且不要振动式前触。先进行两次尝试性测试，然后进行正式测试，通常可以获得较为可靠的测试结果。测试成绩是前伸到达的最远距离（Wells and Dillon，1952；ACSM，2013a）。

肩部灵活性测试通常用来评估肩部的柔韧性。要求运动员将一只手放在肩膀上，掌心朝后，尽可能地向下伸，同时将另一只手臂放在背后，尽可能地向上伸，两只手试图互相触碰或重叠，最后的姿势必须保持至少 2 秒钟。然后，对另一侧进行重复测试。用尺子来记录两手触碰或重叠的距离，如果运动员的双手不能相互触摸到，就会被判负分；如果运动员的双手碰到了，就给零分；如果运动员的双手有重叠，就会得到一个正分。

功能前伸测试是另一种较为简易的评估柔韧性的方法。该方法仅需要一把嵌在墙壁上有刻度的标尺。首先，运动员脱鞋靠墙站立，用标尺标示运动员右侧肩部的高度（肩峰），肩关节屈曲 90°，肘关节伸直，右手握拳，保持这个姿势 2 秒钟，同时测量右手第三掌骨在标尺上的位置。接着，要求运动员在脚后跟不抬离地面的前提下，尽可能前伸右臂，记录最远的前伸距离。用前伸最远的距离减去站立时的前伸距离即得出功能距离。例如，一名运动员站立时前伸距离是 23 英寸（58.42 厘米），而前伸最远距离是 34 英寸（86.36 厘米），那么运动员的功能距离也就是 11 英寸（27.94 厘米）。同样，另一侧身体也重复相同的测试。

运动员从伤病中恢复时，需要对柔韧性进行重新评估，建议使用角度测量仪对关节的运动范围进行评估，并遵循罗思坦（Rothstein）和康帕尼（Company）提出的方案。相关信息可见参考文献帕尔默（Palmer）等（1998）、克拉克森（Clarkson）（2000）、ACSM（2013a，2013b）。有关单关节活动范围度数，请参见表 2.8。

表 2.8　选择单关节活动范围度数

动作名称	运动模式	角度/°
肩关节运动	屈曲	90～120
	伸展	20～60
	外展	80～100
	水平外展	30～45
	水平内收	90～135
	旋内	70～90
	旋外	70～90
肘关节运动	屈曲	135～160

续表

动作名称	运动模式	角度/°
肘关节运动	旋外	75～90
	旋内	75～90
髋关节运动	屈曲	90～135
	伸展	10～30
	外展	30～50
	内收	10～30
	旋内	30～45
	旋外	45～60
躯干运动	屈曲	120～150
	伸展	20～45
	侧屈	10～30
	旋转	20～40
膝关节运动	屈曲	130～140
	伸展	5～10
踝关节运动	背屈	15～20
	跖屈	30～50
	内翻	10～30
	外翻	10～20

资料来源：ACSM（2013a）。

平衡能力在运动表现中发挥着重要作用，几乎所有运动都是在维持身体平衡的状态下进行的。平衡能力是指抵抗破坏平衡的外力，以保持全身处于稳定状态的能力。有关平衡能力测试的详细信息，请参阅《应用生物力学：概念和关系》（*Applied Biomechanics：Concepts and Connections*）（McLester and Pierre，2007）或《运动损伤：

预防和康复》（*Sports Injury：Prevention & Rehabilitation*）（Shamus and Shamus，2001）。

有几种方法可以用来评估一名运动员的平衡能力：单腿站立测试、平衡误差评分系统（Balance Error Scoring System，BESS）、星状伸展平衡测试（Star Excursion Balance Test，SEBT）和感觉整合动态平衡测试。

单腿站立测试通常用于现场评估平衡能力。开始时要求运动员双脚并拢站立，双臂垂在身体两侧，然后让运动员将一条腿屈膝提足，脚抬离地面 6～8 英寸（15.24～20.32 厘米），双手叉腰，并开始计时。要求运动员尽可能长时间地保持单腿站立，站立腿保持伸直，另一条腿弯曲，双手叉腰，当运动员的手臂从体侧移开，支撑脚在地板上移动，或者抬起的脚接触到地板时，测试人员应该立即停止测试。测量的成绩是运动员每条腿保持平衡的时间。

平衡误差评分系统是另一个相对简便的平衡能力的现场测试方法。唯一需要的设备是一个泡沫平衡垫，这项评估将分别测试两条腿，其中每条腿有 3 种站姿（双下肢支撑、单腿支撑和双脚直线上前后开立支撑），由运动员在两种支撑面（硬的地面或泡沫垫）上站 20 秒。重要的是，在这个测试中，运动员的眼睛应该是闭上的，运动员的手应该放在腰部（髂嵴）。运动员要尽可能保持稳定，如果运动员失去平衡，要尽快恢复到最初的位置。运动员出现下列任一处错误动作会获得 1 分：手离开髂嵴；睁开眼睛；踏步、绊倒或摔倒；不能维持测试姿势 5 秒钟；髋关节屈曲或外展超过 30°；脚尖或脚跟离地。分数是所测试的 6 种姿势的错误数量的总分，其确定方式如下：每次测试的每个错误最多为 10 次，而某个不能保持稳定的姿势（至少保持 5 秒钟以上）都会获得 10 分，较低的分数表示有更好的平衡能力（Onate et al.，2007；Finnoff et al.，2009；Bressel et al.，2007；Bell et al.，2011）。

星状伸展平衡测试是另一个相对简便的评估运动员的平衡能力的方法，仅需要用运动胶带在地板上标记成一个星形图案来进行测试。这个图案由 8 个方向组成，每两个方向间隔 45°。要求运动员将一只脚放在星状图的中间，然后在所有 8 个方向上依次触碰（顺时针或逆时针）。运动员应该保持身体平衡并尽量向远处触碰，然后测量从中心点到触碰点的距离。如果出现下列任何一种错误，运动员将中止本次测试：游离脚放在地上；身体失去平衡；与地面接触过多或无法通过身体控制回到起始位置。这项评估的得分是 3 次测试的平均值（Kinzey and Armstrong，1998；Plisky et al.，2006；Gribble and Hertel，2003）。

感觉整合动态平衡测试是一种新的评估平衡能力的方法。这项测试通常在实验室环境下进行，使用动态运动分析系统来反映运动员的重心和运动轨迹。它还可以测量 6 种不同方式的躯干运动：侧屈、上/下、前/后、旋转、屈曲/伸展和横向侧屈。这项测试所使用的仪器是一个可以以不同倾斜角度和不同速度进行运动的测试平台，该仪器中的运动选项包括可预测的运动、随机运动、变速（12°/秒至 12.5°/秒）及可调节倾斜角度的运动（2°～25°）。通常将安全带连接到该仪器的框架上，用于预防任何可能对运动员造成的伤害。这是一种测量平衡能力的好方法，但是可能受到设备的限制而难以进行。

无氧能力中主要参与供能的是无氧代谢供能系统，它由两部分组成，即磷酸原供能系统（见第一章）和糖酵解供能系统。为了准确地测量无氧能力，应该在短时间、高强度下进行，时间为 10～30 秒。以下测试可用于评估无氧能力：冲刺跑测试（sprints）、反向纵跳测试（counter movement jump test）、静蹲跳测试（squat jump test）、博斯科 60 秒连续跳跃测试（Bosco Sixty-Second Continuous jump test）和温盖特无氧测试（Wingate anaerobic cycle test）（Margaria et al.，1966；Bosco et al.，1983；Hoffman，2006）。

冲刺跑测试专门用来评估横向爆发力，包括 30 码（27.43 米）冲刺跑、40 码（36.57 米）冲刺跑（NFL 职业橄榄球大联盟使用）和 60 码（54.86 米）冲刺跑。冲刺跑测试是一种简单的现场测试方法，唯一需要的设备是一块秒表，用于量化运动员冲刺跑的时间，该测试已被证明测试成绩与电子计时器有很强的相关性（r=0.98，R^2=0.95，se=0.24）。为了更精确地进行测量，可以使用下面的等式：电子计时（秒）=［1.011 3×电子计时（秒）］+0.225 2。

反向纵跳测试用来评估运动员纵向爆发力，与运动表现密切相关。这种特殊的跳跃测试是动态的，要求运动员以站立的姿势准备，双脚与肩同宽，快速地屈膝屈髋做好下蹲动作，然后快速向上跳起。与反向纵跳相比，静蹲跳消除了混杂动量因素，静蹲跳的不同之处在于要求运动员在保持下蹲姿势至少 3 秒钟之后再快速向上跳起。

反向纵跳测试和静蹲跳测试获得的都是垂直位移高度。进行这两项测试无须使用昂贵的设备，运动员站立时手触碰到贴在墙上（或其他测试设备）的刻度标记为起点高度，然后要求运动员进行两种跳跃测试中的一种，并记录所达到最高点的高度，垂直位移高度是纵跳所能达到的最高点高度与起跳前的起点高度的高度差，即垂直位移高度（厘米）=跳跃高度（厘米）－起点高度（厘米）。

垂直位移高度也可以在实验室内进行测试。要求运动员在一个测力板上进行垂直纵跳，然后将运动员在空中停留的时间和重力代入公式来计算垂直位移高度。

博斯科 60 秒连续跳跃测试也经常用于评估无氧能力。这是一个衡量无氧耐力的很好的指标，因为它衡量的是重复进行高功率输出的能力。它可以被设计成持续 15～60 秒的连续跳跃，并且要求运动员在规定的时间内尽可能跳得高且快，测试结果是完成跳跃的次数及腾空时间的总和。作为衡量运动表现的一项重要指标，15 秒的连续跳跃测试对短跑运动员更具有相关性，而 60 秒的连续跳跃测试对橄榄球跑卫的相关性更高。在测力板上做这个测试更容易被量化，因为在测力板上腾空的时间更容易被捕捉到。根据《运动生理实验室手册》内的公式和方程推测该测试的功率输出（Haff and Dumke，2012）。

温盖特无氧测试是一种用于评估无氧能力的测试方法，它通常在实验室环境下进行。测试时，运动员需要进行 30 秒最快速度的全力蹬骑，实验负荷是每千克体重 0.075 千克。研究表明，测试的前 15 秒耗尽了磷酸原供能系统所供应的能量（见第一章），其余时间则使用了糖酵解系统供能。该测试与一个软件系统相连接并记录各种测试指标，如峰值功率、平均功率和疲劳指数，其中产生峰值功率的时间通常在测试的前 5 秒内。这是一个对自行车项目很有效的测试方法，而对于自行车项目以外的运动项目，也是一个值得推荐的测试方法，因为它不仅仅局限于某一运动专项。

有氧能力也被称为有氧代谢能力、心血管耐力和心肺适能（cardiorespiratory fitness，CRF）。有氧能力是长时间进行中高强度运动的能力，它反映了三个系统的功能：心血管系统、肺系统和骨骼肌系统。与呼气相关的变量（如潮气量、补呼气量）是反映以上三个系统功能的决定性因素。因此有了最大摄氧量（$\dot{V}O_2$ max）的测试，它反映了机体的氧运输能力，该指标是从动静脉氧差（反映了机体的氧利用率）和心输出量（心率与每搏输出量的乘积）两个参数衍生和推导出来的。

最大摄氧量通常称为最大耗氧量，是指运动员在剧烈运动中每分钟能摄入的最大氧气量。从理论上讲，运动员在中高强度运动中消耗的氧气越多，产生的能量（ATP）也就越多，更有利于增强心血管耐力。有多种实验室和现场的测试方法可以用来测试最大摄氧量，其中包括跑步机和功率自行车最大摄氧量（$\dot{V}O_2$ max）测试、库珀 1.5 英里（约 2 414 米）跑（Cooper 1.5 mile run）/走测试。

跑步机和功率自行车 $\dot{V}O_2$ max 测试都是常见的实验室测试方法。跑步机 $\dot{V}O_2$ max 测试需要跑步机、代谢仪、可以收集 $\dot{V}O_2$ max/ $\dot{V}CO_2$ max 数据的计算机、哨嘴、心率带、秒表和自我运动强度感觉表。该测试要求运动员在跑步机上奔跑，同时逐渐增加跑速级别，持续时间为 1～3 分钟，直到力竭。目的是让运动员尽可能长时间地坚持，通常是 8～15 分钟，以得到更为准确的数据。有关测试方案的信息请参阅《运动生理实验室手册》（Haff and Dumke，2012）或《ACSM 运动测试与运动处方指南》（ACSM，2013a）。功率自行车 $\dot{V}O_2$ max 测试需要的设备包括自行车循环测力计、代谢车、哨嘴、心率带、秒表和自我运动强度感觉表。该方案有几种变形，包括 Astrand 和 McArdle 的方法（Coyle et al.，1991）。

库珀 1.5 英里（约 2 414 米）跑/走测试通常用于在室外环境进行最大摄氧量测试。虽然在测试期间允许步行，但是要求尽快跑完 1.5 英里（约 2 414 米）。运动员完成 1.5 英里（约 2 414 米）的速度越快，得到的数据就越准确。最后使用回归方程计算运动员的最大摄氧量，该方程还需要运动员的身高和体重等指标。测试方案要求运动员热身大约 10 分钟，然后以最快速度跑或走 1.5 英里(约 2 414 米)。该测试只需要一个秒表，测试的是运动员完成 1.5 英里（约 2 414 米）所用的时间。在得到这个时间之后，将时间值代入方程，已证明该方程与最大摄氧量具有较高的相关性（r=0.90）。有关方案和公式的详细信息请参阅《运动生理实验室手册》（Haff and Dumke，2012）或《ACSM 运动测试与运动处方指南》（ACSM，2013a）。

有氧能力测试的理论基础是，心肺适能越好，心脏恢复能力越强。这些评估方法是评价最大有氧能力或运动中氧气利用率和氧气输送到工作肌肉效率的好方法。有关有氧能力测试方案的详细说明请参阅《运动生理实验室手册》（Haff and Dumke，2012）。

影响运动表现的另一项运动能力是反应时间。反应时间在各种运动项目中都有着举足轻重的作用，如橄榄球四分卫在被截球之前把球扔出去的反应时间、棒球运动员试图偷垒的反应时间、篮球运动员拼抢篮板球的反应时间、网球运动员击球或足球守门员挡住射门的反应时间，正是这些运动中的反应时间最终可能导致比赛的胜利与失败。

反应时间指的是运动员从刺激出现到做出反应之间的时间间隔，目前已经开发了几种测试反应时间的方法。在职业运动中，有以下几种测量方法：反应标尺测试、反应灯板测试（light board reaction timer assessment）、BATAK 反应灯板测试（BATAK light board reaction test）和 SVT 反应测试（SVT reaction test）。有关这些测试方案的详细说明请参阅 Topend Sports 网站。

反应标尺测试相对简单，需要的设备是一个一米长的直尺和一个计时器，该测试利用自由落体的原理，测量掉落物被运动员抓住之前的移动距离，以确定运动员做出反应所用的时间。要注意的是，这也是一种评估眼手协调性的测试方法，在网球运动中可能尤其重要。有关测试方案和具体的细节，以及为更准确地测试反应时间而开发的产品（如反应棒计时器）的信息，请参阅 Topend Sports 网站。

反应灯板测试也可以用于测试反应时间，此测试已作为 SPARQ（速度、力量、敏捷、反应和快速）评级系统的一部分在拳击运动中使用了很多年，所需的设备是一个 BOSU 球和一个灯板，尽管 BOSU 球的价格不高，但灯板通常非常昂贵；测试时要求运动员站在 BOSU 球上，与此同时，尽可能多地触摸灯板上的发光区域，测试结果以一定时间内全部 90 盏灯中被触摸熄灭的灯的数量来表示。有关此测试的更多信息请参阅 SPARQ 评分系统和 Topend Sports 网站。

BATAK 反应灯板测试类似于反应灯板测试，但是不使用 BOSU 球，该测试似乎是从反应灯板测试的基本概念演变而来的。反应灯板由随机照明的目标区域组成，要求运动员在 30 秒或 60 秒的时间内尽可能多地触摸灯板上发光的区域，测试结果以触摸的灯的数量来表示。想要了解更多 BATAK 测试的信息，请参阅 Topend Sports 网站。

SVT 反应测试由工程师开发并用于评估澳大利亚足球运动员的反应时间及眼手协调性。SVT 反应测试仪器的主元件由一个网格组成，每个网格有 4 行，每行 8 个灯，总共 32 个灯，与其他反应时间测试方法类似，要求运动员在 30 秒内尽可能多地触摸网格上的随机发光区域，测试结果以触摸的网格数来表示。同样，有关此测试的更多信息，请参阅 Topend Sports 网站。

敏捷性是指快速改变方向的能力，有几种方法可用于测试和训练这种重要的运动能力。当前，美国职业篮球联盟（National Basketball Association，NBA）通过以下五种方式来测试和训练球员的速度、敏捷性和无氧能力：限制区灵敏测试、折返跑、四分之三场地冲刺、原地纵跳和助跑摸高。同样，我们也可以看出在这五项测试中具体测试了哪几项运动素质。

（1）限制区灵敏测试：敏捷性。

（2）折返跑：无氧能力和速度。

（3）四分之三场地冲刺：无氧能力和速度。

（4）原地纵跳：无氧能力。

（5）助跑摸高：无氧能力和肌肉爆发力。

职业足球运动中主要使用的敏捷性测试方法是 5—10—5 测试，也称 20 码（约 18.29 米）折返测试，需要的设备是一个秒表和几个锥体。该测试要求运动员在起跑线［5 码（约 4.57 米）线］上以起跑姿势准备（双脚分开，与肩同宽，平行放置于起跑线的两侧，单手触地，与地面接触的手决定了运动员应该朝哪个方向启动，如若向右侧启动，则右手触地）；从触碰处向右转 90°，全力冲刺到 10 码（约 9.14 米）线，然后改变方向并冲刺到相反的 10 码（约 9.14 米）线，最后再次改变方向并加速通过 5 码（约 4.57 米）线；每次到规定的线均需用移动方向一侧的脚触线，终点线除外。测试方案要求左右侧都要进行测试，该敏捷性测试的测试结果是完成时间，可以对应相关衡量标准（Little and Williams，2005；Young and Farrow，2006；Young et al.，2001）。

速度和协调性在运动表现中起重要作用，但这些变量很难准确地被测试，通常采用无氧能力和冲刺跑测试来评估运动员的速度，而反应时间测试有时也能反映运动员的协调性（Vescovi and Mcguigan，2008；Nimphius et al.，2010）。按协调能力排名的运动等级，请参阅表 2.9。

表 2.9　ESPN 协调能力运动项目排行榜

排序	运动项目	评分
1	棒球/垒球	9.25
2	乒乓球	8.88
3	网球	8.38
4	壁球（racquetball/squash）	8.38

续表

排序	运动项目	评分
5	赛车	8.00
6	手球	7.88
7	冰球	7.50
8	篮球	7.50
9	排球	7.25
10	击剑	7.25
11	羽毛球	7.25
12	长曲棍球（lacrosse）	7.13
13	拳击	7.00
14	射击	6.75
15	曲棍球（field hockey）	6.63
16	射箭	6.63
17	足球	6.50
18	牛仔竞技：套小牛	6.38
19	水球	6.25
20	武术	6.00

资料来源：http://sports.espn.go.com/espn/page2/sportSkills?sort=handEye。

研究人员正在研发有效地测试协调能力和反应时间的方案，但是仍然存在多种混杂因素影响测试结果的信度及效度，其中包括运动员的深度感知能力（使用霍华德·多尔曼装置进行测试）、运动员的眼睛对物体的注视程度和眼睛适应距离的速度（使用萨拉丁近点平衡卡片测试），以及计时方式受视觉协调或缺乏视觉协调的影响。该领域需要进一步研究和开发，排除混杂因素，以更好地改进测试方案。

传统的身体机能测试与健康模型建立在尼克斯和弗莱什曼所做的早期研究的基础上（Nicks and Fleishman，1960、Fleishman et al.，1961、Fleishman and Ellison，1962、

Brown and Weir，2001），有关运动中经常使用的测试方法的更多详细信息请参阅《运动生理实验室手册》（Haff and Dumke，2012）或《ACSM 运动测试与运动处方指南》（ACSM，2013a）。

运动专项技能对于运动表现至关重要。马丁和米勒（Martin and Miller，2016）的体育运动测量模型描述了如何对包括运动专项技能等在内的运动能力进行测量，以便更准确地评估和预测运动成绩。换言之，评估一名运动员是否适合某项运动，需要评估该运动员是否具备在该项运动中获得成功所需的专项技能，否则他可能无法在该项运动中取得更高的成就。

尤塞恩·博尔特是世界上跑得最快的田径短跑运动员，但是我们不能期望他成为一名职业棒球运动员，因为他不具备某些职业棒球专项技能，他无法像职业棒球运动员那样完成高质量的投球、击球或接球。但这并不意味着速度和无氧能力在职业棒球运动中就不重要，换句话说，如果没有运动专项技能，速度和无氧能力可能在该运动项目中发挥不了太多的作用。

当然，教练可能会花费一些时间（可能需要 10 000 小时或更长时间）来帮助运动员掌握运动专项技能。表 2.10 总结了本书第五章至第九章五种常见的运动专项技能。

表 2.10　运动专项技能

运动项目	运动专项技能
橄榄球	四分卫位置特定的运动技能包括决策能力、手眼协调能力、掷球能力、开阔的视野和准确定位能力，该建议同样适用于其他位置上的运动员
篮球	高效的罚球和三分球的命中率、精准的传球能力，该建议适用于各位置上的运动员
棒球	击球手需要绝佳的眼手协调能力和快速反应能力；建议外野手、投手和接球手具备精准的接投球能力，该建议同样适用于其他位置上的运动员
足球	合理的处理球能力、脚眼协调能力以及精确的传球能力；该建议适用于各位置上的运动员
网球	保证每次处理球的准确性和连贯性，其中包括发球、正手击球、反手击球、截击、削球

为了获得准确的运动表现预测模型，重要的是要进行全面的运动能力测量，其中包括肌肉力量、爆发力和肌肉耐力、有氧和无氧能力、柔韧性和平衡能力等，而可穿戴设备恰好可以为测试这些运动能力提供许多可行性措施。

目前通过可穿戴设备只能对某些身体指标进行测评，但是我们还是看到了可穿戴技术广阔的发展前景。Catapult、Zebra、Adida、Vert、SportsVU、Babolat、PlaySight等都是开拓这种技术的先驱，诸如测感器的头盔和紧身衣之类的技术正在上市之前进行有效性和相关程序的批准测试工作；通过对消费者和市场的调研，预测运动领域可穿戴设备的营业收入会得到快速增长。

在美国职业橄榄球大联盟（National Football League，NFL）中，Catapult是一种非常流行的技术，它由重量为3.5盎司（约99.22克）的装置组成，并戴在肩垫下方，它每秒可收集和解析超过1 000个运动数据，并追踪100多个运动指标，包括速度、加速度、跑动距离和运动心率等。

在职业橄榄球运动中，另一种非常流行的技术是Zebra，它利用放置在每个肩垫下方的芯片传感器来捕获运动数据，该设备被称为“橄榄球比赛颠覆者”，并且接收器已安装在体育场馆中，以追踪加速、减速和跑动距离等运动指标。

Adidas的miCoach是足球运动项目中一种备受欢迎的可穿戴技术。它由插入特制背心的电池组构成。当足球运动员穿着时可以捕获训练中的运动数据，包括速度、力量、加速度、心率及其他运动指标的数据。

另一个可穿戴设备Vert以轻巧的传感器形式出现，该传感器放在短裤的裤带上用于测量运动员的跳跃高度和无氧能力。

还有一个名为SportVU的动作捕捉设备在NBA很受欢迎，它不仅可以捕获球员的速度和移动距离，还可以对不同位置上的球员进行合理的分析（Lapinski et al.，2009；Chi，2008；Panait and Cojocaru，2013；Cervone et al.，2014；Dellaserra et al.，2014；Safir，2015）。

目前，网球领域已经开发了几种新技术，其中最先进的技术是Babolat Play，它在球拍的握柄内安装了传感器，可用于量化网球运动员的各种场上数据，包括击球的频率、球的旋转类型及球拍速度等指标。此外，SmartCourt是PlaySight的最新开发成果，它使用常驻的信息处理站点和6个高清摄像头来监控网球场，这些摄像头可以记录触球时间、球的速度、球的旋转类型、运动员的运动模式和稳定性，并且它还具备视频直播和重播的功能（Pluim，2014）。

当然也可以将紧身衣、压缩袖套和紧身短裤设计为可穿戴设备，它们利用内部的加速度计对运动员实施监控。Motus 压缩袖套在棒球投手中很受欢迎，因为它能记录所有的投掷动作的运动数据，Motus 还可以通过蓝牙技术将数据发送到智能手机，它自带的应用程序可以用来计算击球时的肘部扭矩、手臂速度、最大肩部旋转角度、球离手时肘部的高度。

相比之下，紧身短裤更昂贵一些，其可以通过压缩短裤和传感器检测到腿部肌肉的失衡，目前，有一些 NBA 球队和职业拳击运动员正在使用这种短裤，称为 Myontec Mbody Pro。然后是一个称为 BSX Insight 的专用护腿压缩套，其用来实时监控肌肉内的乳酸含量，测量运动强度，并告诉运动员何时加速、何时减速，甚至何时休息，使运动效果最大化，该压缩套的功能与其他压缩套不同，它用近红外光谱法（near infrared spectroscopy，NIRS）代替了加速度计。此外，还可以利用 OptimEye S5 设备来记录运动员在室内外的运动数据。嵌入运动员背部紧身衣的设备，可以通过磁力计、陀螺仪和加速度计来记录运动员的无氧能力、敏捷性、加速、减速、跳跃高度和运动距离等指标。此外，还存在一种更为全面的可穿戴技术 Athos，该设备（智能运动服）由运动上衣、运动裤、心率带，以及用来监控运动员呼吸频率和肌肉运动情况的核心传感器组成。还有一个名为 ShotTracker 的运动数据处理系统可供 NBA 球员使用，该系统包含一个自动记录投篮情况的篮球网传感器以及一个腕部的传感器（记录和显示本场和以往比赛的统计数据）。有一种被称为 Readiband 的可穿戴腕带，可以测量睡眠质量和睡眠程度，帮助预测运动员第二天的反应时间。教练可以使用相关的在线工具来监视运动员的睡眠模式和疲劳程度，它是基于陆军 SAFTE 开发的模型（睡眠、活动、疲劳、任务和有效性）而发明的。

这种可穿戴设备在职业运动员及其俱乐部中引起了激烈争论，因为职业运动员的工资取决于运动员的运动成绩而不是运动数据。运动数据给运动员带来很大的好处，但也暴露了太多的信息。实际上，许多运动员拒绝签署知情同意书表示不愿在训练期间佩戴这些设备，因为他们担心在薪资谈判中可能会使用这些数据。一些运动员认为，收集到的数据揭示了太多信息，侵犯了他们的隐私（Chi，2008; Dellaserra et al.，2014）。

运动数据分析领域的可穿戴技术正在完善我们收集、分析运动数据，以及预测运动表现的方式，先进的可穿戴技术可以用于监控运动员的机体状况，从而减少不必要的运动伤病。这种科学技术的创新将帮助运动员延长职业生涯，可能使其职业生涯比以往任何时候都长。此外，从可穿戴技术获得的数据会确定哪名运动员更快或更强，在场上表现更好，以及在关键时刻能更好地处理压力和其他不利的主观因素。

本章借鉴了尼克斯和弗雷什曼的研究成果（Nicks and Fleishman，1960），以及《运动生理实验室手册》（Haff and Dumke，2012）、《ACSM 运动测试与运动处方指南》（ACSM，2013a）和《高水平运动员生理机能测试》（Tanner et al.，2013）。对于那些想进一步研究这一主题的人，有很多优质的资源可供考虑（Lapinski et al.，2009；Chi，2008；Panait and Cojocaru，2013；Dellaserra et al.，2014；Safir，2015）。

第三章　运动心理评估

意志品质顽强远比身体机能更重要，就好比四永远大于一。

——鲍勃·奈特（Bob Knight）

作为一名运动数据分析师或运动表现分析师，你可能听说过“全面了解你的相关机能数据”这句话。这是完全正确的，因为无论是生理学因素还是心理学因素，了解相关数据是理解这些因素对运动员个人或团队运动表现所起重要作用的基础。这就引出了以下几个问题：我们对与运动相关的心理学因素了解多少；作为运动数据分析师，我们如何对心理学相关数据进行评价；运动员比赛成绩的差异有多少是取决于个人及环境调节因子所影响的心理学因素。

运动心理学是研究与运动相关的运动员思想和行为的科学。在运动成绩预测模型中加入心理变量至关重要。在本章中，我们将介绍与运动成绩相关的基本心理学概念，可用于量化这些无形变量的测试方法，以及与运动成绩相关的理论及心理学模型。接下来，我们将详细描述这些心理学因素的构成，更重要的是介绍相关的测量评价方法。

我们先来看看哪些心理学因素会对运动成绩产生影响：动机、自信、焦虑、抑郁、进取心、自尊、自我效能感及注意力是运动心理学领域研究最多的几个因素。

不管是教练员还是运动员，他们都认为动机是影响运动成绩的关键因素。研究表明，动机对于取得良好的运动成绩至关重要（Vallerand，2004；Vallerand and Losier，1999）。运动表现不佳通常会被归因于运动员缺乏动力，正如克服逆境或战胜比自己强劲的对手被归因于具有强烈的动机一样。虽然动机有多种不同的形式，但是归根结底可归为两类：内部动机和外部动机。内部动机是指进行身体活动或参加体育运动的目的是获取满足感或享受运动过程。外部动机则依赖于外部奖励，这就是我们通常所说的"只注重结果"。相关人员可以采用法国学者设计的运动动机量表（Sport Motiration Scale，SMS）（Pelletier et al.，1995）来评价内部动机和外部动机。但是，由于初始量表所包含因素的效度受到质疑，研究人员在此基础上设计了一个包含 6 因素、24 个问题的问卷，即 SMS－6（Mallett et al.，2007）。通常采用特定情境动机的情景动机量表（Situational Motivation Scale，SMS）来评估运动员的动机水平（Guay et al.，2000）。

自信是体育运动中经常被讨论的一个心理因素。运动自信是什么？运动自信是一个人对他在一项运动中取得成功的能力所持有的信念。自我效能感和自信之间的差异极为细微。自我效能感不等同于自信，它是指运动员相信自己有能力在特定情况下实现理想、达到特定目标的信念。例如，在 2005 年 NBA 总决赛中，随着比赛的进行，不断有运动员受伤离场，克利夫兰骑士队获胜的概率明显下降。勒布朗·詹姆斯作为骑士队的关键球员，也可能是世界上最好的篮球运动员，但赢得总冠军取决于全队的努力而不是一个人的表演。虽然大家都知道勒布朗是一个非常自信的人，但是很明显，在之前的 NBA 总决赛中，由于缺乏队友的支持和配合，他赢得总冠军的自我效能感可能已经明显减弱，尽管他取得了出色的、令人难以置信的数据（在总决赛中差点拿到了三双）。

最常用的运动自信评估方法是运动取向问卷（Sport Orientation Questionnaire，SOQ）。运动自信可分为特质性自信和状态性自信。运动心理学常用特质运动自信量表（Trait Sport Confidence Inventory，TSCI）来评价运动员的特质性自信水平，用状态运动自信量表（State Sport Confidence Inventory，SSCI）来评价运动员赛前自信水平，得分表示运动员赛前自信程度。

自恋是另一个非常有趣的，且可能与运动表现密切相关的变量，但是关于这一领域的研究很少。尽管这一概念略带负面色彩，但似乎很多知名运动员都表现出了自恋的特征和迹象，如狂妄自大、专注于知名度、渴望受到赞美和关注、夸大自己的重要性。一些著名的运动员曾公开表现出自恋的特质。

世界上伟大的运动员似乎都表现出了自恋的特征，这一点引起了研究者的兴趣，研究者对男子职业网球运动员进行了一项调查，以检验自恋、比赛结果和排名之间的关系。结果表明，自恋、比赛结果和排名之间存在很强的正相关性。运动心理学经常用自恋型人格量表（Narcissistic Personality Inventory，NPI）来评估运动员的自恋程度（Raskin and Hall，1979；Corry et al.，2008）。这只是一个初步的、小样本的单一研究，有必要进一步探究。此外，关于这一现象是否也存在于不同性别、其他项目运动员中，也是一个非常有趣的研究。

另一种评估自恋程度的方法是主题统觉测试（Thematic Apperception Test，TAT），该测试要求运动员根据主观感受来完成相关问题；还有明尼苏达多相人格调查表（Minnesota Multiphasic Personality Inventory，MMPI），该量表通过不同的分量表来评估不同类型的人格特征，其中一项就是自恋。正如《精神疾病诊断与统计手册》（*Diagnostic and Statistical Manual of Mental Disorders*，DSM－IV－TR）所说，TAT 和 MMPI 是应用最广泛的两种自恋评估方法。

当对阵双方的战术水平和身体机能相当时，心理因素就成为决定比赛胜负的关键。我们很多人都见过这样的运动员，也许他们没有其他运动员那么有天赋，但是他们意志顽强，每到关键时刻都能绝境逢生，如拉斐尔·纳达尔和汤姆·布雷迪。与此相对，有些运动员天赋异禀但抗压能力较弱，每到关键时刻极易发挥失常，此外一旦出现心理创伤他们也难以快速恢复。这会阻碍他们快速重返巅峰，以国际女子职业网球联合会（Women's Tennis Association，WTA）的职业网球运动员雅娜·诺沃特娜为例，虽然她在温布尔登公开赛决赛第三盘中以 4∶1 领先，但是最终却输给了斯特菲·格拉夫。从那以后，诺沃特娜的网球生涯似乎陷入了长期的低谷中，不过令人兴奋的是她在几年之后重返巅峰，重新找回状态，先是在 1997 年进入温布尔登公开赛决赛，随后在 1998 年赢得了冠军。

面对大量的表扬或责备，有的人应对自如，有的人压力大到崩溃，这都是焦虑所致。这就提出了一个问题：焦虑到底是什么？为什么它对运动表现的影响如此之大？

在深入探讨焦虑如何影响运动表现之前，让我们先讨论一下什么是焦虑以及如何评估焦虑水平。焦虑是一种伴随着忧虑和不确定性的生理唤醒状态，研究人员将它分为躯体焦虑和认知焦虑。躯体焦虑是指当运动员焦虑时，由于交感神经系统兴奋而引起的生理变化，包括心率加快、手心出汗、肌肉紧张和呼吸急促；认知焦虑指的是运动员沉浸于不确定的预期结果时所产生的心理变化。

通过状态–特质焦虑指数（State-trait Anxiety Index，STAI）可以区分躯体焦虑和认知焦虑，SATI 共有 40 个问题，其中 20 个与状态焦虑相关，另外 20 个与特质焦虑相关。

目前有几种常规的焦虑评价方式，这些方式无法区分认知焦虑和躯体焦虑，但可以评估整体的运动表现焦虑，如竞赛状态焦虑量表–2 修订版（Competitive State Anxiety Inventory–2 Revised，CSAI–2R）、运动焦虑量表–2 修订版（Sport Anxiety Scale–2，SAS–2）、运动竞赛焦虑测验（Sport Competition Anxiety Test，SCAT）和贝克焦虑问卷（Beck Anxiety Inventory，BAI）。

目前有很多理论从不同角度、不同维度解释了焦虑影响运动表现的原因，包括倒 U 理论、驱动力理论、突变模型、多维焦虑理论和个人最佳功能区（individual zones of optimal functioning，IZOF）理论。这些理论源于研究人员对焦虑与运动表现之间关系的长期研究，并在此基础上归纳总结形成。研究人员发现，那些把焦虑当作赛前预习和动力的运动员（积极的方式：我已准备好上场比赛）比那些把焦虑当作负面因素的运动员要好很多，后者更容易表现出不佳。接下来让我们来深入讨论这些理论。

倒 U 理论认为人存在一个最佳的焦虑水平，并且如果运动员很少或没有焦虑，他们或许会很容易感到无聊，因为没有足够的挑战激发，他们可能很难发挥出自己的最佳水平。该理论还指出，如果运动员感到高度焦虑，他的表现会非常差。

驱动力理论认为运动员越焦虑表现越好，然而由于一些显而易见的原因，这一理论的重要性似乎有所减弱。突变模型是一个备受争议的理论，它关注的是生理唤醒水平和认知焦虑之间的相互作用，以及运动员对焦虑的理解。该理论基于的假设如下：一定程度的焦虑水平和唤醒水平与运动表现呈正比，额外的焦虑会导致运动表现的下降。

许多学者都同意这一理论模型所体现的内在逻辑，尽管后来又出现了很多相关的理论，如多维焦虑理论和个人最佳功能区理论，这些理论似乎更准确地描述了焦虑影响运动表现的方式。有趣的是，多维焦虑理论认为，焦虑水平与运动表现呈负相关，而自信与运动表现呈正相关。该理论将影响运动员自信和焦虑水平的因素结合在一起。个人最佳功能区理论解释了一个其他理论没有提到的因素，即每名运动员都存在个性化的最佳焦虑水平，此时运动员的运动表现最佳。

心理学家将运动员获得最佳运动表现的心理状态称为区（Zone）或流（Flow）（Csikszentmihalyi，1991）。该理论的出现进一步增加了评估心理这种无形变量的复杂程度，这个特殊的变量由很多复杂的因素组成，问题的关键在于，目前研究人员、教练员和运动员还无法清晰地定义或理解它们。“流”这一概念来自学者对创造新事物过程的持续观察。特米哈伊（Csikszentmihalyi，1991）注意到，当一个艺术家沉浸于绘画时，其他的生理感受都会被忽略，如饥饿、疲劳和不适。此时，这个艺术家完全沉浸于自己的创作，作品完成后他又会从中脱离出来。运动员也是如此，当他们全身心投入训练和比赛中时，他们会产生这些主观感受：注意力高度集中、无时间概念、自我满足及自我反思意识的缺失，但这一切都充满控制感和掌控感。

评估流的工具有很多，包括心流问卷（Flow Questionnaire，FQ）和心流状态量表（Flow State Scale，FSS）（Jackson et al.，2001）。设计这些工具是为了确定运动员所面临挑战的困难程度与运动技能水平的发挥是否相关。研究表明，如果想让运动员处于最佳的状态，他所具备的运动技能水平必须与所面临挑战的困难程度或比赛对手大致匹配。如果与对手相比，运动员的技术水平非常低，他可能会极度焦虑，这不利于他产生最佳的竞技状态。同样，如果运动员的技术水平非常高，对手给他的挑战非常小，他会感到无聊，最终可能会赢得比赛但不会有上佳的运动表现。

多年来，运动心理学家一直试图总结优秀运动员的心理特征。摩根（Morgan，1980）指出，成功的运动员拥有一种特殊的心理特征，他称之为“冰山剖面图”，他所评估的心理学因素包括紧张、抑郁、愤怒、疲劳、困惑和精力。研究表明，不同的运动员之间愤怒程度并没有显著差异，但与那些不太成功的运动员相比，成功的运动员疲劳感和困惑感更低，紧迫感和挫败感更强且精力更为旺盛。

尽管这一发现似乎有点违背常理，但的确有一个合理的、符合逻辑的解释。一名运动员越成功，他越可能感受到更多的渴望成功的压力，从而使他越发紧张。如果他没有赢得比赛，与队友相比，他会表现出更加强烈的挫败感。

目前存在许多关于人格特征的理论和测量方法，其中最常用的评估工具是卡特尔 16 种人格因素量表（sixteen Personality Factor questionnaire，16PF）。通过因子分析，卡特尔确定了 16 个最重要的因素，乐群性、聪慧性、稳定性、博强性、兴奋性、有恒性、敢为性、敏感性、怀疑性、幻想性、世故性、忧虑性、实验性、独立性、自律性、紧张性（Cattell et al.，1970）。通过这个量表，运动员能够更加全面地了解自己的性格特征，在此基础上，实现通过自我调节达到提升运动表现的目的。

许多心理因素都包含子范畴，如自信可分为状态自信和特质自信，焦虑可分为状态焦虑和特质焦虑。攻击性作为一个心理学概念也是如此，心理学家将它划分为两种类型：工具性攻击和反应性攻击。工具性攻击是一种健康的攻击，运动员可以采取策略设计一个场景来影响对手的发挥。与此相反，反应性攻击则是故意伤害对手，这可能会让其他人觉得这名运动员争强好胜，而实际上真正原因可能是他对这项运动充满激情。

用来衡量运动员攻击性和愤怒程度的评估量表如下：包括 12 个问题的竞争攻击性和愤怒量表（Competitive Aggressiveness and Anger Scale，CAAS）和愤怒反刍思维量表（Anger Rumination Scale，ARS）。需要注意的是，人们普遍认为愤怒是一种情绪状态，而攻击性是相互竞争时表现出的一种行为。运动员所表现出的攻击性会因从事项目和性别不同而有所区别，攻击性是一个变量，不仅在探讨运动表现时要考虑，在运动员因受伤导致机能衰退的过程中也要考虑。说到损伤和恢复，我们都知道通过生理干预能够促进运动员恢复健康，但心理干预经常被忽略，如攻击性、抑郁和自尊，它们也都会对运动员的恢复速度产生影响。

很多运动员因伤无法比赛时，会表现出一定的攻击性或某种形式的愤怒情绪。当运动员遇到无法逾越的障碍时可能会特别抑郁，如他在比赛或备战的过程中遭受严重损伤。

这并不奇怪，有研究表明，与无损伤的运动员相比，受伤的运动员会更加焦虑，更容易抑郁。抑郁的症状包括低自尊或对令人愉快的活动失去兴趣。贝克抑郁自评量表（Beck Depression Inventory，BDI）是一种用于诊断抑郁症严重程度的临床评估方法（Appaneal et al.，2009；Didehbani et al.，2013）。

自尊或自我价值认同感是预防损伤和损伤恢复过程中非常重要的一个因素。运动员的自尊常常与他的形象联系在一起。当一名运动员无法参加比赛时，他的自我价值认同感就会降低。最常用的自尊测量工具是罗森伯格自尊量表（Rosenberg Self-Esteem Scale），以及以利克特量表（Likert scale）形式呈现的自我报告（Rosenberg，1965；

Gray-Little et al.，1997；Gotwals et al.，2003）。

对于团队项目，除此之外还应考虑其他心理因素。团队凝聚力、社会促进和社会支持等变量已被证明会影响团队的运动表现。正如迈克尔·乔丹所说，依靠天赋可以赢得比赛，但要赢得冠军则必须借助团队合作和团队智慧，这与基于证据的研究结果一致。长期以来，运动心理学家始终认为，团队凝聚力对运动员的运动表现起着非常关键的作用。多名运动员只有为了达到共同目标而相互鼓励、相互支持，才能称为团队，而凝聚力指的是团队中每名运动员“凝聚在一起”所形成的某种内在聚合力。

一篇包含 46 项研究的 meta 分析报告指出，凝聚力与团队运动表现之间存在中度以上相关性，该研究所选用的测量结局指标的工具是群体环境问卷（Group Environment Questionnaire，GEQ）。

GEQ 由用于评估团队吸引力和凝聚力（基于任务目标及社会凝聚力）的因素组成。卡伦等（Carron et al.，1985；Carron，2002）详细介绍了团队凝聚力这个变量，该变量所包含的因素主要有归属感、成员关系、团队互动、亲密感及相互依赖性。此外，队员原生家庭、社会关系及教练员和运动员之间的关系等也会对团队的运动表现产生影响（Smoll et al.，1978；Dawson et al.，2000；Jowett and Cockerill，2003）。

目前，大多数心理学因素的测量都是通过自我报告或观察来进行的。采用自我报告这种评估方式需要重点考虑的一个限制因素是运动员容易受社会期望及所扮演的社会角色的影响。因为运动员怕被队伍开除，因此他可能不会在报告中提及自己的真正弱点，从而导致他失去位置或薪资减少。

除了自主进行问卷调查还有其他评估方式。对于难以量化的心理变量（如自尊、自信和焦虑）有时可以采用反应式测试进行评估，包括点探测任务（Dot-Probe Task，DPT）和内隐联想测试（Implicit Association Test，IAT）。需要通过额外研究来验证反应式测试的信度和效度，以确保它们测量的是目标变量，而不是其他变量，如选择性注意（McFarland and Crouch，2002）。

很多心理学变量难以量化，更难以证明它的结构效度。但运动心理学家一直致力于客观评估影响运动表现的心理学变量，目前在这一领域还有很大的改进空间。

运动心理尚未受到高度重视之前，运动员特别忌讳进行心理咨询，更别说团队成员中有心理专家，而如今，无论是个人项目运动员还是团队项目运动员都希望团队中有心理专家。令人惊讶的是在运动成绩的预测模型中，对心理学因素的测量和评估竟然被忽视了这么久。多项研究已证明与运动表现相关的精神或心理因素的重要性，至少与生理因素同等重要。

表 3.1 介绍了与运动相关的心理测试。本书的前三章主要关注与预测运动表现相关的测试方法，第四章讨论测试的数据分析，第五章至第九章将分别对以下五个项目的测试数据进行分析：橄榄球、篮球、棒球、足球和网球。无论是评估与生理、身体、心理、行为、环境相关的因素，还是进行运动成绩评估，我们都提供了一些理想的具体测试方法，详见表 3.2 所示。

表 3.1　运动心理学常用测试方法与评估因素

测试方法	缩写	评估
愤怒反刍思维量表（Anger Rumination Scale）	ARS	愤怒与反刍（Anger and rumination）
自我感知问卷（Autonomic Perception Questionnaire）	APQ	焦虑（Anxiety）
贝克焦虑问卷（Beck Anxiety Inventory）	BAI	焦虑（Anxiety）
贝克抑郁自评量表（Beck Depression Inventory）	BDI	抑郁（Depression）
竞争攻击性和愤怒量表（Competitive Aggressiveness and Anger Scale）	CAAS	愤怒（Anger）
竞赛状态焦虑量表–2 修订版（Competitive State Anxiety inventory）	CSAI－2R	焦虑和自信（Anxiety and confidence）
点探测任务（Dot-Probe Task）	DPT	内隐联想和反应时间（Implicit associations and reaction time）
运动锻炼自我效能感量表（Exercise Self-Efficacy）	ESE	自我效能感（Self-efficacy）
心流问卷（Flow Questionnaire）	FQ	达到最佳状态的能力（Ability to enter into flow state）

续表

测试方法	缩写	评估
心流状态量表（Flow State Scale）	FSS	保持最佳状态的体验（Flow state experiences）
群体环境问卷（Group Environment Questionnaire）	GPQ	团队凝聚力（Team cohesion）
内隐联想测试（Implicit Association Test）	IAT	内隐联想和潜在信念（Implicit associations and underlying beliefs）
明尼苏达多相人格调查表（Minnesota Multiphasic Personality Inventory）	MMPI	攻击性，神经质，不安，精神质，外向/内向（Aggressiveness, psychoticism, constraint, neuroticism, extraversion/intraversion）
冰山剖面图（Morgan's Iceberg Profile）	Iceberg profile	活力，抑郁，紧张，愤怒，疲劳，困惑（Vigor, depression, tension, anger, fatigue, confusion）
自恋型人格量表（Narcissistic Personality Inventory）	NPI	自恋（Narcissism）
罗森伯格自尊量表（Rosenberg Self-Esteem Scale）	RSES	自尊（Self-esteem）
卡特尔 16 种人格因素量表（Sixteen Personality Factor Questionnaire）	16PF	多重人格特质（Multiple personality traits）
情景动机量表（Situational Motivation Scale）	SIMS	特定情景动机（Situation-specific motivation）
运动竞赛焦虑测验（Sport Competition Anxiety Test）	SCAT	焦虑（Anxiety）
运动动机量表（Sport Motivation Scale）	SMS	动机（Motivation）
运动取向问卷（Sport Orientation Questionnaire）	SOQ	自信（Confidence）
运动焦虑量表（Sports Anxiety Scale）	SAS	焦虑（Anxiety）

续表

测试方法	缩写	评估
状态运动自信量表 （State Sport Confidence Inventory）	SSCI	状态自信 （State confidence）
状态–特质焦虑量表 （State-trait Anxiety Index）	STAI	焦虑 （Anxiety）
主题统觉测验 （Thematic Apperception Test）	TAT	潜在动机 （Underlying motives）
特质运动自信量表 （Trait Sport Confidence Inventory）	TSCI	特质自信 （Trait confidence）
韦氏成人智力量表 – Ⅲ （Wechsler Adult Intelligence Scale-Iii）	WAIS – Ⅲ	智力 （Intelligence）
沃德里克认知能力测试 （Wonderlic Cognitive Ability Test）	Wonderlic	智力和决策能力 （Intelligence and decision making ability）

表 3.2　理想测试方法所包含的属性

属性	描述
信度	测量应该是可靠的、可重复的
效度	测量的是想要测量的变量
明确	测试过程应该是明确且详细的，以便每个测试者通过它获得相同的结果
易实施	评价应来自测试易获取的数据
易操作	易于适应，易于采用不同的方法在不同的模型中使用
易理解	简单、直接，容易理解和便于解释
透明	测量方法应该被完整地记录下来，研究人员能够本着开放、诚信的精神互相分享测试结果。科学研究中不应该存在商业秘密

资料来源：Miller（2016）。

关于运动成绩预测模型，尼克斯和弗莱什曼（Nicks and Fleishman，1960）认为运动能力的测量应包括爆发力、肌肉力量、肌肉耐力、静态和动态柔韧性、协调性、平衡、无氧能力、心肺耐力和灵敏性，这些都是需要考虑的重要因素。但是，运动成绩预测模型还要考虑心理、行为和环境因素，以及身体和生理机能（Martin and Miller，2016）。表 3.3 提供了一个完整的运动成绩测量模型。

表 3.3　一个完整的运动成绩测量模型

生理机能	身体机能	心理	行为	环境
血压	敏捷性	焦虑	营养	成长环境
血糖及胰岛素	无氧能力	竞争力	睡眠	社会支持（教练、父母、朋友）
心率变异性	平衡能力	自信	滥用药物	社会经济地位
乳酸阈	体成分	沮丧		
甲基化组	心肺耐力	冲动		
损伤史	协调性	运动智力		
呼吸频率	柔韧性	动机		
静息心率	肌耐力	自恋		
端粒长度	爆发力	完美主义		
视力	肌肉力量	心理弹性		
最大摄氧量（$\dot{V}O_2\,max$）	反应时	自我效能感		
	专项技术	自尊		
		精力		

资料来源：Martin 和 Miller（2016）。

运动心理学的研究领域非常广泛。为了进一步研究相关变量，需要研究一些特定的测试方法，如卡特尔 16 种人格因素量表（Cattell et al.，1970）或罗森伯格自尊量表（Rosenberg，1965；Gray-Little et al.，1997；Gotwals et al.，2003）。动机是运动心理学领域值得进一步研究的关键因素（Vallerand，2004）。

第四章　选择统计模型

统计分析犹如身穿比基尼的美女，她外露的部分赏心悦目，但隐藏的部分更加引人关注。

——阿伦·莱文斯坦（Aaron Levenstein）

运动表现分析师不仅需要了解运动本身、运动员和运动表现的数据，还需要了解如何将这些信息传达给负责决策的运营和管理人员。从了解数据到进行决策的一个关键步骤是选择统计与预测模型对运动表现数据进行优化分析。

除了进行数据挖掘或假设分析，还需要将分析结果中有意义的指标呈现给管理者。例如，我们对 p 值、标准误和 β 系数等信息感兴趣，但管理者和决策者却不需要这些信息。他们想要的是最终的结果，如这一切意味着什么和如何应用这些信息等。因此，本章旨在介绍一些统计模型的基本原理，同时为根据测试的变量类型和感兴趣的研究问题选择统计模型提供理论依据。本章提供了一个经典的统计模型模板，可以用来更好地向运动员、教练员和团队管理者展示数据。

作为运动表现分析师，应该熟悉一些专业术语。要理解的第一个重要概念是变量有不同的类型。值得一提的是 S. S. 史蒂文斯（S. S. Stevens）在 1946 年将变量进行分类并宣称科学测量均需使用名义、有序、区间和比率这四个标度的其中之一。以下是本书所涉及的五项运动中关于变量类型的例子。

在网球运动中关于名义（分类）变量的例子可能是网球场地的界面类型。网球场地有不同的界面，如红土、硬地、草地和地毯。场地界面的次序并不重要，因此它可以被认为是名义变量。网球运动员的水平可以被认为是有序变量。如果一个数据集是由排名前五的职业网球选手、排名前五的Ⅰ级联赛网球选手、排名前五的Ⅱ级联赛网球选手和排名前五的Ⅲ级联赛网球选手的数据构成，那么这个数据集就包含了有序变量。数据集中具有层次结构的变量即有序变量。温度是一个适用于所有运动的区间变量。然而，在体育科学领域很难找到区间变量，因为大多数体育科学的测量都有一个有意义的零点且都是比率变量。为此，本书中提到的五个运动项目都将温度作为区间变量。在网球运动中，网球拍的重量和发球的速度被认为是比率变量，因为它们的量度都是从零点开始且数值大小有意义。

在橄榄球运动中不同联合会的分类属于名义变量，即美国橄榄球联合会和国家橄榄球联合会。每个联合会的不同分区（东、南、西、北）是橄榄球运动中的另一个名义变量。橄榄球运动中的有序变量是根据运动技能水平排序的联盟级别，如美国职业橄榄球大联盟（NFL）、美国橄榄球协会（AFA）、全国大学生体育协会（National Collegiate Athletic Association，NCAA）、NCAA 一级联盟、NCAA 二级联盟和 NCAA 三级联盟，由于其层级性可以从整体上被认为是有序变量。与其他运动一样，橄榄球运动中关于比率变量的例子是比赛的分数，因为分数的起点是零且大小有意义。

在篮球运动中，队伍的赛区和运动员的场上位置（中锋、控球后卫、小前锋、大前锋和得分后卫）可以被认为是名义变量。篮球联赛的级别则是有序变量，如 NBA 和 NBA 发展联盟。球员扣篮时的滞空时间是比率变量。

在棒球运动中，运动员场上的 9 个位置可以作为名义变量，大联盟和小联盟可以被视为有序变量，投球时的球速可被认为是比率变量。

在足球运动中，球员的位置是名义变量。有序变量包括球队排名和联赛等级，如皇家马德里队和皇家马德里 B 队，它们具有层次结构和特定的顺序。比率变量则是球员在整场比赛中的跑动距离。

介绍完变量的类型之后，我们从探索数据开始介绍数据分析。探索数据意味着什么呢？探索数据的方法包括数据绘图、构建频率分布及描述性统计检验，如平均数、中位数、标准差和相关系数可以引导我们用推论统计和更先进的统计模型检验有趣的问题。表 4.1 概述了运动表现的相关统计方法。

表 4.1　统计方法概述

分类	方法或模型	定义或用法
集中趋势和变异性指标	众数	出现次数最多的数值
	平均值	算数平均值
	中位数	中间的数值
	方差	分布的离散程度
	标准差	数值偏离均值的程度
用于检验群体差异的推论统计	卡方检验	比较观测频率和预期频率的差异
	t 检验	检验两组之间目标变量的差异
	方差分析	检验两组或多组之间的差异
	协方差分析	控制可能影响因变量的另一个变量
	多元方差分析	检验组间多个因变量的差异
	多元协方差分析	控制可能影响因变量的另一个变量
用于检验相关性或预测结果的统计方法和模型	相关系数	检验两个变量之间的关联
	简单线性回归	用单一预测模型预测结果
	多元线性回归	用多元预测模型预测结果
	逻辑回归	估计因变量随着自变量值变化而变化的概率

我们首先来看相关分析，皮尔逊相关系数（Pearson Product-moment Correlation Coefficient）量化了两个变量之间线性关系的强度和方向。线性关系的强度取决于相关数值与 0 或 1 之间的距离。相关数值越接近 1，说明两变量之间的线性关系就越强。相关值越接近 0，说明线性关系越弱，如果相关数值接近 1，那么说明线性关系可能很强，但为负相关。重要的是要认识到虽然两个变量之间可能存在相关性，但是这并不意味着一个变量的变化会导致另一个变量发生变化。我们强烈建议要充分了解数据，因为统计分析的结果中没有指定的计量单位。

皮尔逊相关系数是针对两个正态分布变量所采用的统计方法，否则应采用非参数检验，如斯皮尔曼等级相关系数（Spearman’s Rank Correlation Coefficient）和肯德尔等级相关系数（Kendall’s tau）。因为它们与分布特点无关，所以不受是否符合正态分布的限制。

值得注意的是许多人将“相关”（correlation）和“关联”（association）这两个术语互换使用，这是不应该出现的情况。在数据科学领域，“相关”一词特定表示变量之间线性关系的强度和方向；“关联”一词的使用则较为随意，且不能从统计分析结果中推断出来。

进行统计分析首先要做的是理解研究的问题和目的，然后确定将要分析的变量类型，并计算恰当的描述统计量。对于区间和比率变量，应检查直方图来确定正态性。此外还应检查数据是否存在异常值，这一点很重要，因为如果选择的样本有偏差或包含极端的异常值，那么分析的结果就可能与标准的正态值相矛盾。以下建立了一个包含异常值的“假设模型”作为演示示例，检验前 NBA 篮球运动员（身高最高和最矮的 20 人）场上投篮命中率和场均得分在身高方面的差异。结果显示，投篮命中率和场均得分均不因身高而异。这些基于异常样本的发现是不可靠的。相反，通过对当前 NBA 篮球运动员的正态分布样本进行分析后得出的结果表明，投篮命中率和场均得分在身高方面有显著差异。具体来说，高个球员与矮个球员相比有更高的投篮命中率，而矮个球员的场均得分则更多。这个案例体现了理解目标运动的特点和使用恰当统计模型的重要性。

选择模型和假设检验的前提是确定构成样本的变量类型和正态分布情况。使用参数检验的数据集必须满足的假设包括正态分布假设、方差齐性假设及观测的独立性假设。如果数据不符合参数检验的假设，则应使用非参数检验。

在检验有序变量的关系时，建议使用斯皮尔曼等级相关系数，而不是皮尔逊相关系数。斯皮尔曼等级相关系数是一个对数据进行排序之后应用皮尔逊方程进行相关分析的非参数统计方法。当探索大样本数据集时，通常应使用斯皮尔曼等级相关系数进行非参数检验。对于相对较小的数据集，使用肯德尔等级相关系数比斯皮尔曼等级相关系数更适合。运动表现分析人员通常习惯于以特定方式分析数据，这是不正确的，因为每种统计分析类型都需要满足多种不同的假设。

t 检验是一个可供不同学科的研究者用来比较均值和确定统计显著性的简单统计方法。应该注意的是 t 检验有几种不同的类型：单样本 t 检验、独立样本 t 检验

（两样本 t 检验），以及配对样本 t 检验（非独立样本 t 检验）。在将目标分组的平均数与已知参数的总体平均数进行比较时，应使用单样本 t 检验。

如果一位网球教练想知道自己学生的发球速度是否超过世界排名前 20 的专业网球运动员，那么这位网球教练可以使用独立样本 t 检验进行验证。这个检验需要学生发球速度的平均值（包含算数平均值、中位数和众数三项），并将其与目标人群的平均发球速度进行对比，也就是这个案例中世界排名前 20 的职业网球运动员的发球速度。总的来说，目标分组是教练正在训练的网球运动员，因变量是发球速度，通过 t 检验计算 p 值来判断与已知参数（即世界排名前 20 的专业网球员的发球速度）相比，结果是否有显著性差异。

使用独立样本 t 检验之前应满足的第一个假设是因变量、结局变量或反应变量（可互换使用，有些术语在某些领域可能比在其他领域更合适）在一个连续的尺度上。连续型变量的例子是橄榄球运动员在场上的跑动距离，网球运动员的训练时间或网球、棒球比赛的持续时间。

独立样本 t 检验应满足的第二个假设是自变量、解释变量或预测变量包括两个独立类别的分组。例如，我们可以检验橄榄球和棒球这两项运动之间的差异，橄榄球和棒球代表不同的分类变量水平且彼此独立。

第三个假设是观察的独立性，这是为了确保组中的每名运动员只在该组中接受检验，而不是在多个组中进行检验。观察的独立性是许多统计模型和检验的一个关键假设。

第四个假设是没有极端的异常值。将极端异常值包含在数据集中可能会影响独立样本 t 检验的结果。如果数据中包含极端异常值，那么需要使用其他更稳健的分析方法。要记住的是应根据已有数据类型来选择最合适的统计模型。

第五个假设是每个自变量组（如棒球和橄榄球）的因变量是呈正态分布的。可以使用正态性检验，如夏皮罗－威尔克检验（Shapiro-Wilk test）和科尔莫戈罗夫－斯米尔洛夫检验（Kolmogorov-Smirnov test），来验证是否满足这一假设。

第六个假设为方差齐性假设，或者说各组之间的方差应该相等。可以用方差齐性检验来评估方差齐性。

当比较两个与时间或分组有关的均值时，恰当的统计模型是配对样本 t 检验。为了达到使用配对样本 t 检验的要求，必须满足没有极端异常值的附加假设。当解答一个关于运动表现的问题时可以使用配对样本 t 检验。例如，“赛季前训练的最后一天与赛季前训练的第一天相比，足球运动员的速度是否有提高”这个问题是关于两个不同时间点的假设。因此需要基线值和训练后足球运动员速度的测量值。配对样本 t 检验的结果将表明在这两个不同时间点的速度测量值是否有显著差异。但应谨慎对待 t 检验的结果，尤其是需要使用多次 t 检验时。它们可能会产生假阳性结果以及增加犯 I 型错误的可能性。

当需要使用多次 t 检验时，用方差分析模型代替 t 检验可能会更好。方差分析可用于比较两组或两组以上的均值以及检验因变量组间的均数差异。当判断球员位置或球队之间在某一特定的运动表现变量方面是否有差异时可以选择方差分析模型。例如，我们想要检验不同位置的篮球运动员在三分球命中率方面的差异，应该使用方差分析模型。我们的研究问题是，中锋、小前锋和得分后卫在三分球命中率方面是否存在差异。

重要的是要清楚虽然方差分析模型可以确定不同位置的球员在三分球命中率方面有显著性差异，但是它没有告诉我们不同位置球员之间的差异。因此，需要进一步探究，然后使用事后分析（post-hoc analysis）来确定哪一组配对在统计学上不同于其他配对。在确定使用方差分析之前，必须检查数据集是否满足使用方差分析所必须满足的 6 个假设。第一个假设是因变量是连续的。第二个假设是自变量或目标变量由两个或两个以上的分组或类别组成。

使用方差分析需要满足的第三个假设是变量的独立性，这意味着自变量之间不存在任何关联。例如，我们要研究不同球队之间的差异时，应确保一个分组中只有迈阿密热火队的球员且没有其他任何分组或团队（如俄克拉荷马城雷霆队）的成员，此时该假设得到满足。又如，当我们试图比较不同位置球员的投篮命中率时，如果一名球员有多个位置（如得分后卫和控球后卫）就会违背这个假设。如果想要用方差分析，我们就必须确保每名球员的位置都被指定，且每名球员只有一个位置。否则使用其他统计模型可能是更好的选择。

方差分析的第四个假设是没有极端异常值。从经验来说，如果该数值超出两个标准差，则被视为极端异常值。方差分析的第五个假设是数据呈正态分布。方差分析有抵抗偏态分布的倾向，然而，如果数据有明显倾斜，最好转换数据或选择非参数检验，如克鲁斯卡尔–沃利斯模型（Kruskal-Wallis model）。第六个需要满足使用方差分析模型的假设是方差齐性假设，这可以通过使用方差齐性检验来验证。如果不能满足方差齐性假设，则可以使用两个模型替代：韦尔奇检验（Welch's test）和布朗–福西思检验（Brown and Forsythe test）。

如果以上所有 6 个假设都得到满足，那么就可以自由地使用方差分析模型。在使用方差分析模型后，如果有两个以上的分组，则需要进行事后分析。事后分析通常使用盖姆斯–豪厄尔（Games-Howell）和图基（Tukey）检验。

我们可以使用 SPSS、SAS、R 或其他统计软件进行统计分析，在使用 R 运行方差分析模型之后输出的结果包括平方和、自由度、均方、F 值和 sig 标题下的 p 值，sig 是统计显著性指标。

还有一个更复杂的模型，当自变量是分类变量，因变量是连续变量且需要控制其他混杂变量时，建议使用协方差分析。混杂变量是一个会影响自变量方差的因素。因此，为了准确计算因变量中由自变量引起的变异，应该控制这个第三变量。例如，要检验球队训练方案和运动表现之间的差异，重要的是要控制球员训练的预算经费（协变量）。因为投入训练和设备的资金可以在教练、设备、物理治疗及球员的体能方面产生影响，所有这些因素都会间接地影响训练方案和运动表现。那么，当我们要比较球队基于训练方案的运动表现差异时，就要控制财务资源的影响，这样我们才能了解哪些球队在训练方面得到了更多的回报。

为了使用协方差分析模型，首先要满足使用方差分析模型的 6 个假设。此外，还必须满足以下 3 个假设：协变量（第三变量）应与每个自变量组的结果线性相关，方差齐性假设，回归斜率齐性假设。

这一切到底意味着什么？我们在检验什么？协变量与因变量线性相关的假设可以用一个简单的散点图验证。如果这种关系是非线性的，协方差分析则不是最佳选择。方差齐性假设检验了自变量与因变量关系中的误差项在自变量的各个水平上是相等的。回归斜率齐性假设的目的是确定斜率（尽管不同）是否彼此平行。如果斜率彼此平行，则没有协变量和自变量之间相互作用的证据。这是一个很好的模型，可以在同时控制中介变量的情况下，比较球队或球员位置等不同群体在一个特定结果上的差异。

多元分析模型可以专门用来评估多个具有相关性的因变量之间的差异。例如，当检验橄榄球运动中三个位置球员（四分卫、跑卫和防守前锋）之间 40 码（约 36.6

米）冲刺、折返跑和5—10—5灵敏测试的差异时，应首选多元分析模型。因为在这个例子中因变量都有一定的相关性，它们都是无氧功率的测试指标。在这种情况下，多元方差分析是最优选择。如果要分析相同位置球员在40码（约36.58米）冲刺、225磅（约102.06千克）卧推和沃德里克认知能力测试（Wonderlic Cognitire Ability Test，Wonderlic）中（这是一种在欧美职场上被广泛使用的人事能力的测验，答题者需要在12分钟内完成50道问题，它能够迅速地考察出人的应激反应能力、速算能力、逻辑思维能力和语义解析能力）的差异时使用多元方差分析模型是不正确的。为什么呢？因为各因变量之间是不相关的。40码（约36.58米）冲刺是测试无氧功率和速度的指标，225磅（约102.06千克）卧推是反映上肢力量的指标，而沃德里克认知能力测试更是对完全不相关的能力进行的评估。同样地，使用这个模型得到的结果只能说明各组之间有显著差异，但并不能精确说明哪两组之间有显著差异，需要进行其他分析来确定更具体的信息。

如果根据数据的类型和因变量的数量认为可以使用多元方差分析模型，那么必须满足6个假设。第一个假设是变量的独立性，所以方差分析、协方差分析、多元方差分析和多元协方差分析的自变量均应该为分类变量。然而，对于多元方差分析和多元协方差分析的因变量有多个附加准则，要求每个自变量组中的受试者数要多于因变量总数，所以应首选大样本量。

第二个假设是不存在单变量离群值或多变量离群值。单变量离群值是与离群值互换使用的术语，因为与多变量离群值（指因变量中的离群值）相比，它表示每组自变量中的离群值。应该使用箱形图来评估离群值（单变量），使用马氏距离（Mahalanobis distance）评估多变量离群值。第三个假设是使用夏皮罗–威尔克检验（Shapiro-Wilk test）来检验正态性的多元正态性假设。第四个假设是多元方差分析要求所有自变量和因变量之间满足线性关系假设，这通常可以用一个简单的散点图矩阵来验证。此外，第五个假设是协方差矩阵齐性假设，可以使用Box'M协方差矩阵等同性检验（Box's M test of equality of covariance）。第六个假设是要求不存在多重共线性，这是进行这些类型的多元分析所必须满足的最终假设，这意味着因变量之间的相关性不应太强。听起来可能是违反直觉的，但是为了使用多元方差分析或多元协方差分析，应该有多个适度相关的因变量。如果相关性太低，用方差分析单独评估因变量更好。如果相关性太强，多重共线性可能是个问题。

多元方差分析还可用于评估不同时间点的变量之间的差异。这个模型被称为重复测量多元方差分析。因为至少需要两个或两个以上的时间点，所以这种模型通常被用于评估赛季前、赛季中和赛季后的肌肉力量变化的差异。

当使用重复测量多元方差分析时，参考 Wilk 统计量（Wilks' Lambda）和多变量检验的显著性很重要。如果没有显著性，则分析完成。但是如果有显著性，则应该使用单因素方差分析进行跟进分析，并确定被试间效应（自变量之间的关系）是否显著。在多变量和被试间检验中发现显著性后，按规定应进行邦费罗尼（Bonferroni）校正，以校正所进行的方差分析的数量。

另一个类似于相关性检验的统计方法是卡方独立性检验，也称为皮尔逊卡方检验（Pearson's chi-square）。卡方检验不同于众所周知的皮尔逊相关系数，因为它是被用来检验两个分类（不连续）变量之间关系的方法。这一检验只要求满足两个假设：变量都是分类的及至少有两个独立分组。例如，探索皇马和巴塞罗那两支足球队（由两个独立分组组成的一个分类变量）在一个赛季中罚中点球和罚丢点球之间的关系。卡方检验适合探索因变量为二分类（罚中点球/罚丢点球）变量的数据。输出的结果通常取决于使用的统计软件，一般包括交叉表和卡方检验结果。直方图或条形图是一种呈现数据探索性分析的简便方法，可有效显示分类组的频率计数。

当研究目的是预测运动表现时，最好选择回归模型。该模型的作用是检验因变量（结果）中由预测变量（自变量）引起的变异比例（Keith，2014）。回归的有趣之处在于预测变量（自变量）可以是连续的，也可以是分类的，这与方差分析和多元方差分析模型不同。当一个（简单线性回归）或多个（多元线性回归）预测变量存在时，可以使用回归模型。与本章提到的所有其他模型一样，回归分析在使用之前也必须满足一些假设。最常见的情况是根据自变量的性质（连续性）或对预测模型感兴趣时才使用回归分析。

回归分析的第一个假设是分析的变量为区间变量或比率变量。第二个假设是变量之间必须具有线性关系。如果不满足第二个假设，则更适合用其他模型（如非线性回归或非线性混合效应模型）。第三个假设是数据中没有显著的离群值，如较大的残差值，较大的残差值表明该数据值与预测线相距较远。观察的独立性假设和方差齐性假设也同样适用于该模型。

第四个假设是残差呈正态分布。这一最终假设可以通过简单的直方图来可视化验证。当使用回归模型时，输出的结果包含 R 和 R^2 值。虽然在相关分析中我们感兴趣的是 R 值，但是在回归分析中我们感兴趣的是 R^2 值，R^2 值代表输出变量中能被回归模型解释的变异比例。举一个例子，假设我们用运动表现（结果）和训练时间（预测变量）做回归分析，得到 R^2 为 0.79。这表明运动表现的 79%的差异是训练时间导致的。此外，综合的结果会产生一个 F 值和一个 p 值，代表显著性或非显著性。回归分析的结果描述了该模型对结果预测的效力有多大。

在进行回归分析时，必须检查输出结果，尤其是 β 系数。β 表示标准化的系数，通常用于模型中的变量是可转换的度量单位时。如果想通过测试运动员的最大纵跳高度和静态蹲跳高度来预测他们的扣篮能力，那关注的主要结果应该是以英寸（厘米）为单位的跳跃高度。

当两个预测变量拥有相同的测量单位（英寸或厘米）时，应首选未标准化的系数。未标准化的系数表示在同时控制其他变量的情况下，由特定的预测变量引起的因变量的变异比例。但是如果想比较最佳纵跳高度（英寸或厘米）对于 40 码（约 36.58 米）冲刺速度（秒）的重要性，首先应该将它们转换为通用的测量单位，然后查看 β 回归系数的相对值，也就是标准化系数。

回归分析提供了一个关于每个预测变量引起的变异与多个预测变量引起的总变异之间的总体拟合。使用多元回归分析之前必须满足 8 个假设。第一个假设是因变量是连续的。第二个假设是至少有两个或两个以上的自变量，在这种情况下，它们可以是连续的、分类的或是两者的组合。第三个假设是观察是独立的，就像大多数模型的标准一样。第四个假设与简单线性回归相似，即因变量与预测变量的每个水平之间呈线性关系。

第五个假设是方差齐性假设，与多元方差分析相似。第六个假设是数据之间不存在多重共线性。第七个假设是确保数据中没有显著的离群值。第八个假设是残差需服从正态分布。最后的假设可以用 Q–Q 图来验证。在这些假设得到满足之后，可以选择使用多元线性回归，将会得到 R 值，R^2 值和调整后的 R^2 值。多元线性回归和简单线性回归的结果相似，多重相关系数（R）和决定系数（R^2）也会出现在输出结果中。

多元线性回归模型不同于简单线性回归模型是因为输出的结果中有一个调整后的 R^2 值。因为存在多个预测变量，所以我们要了解每个预测变量引起的因变量的变异比例。这可以由结果中的调整 R^2 值来表示，同时还回答了这样一个问题：因变量中有多少变异是由模型中另外一个额外的预测变量（自变量）引起的。为了检验选择的预测变量是否产生了良好的拟合，可以参考 F 值和 p 值。

当自变量和因变量都具有分类属性时，就要使用另一个模型，也就是逻辑回归模型（logistic regression model），也称 Logit 模型。该模型使用预测变量的线性组合来确定结果对数的发生比。它通常用于预测不同球队的胜负概率。

如果对随时间变化的趋势研究感兴趣，那么可以使用时变系数模型（time var ying cofficient models）。除此之外还有更高级的模型，如线性混合效应模型（linear mixed effects models）、纵向生长曲线模型（longitudinal growth curve models）和非线性混合效应模型（non-linear mixed effects models），它们都可以更好地捕捉时间变化的趋势特点。有关这些高级模型的详细信息，请参考相关的文献资料（Singer and Willett，2003；Bauer and Curran，2003；Curran et al.，2004；Pinheiro et al.，2007；Duncan et al.，2013）。

非参数方法可以替代参数方法（Sprent and Smeeton，2007；Neuhauser，2011；Kloke and McKean，2014）。贝叶斯方法可以替代经典推理（Robert，2007）。现代建模方法还包括机器学习和其他统计模型（Izenman，2008；Hastie et al.，2009；Murphy，2012）。

表 4.2 回顾了本章所涵盖的统计检验和模型。我们将在接下来的章节中看到统计检验和模型的应用。

表 4.2　统计检验和模型回顾

统计模型	数据和变量	由统计模型回答的问题
卡方检验（Chi-square）	一个或多个分类变量	篮球运动员比棒球运动员更容易受伤吗（两个分类变量相关吗）
t 检验（t−test）	自变量分组为二分类变量，因变量为连续变量	新英格兰爱国者队和迈阿密海豚队在达阵（即“触地得分”）上有区别吗（两组在因变量上是否存在差异）
方差分析（ANOVA）	自变量为一个或多个分类变量，因变量为一个连续变量	篮球、网球和足球运动员之间的薪水有差异吗(一个连续因变量的两个或多个组之间是否存在差异）

续表

统计模型	数据和变量	由统计模型回答的问题
协方差分析（ANCOVA）	自变量为一个或多个分类变量，因变量为一个连续变量，以及一个或多个控制变量	在限定门票销售收入后，篮球、网球和足球运动员之间的薪水有差异吗（在控制一个因变量的协变量后，两个或多个组之间是否存在差异）
多元方差分析（MANOVA）	自变量为一个或多个分类变量，因变量为两个或更多的连续变量	篮球运动员的各个位置之间：中锋、控球后卫和大前锋在场上得分，篮板和助攻方面是否有差异（在多个因变量上，两个或多个组之间是否存在差异）
重复测量多元方差分析（MANOVA with Repeated Measures）	自变量为一个或多个分类变量，因变量为两个或更多的连续变量，且因变量是对同一属性变量的重复测量	篮球运动员的各个位置之间：中锋、控球后卫和大前锋在赛季前、赛季中和赛季后的场上得分，篮板和助攻方面是否有差异（在不同的时间点，多个因变量上的两个或多个组之间是否存在差异）
多元协方差分析（MANCOVA）	自变量为一个或多个分类变量，因变量为两个或更多的连续变量，一个或多个控制变量	在限制上场时间的情况下，篮球运动员的各个位置之间：中锋、控球后卫和大前锋在场上得分，篮板和助攻方面是否有差异（在控制多个因变量的协变量后，两个或多个组之间是否存在差异）
相关分析（Correlation）	两个连续变量之间的单一相关性，线性关系	运动员的社会经济地位和网球专业水平之间有关系吗（这些变量之间有什么关系）
简单线性回归（Simple Linear Regression）	自变量为一个二分类或连续变量且因变量为一个连续变量	打出的一次本垒打中有多少变异是由棒球运动员的上肢力量引起的（因变量中有多少变异由自变量引起的。此外，因变量与自变量的系数有多大关系）
多元线性回归（Multiple Linear Regression）	自变量为两个或两个以上的二分类或连续变量（一个或多个被控制变量）且因变量为一个连续变量	打出的一次本垒打中有多少变异是由棒球运动员的上肢力量、核心力量、下肢力量和无氧功率引起的（因变量中有多少变异由自变量的线性组合引起的。此外，因变量与自变量的系数有多大关系）

续表

统计模型	数据和变量	由统计模型回答的问题
逻辑回归（Logistic Regression）	自变量为两个或两个以上的二分类或连续变量且因变量为二分类变量	根据以往的表现，一支球队获胜的概率是多少（当自变量的值发生变化时，因变量发生变化的概率是多少）

本书对统计模型的研究主要集中在传统的参数方法和经典推理方法上，这些方法在运动表现测评和分析中经常使用。相关专家（Snedecor and Cochran，1989；Black，2011；Wasserman，2010；Triola，2014）提供了更多关于传统统计方法的信息。生长曲线（Duncan et al.，2013）、纵向数据分析（Singer and Willett，2003）和混合模型（Pinheiro et al.，2007）特别适合用来分析运动员随时间变化的运动表现数据。

第五章　橄榄球运动表现测试与评估（达阵分析）

真正的勇士永远是那些为了胜利而战的人。

——汤姆·布雷迪（Tom Brady）

作为美国传统的运动项目，橄榄球比赛的魅力在于其富有多变性和策略性。实际上，针对进攻和防守而精心设计的战术演练是为了提高运动员运用不同战术策略以应对场上对手的能力。传说橄榄球比赛是从那些带有踢球动作的比赛中演变而来的，如英式足球和英式橄榄球。据说当时有一个人正在踢足球，在比赛进行到一半时，他突然对用脚踢球感到了厌倦，于是他用双手捡起球然后抱着它跑了起来，从那以后一个新的运动项目诞生了。随着比赛的盛行，橄榄球联赛开始在全美境内推广开来，在1922年美国职业橄榄球协会更名为美国橄榄球大联盟（NFL）。

NFL的第一场季后赛于1932年在芝加哥举行。NFL的首位职业球员是吉姆·索普（Jim Thorpe），他后来成了NFL的主席。在20世纪40年代，橄榄球运动的发展受到了职业球队重组的冲击，其中包括黑人球员加入联盟以及战争的影响。

20世纪50年代，NFL因东西部分区球队的不断发展以及其新举办的冠军赛制而闻名全国。1959年，美国橄榄球联合会（American Football Conference，AFL）正式成立，但直到20世纪60年代末才举办了第一届AFL–NFL超级碗，并由绿湾包装工队（Green Bay Packers）赢得了冠军。20世纪70年代，迈阿密海豚队以其贯穿整个赛季的辉煌战绩及赢得了第七届超级碗冠军而名噪一时。在此期间，美国橄榄球联合会加入了 NFL。自此，出现了两大次级联合会：国家橄榄球联合会（National Football Conference，NFC）和美国橄榄球联合会（American Football Conference，AFC）。NFC 和 AFC 都分别由 16 支球队组成，并且拥有各自的季后赛。每个联合会的胜利者在超级碗中对决，优胜者则被加冕为 NFL 冠军。

20 世纪 80 年代，NFL 球员工会发起的罢工事件至今让人印象深刻，而 20 世纪 90 年代，加利福尼亚州的球队处于一个变更时代。洛杉矶公羊队和突袭者队都在两个月内易址，公羊队迁至圣路易斯，而突袭者队则迁至奥克兰。每支球队还曾为获得离开所在城市的机会而竞争，并企图将 NFL 比赛再次带回洛杉矶。这些球队中包括可能沿着海岸线向上迁移的圣地亚哥电光队，以及可能返回洛杉矶的奥克兰突袭者队和圣路易斯公羊队。

从 2014 年下半年到 2015 年初这一段时间，橄榄球这项运动则更多是因为“放气门”事件（“放气门”事件指在一场美联冠军赛之前，有个爱国者的“小喽啰”把比赛用球带进了更衣室，然后用根针给球放了点气，从而触犯比赛规则，引发了比赛风波）得到了全球性的关注，而非球星本身。当然这一年也存在积极的一面，2015 年联盟球队工资帽创历史新高，增长至 1.43 亿美元。1986 年，基于伦敦橄榄球协会的规则基础，美式橄榄球规则应运而生。NFL 通用竞赛规则于 1904 年制定，并在 1933 年进行了重大修改。1938 年修改后的竞赛规则规定对传球人冲撞犯规处以后退 15 码（约 13.72 米）的判罚。在 20 世纪 70 年代，NFL 又在比赛中添加了几条新规则，包括将球员的名字印在其球衣背后。比赛计分板上的时钟则按规定正式成为比赛的官方计时器。同时，设定了达阵（即“触地得分”）后所得分数为 1 分的规则。

竞赛基本规则在 1974 年再次进行更改并实施。规则的改进也使得比赛更加令人热血沸腾，其中修改的规则如加时赛的“突然死亡法”赛制，球门重新移回端线位置，而开球位置也从 45 码（约 41.15 米）线位置移动到 30 码（约 27.43 米）的位置。这些规则的改变使得橄榄球比赛更加精彩和完善。

越来越多的证据表明脑震荡会对运动员产生危害，这使得安全规则备受关注。众多研究结果也使得美式橄榄球装备在安全性上的创新不断发展，如头盔和肩垫中的附加填充物和传感器等。橄榄球运动护具由头盔等组成，如今头盔专门用于减轻球员被擒抱时的负面影响，减少脑震荡造成的潜在危害，而肩垫、护膝、护齿、鞋底防滑钉、相同颜色的袜子以及印在球衣上用以识别球员的号码都是比赛规则的强制性要求。从技术层面来说，橄榄球运动其实只需要一颗重 400 克配以棕色皮质线缝的圆锥形球即可进行比赛，但是全副武装的护具不仅保障了运动员的健康，也增加了比赛的观赏性。虽然比赛可以在任何地方进行——无论是在公园还是在空荡荡的街道上，但是官方场地则需要一个长 100 码（约 91.44 米），宽 53.33 码（约 48.76 米），两端各带有一个达阵区和球门的场地。球场两端则是达阵得分和射门得分的规定区域。看起来像一个个破折号的码数标记贯穿整个球场，用以帮助球员、球迷及比赛工作人员时刻追踪球的位置，并记录球员跑过的码数。

位于球场中心的码数标记被称为码标线（或整码线），旨在为一次进攻开始的位置划定边界。每次新的进攻都必须在上一次进攻结束时的位置开始，除非上一次进攻结束位置在码标线以外（即远离球场中间位置）。如果一次进攻结束时在码标线以外，则下一次进攻开球的位置必须在离上一次进攻结束位置最近的码标线处。一场橄榄球比赛分为四节，每节 15 分钟。第二节和第三节之间有 12 分钟的休息时间。每节比赛结束两支球队都要进行场地交换，而在第一节和第三节结束时拥有球权的队伍将在下一节开始时依然保有球权。然而，这条规则并不适用于中场休息前后的时间，因为下半场比赛开始时需要重新进行开球。

在 NFL 中，每支球队必须在常规赛中踢 16 场比赛，其中包含必须和本分区内的其他球队各踢 2 场比赛。每个分区有四支球队，因此每支球队在自己所属的分区中总共要进行 6 场比赛。此外，AFC 和 NFC 的球队都必须和自己联合会中其他一个分区内的所有四支球队各打一场比赛，因此就又多了 4 场比赛。接下来每支球队还要同对方联合会的其中一个分区的所有球队各打一场比赛，如此一来就又增加了 4 场竞争激烈的比赛。这便是 个常规赛内 16 场比赛的组成方式。一支橄榄球队由 11 名球员组成。橄榄球球员在比赛中都承担着特定的角色，各角色包括中锋（center，C）、防守端锋（defensive end，DE）、防守截锋（defensive tackle，DT）、全卫（fullback，FB）、内线卫（inside linebacker，ILB）、进攻护锋（offensive guard，OG）、外线卫（outside linebacker，OLB）、进攻截锋（offensive tackle，OT）、踢球手（placekicker，PK）、截球手（pitcher tackle，PT）、四分卫（quarterback，QB）、近端锋（tight end，TE）。拥有球权的球队被称为进攻方，他们的目标是进行一次达阵得分。相反没有球权的一方则被称为防守方，防守方的目标是阻止进攻方得分，并尽快通过拦截的方式取得球权。但是，如果进攻方得分，则双方攻防转换，而球权也随之移交至之前的防守方球队。这种比赛方式一直持续到比赛时间用完为止。

橄榄球比赛以“开球”的方式开始，防守方的开球者在本方的35码（约32.00米）线处开球，他的任务就是尽可能远地将球踢到对手的领地内。进攻方则需要尽全力拦截并接住球，然后在被对方阻截前尽可能地向前推进。对于进入端区内被接住的深踢（deep kicks），进攻方可以选择不直接向前推进，而是选择“触回”，那么此时球将自动放置于进攻方的10码（约9.14米）线处。若防守方踢出至少10码（约9.14米）的短踢（onside kick）则被称为“活球”，踢出后进攻方和防守方都可以直接抢夺球权。通常防守方会选择将球尽可能远地踢入对方领地内，迫使进攻方的推进距离延长至整个场地。但有时，防守方也可能选择改变策略尝试短踢（onside kick 或 short kickoff）以期在对手接球前提前抢得球权。众所周知，比赛发球的另外一种形式是“向后投球”（snap），通常预示着每一次进攻的开始。中锋从腿下方“向后投球”，将球传给四分卫，而四分卫球员负责用暗语发起一次进攻。然后，四分卫将在短短几秒钟内决定对球的处理方式，是将球扔给队友还是自己带球推进。

虽然，我们之前谈到橄榄球是一项丰富多彩的运动，但是具有讽刺意味的是橄榄球比赛却通常因为其暴力美学的一面受人追捧，而非比赛本身所富有的战术复杂多变和队伍排兵布阵精妙的特点。对于测试和评估人员而言，我们需要明白其比赛阵形的精妙之处。橄榄球的魅力在于每支包含11人的橄榄球队由三个部分组成，或者也可以说是三个分组：进攻组、防守组、特勤组。进攻组是队伍中负责掌控球权并尽全力达阵得分的部分。相对应地，防守组则负责阻止对方的进攻得分。特勤组则是在队伍需要踢球时发挥作用，如开球、弃踢、点球及达阵得分后的射门。每个队伍中不同位置的球员都需要拥有不同的体能及心理素质。无可争议的是，四分卫是每个队伍中最重要的角色，他需要拥有在压力下快速决策的能力。四分卫是队伍进攻的发动机，他负责告知队友每一次进攻要执行的战术。毫不夸张地说，四分卫在进攻中就如同交响乐队中的指挥家一般统领全局。

一次进攻中只有两种可以使球向前推进的方式，一种是传球，另一种则是带球冲锋。得分的方法则相对丰富一些。最常见的得分方式是达阵得 6 分。达阵后可以选择通过射门额外获得 1 分或者选择二次达阵以争取获得 2 分，其他得分方式还有如可以让防守方直接获得 2 分的“安全分”，以及进攻方通过任意球获得的 3 分。一些不太常见的得分方法包括防守方 2 分转换，其中防守方通过进攻返回失败的触地得分，也可以在触地得分后尝试获得安全分 1 分，同时球队也可选择尝试无争议的射门得分 3 分。橄榄球比赛的基本原理是“到达端线”。基本上，进攻方有四次机会可以赢得总码。如果球队在第一次尝试中成功推进了 10 码（约 9.14 米），进攻方将获得重新开始的球权和额外四次向前推进 10 码（约 9.14 米）的进攻机会。通常情况下，进攻方都会球触地（一个或两个膝盖接触地面；如果他奔跑或被迫越界）而结束进攻。很多时候，比赛中失误（如失误或拦截）可以改变比赛的进程，尤其是当球员丢球或失去控球权时，比赛就会发生微妙的变化。当对方球队的防守球员接住不利于他形成优势局面的球时，就会发生拦截从而导致比赛的势头发生变化。有关橄榄球术语的其他定义，请参阅橄榄球术语表。

想要赢得比赛，我们首先要回答以下问题：“你可以为赢得比赛做些什么？”作为运动表现科学家，常被他人问到：“为了帮助运动员取得好成绩或成为这项运动的佼佼者，您需要做哪些事情？”从逻辑上讲，这需要我们探讨影响橄榄球运动表现水平的相关变量，并对这些变量进行有效合理的测量和评估。

NFL 已经为新秀和新选手建立了自己的体能测试与评估体系，称为选秀综合能力评测（Scouting Combine）。它包括以下体能测试内容：40 码（约 36.58 米）冲刺、卧推、垂直纵跳（vertical jump）、立定跳远（broad jump）、三点锥形桶灵敏测试（three-cone agility drill）、20 码（约 18.29 米）折返跑和 5—10—5（米）灵敏测试。以上体能测试是 NFL 综合训练计划的一部分，每年进行一次，从而有效评估运动员的速度、无氧爆发力、灵敏性、肌肉力量等。目前，NFL 正在考虑重新设置 NFL 综合能力测评指标以进一步改善对球员综合能力的预测（McGee and Burkett，2003）。

众所周知，不同位置的球员在体能和心理特征上均存在明显的差异。例如，四分卫的球员要求能够执行各种任务，所以四分卫的球员与后卫和防守端等位置的球员相比在体能和心理特征方面的要求会有所不同。考虑到这一点，针对不同位置的球员有不同的体能需求，应当采取不同的训练措施。这并不意味着 NFL 当下的体能测评不符合不同位置球员的需求，而是要根据不同的位置需求开展进一步针对性的测试。

四分卫的位置要求运动员具备快速的反应时间、决策能力、无氧爆发力及灵活性等。心理评估可以有效洞察四分卫的思维方式和能力，如四分卫要有很高的“橄榄球球商”，因此强烈建议测试运动员的认知能力或智力。目前，沃德里克认知能力测试（这是一种在欧美职场上被广泛使用的人事能力的测验，答题者需要在12分钟内完成50道问题，它能够迅速地考察出人的应激反应能力、速算能力、逻辑思维能力和语义解析能力）用于职业橄榄球的认知测试。另外，建议还要着重测评该位置球员的反应时间和信心，尤其是在压力下比赛的能力。沃德里克认知能力测试、竞赛状态焦虑量表–2修订版（CSAI–2R）和内隐联想测试（IAT）心理评估量表是评估四分卫认知能力的有效工具。四分卫球员的体能测试项目较多，但测试的重点应放在对四分卫启动速度、最大力量、下肢爆发力、变向能力的评估方面。同时，所有的体能测试应该加入视频回放、录像学习和比赛表现进行综合考量。与此同时，对四分卫的心理评估包括前文提到的竞争攻击性和愤怒量表（CAAS）、卡特尔16种人格因素量表（16PF）。

与四分卫相比，尖锋和跑锋球员由于比赛职责和动作技术的特殊需求，他们体能测试与评估的侧重点有所不同。一般情况下，传统尖锋的平均身高6英尺（约182.88厘米），平均体重300磅（约136.08千克）。尖锋球员40码（约36.58米）测试往往在不到5.5秒的时间就能完成，而上肢卧推测试能达到三十多次（重量为225磅，即102.06千克）。尽管跑阵球员类似于尖锋，但传统的防御跑阵球员平均高度却达到了6英尺3英寸（约192.50厘米），而平均体重只有280磅（约127.00千克）。因此，跑锋球员的动作更快，他们可以在5秒跑完40码（约36.58米）冲刺，同时他们也拥有足够的肌肉力量（虽然与尖锋相比差一些），卧推平均重复能达到25次（重量225磅，即102.06千克）。我们从上面提到的测试数据描述可以发现即使处于相似位置的球员在运动素质上也可能会有所不同，因此有必要强调个性化体能测试与评估的重要性。

考虑到以上的建议，同时结合跑锋需要在高压比赛状况下展现出出色的眼手协调能力和预判后快速启动能力的特点。我们在评估跑锋运动员的体能时加强了其视觉和速度能力的测评。由于启动能力对速度非常重要，尤其是在球员控球的情况下快速启动加速，且迅速改变方向的能力，我们认为快速启动能力对跑锋至关重要。与其他针对此位置相关的体能评估相比，跑锋的测试内容应侧重对运动员灵活性和下肢无氧爆发力的测试，如 20 码（约 18.29 米）折返跑和最大垂直纵跳测试。此外，建议将心理评估纳入测试内容，包括内隐联想测试（IAT）和沃德里克认知能力测试。

与跑锋一样，外接手球员也需要良好的速度和快速变向的能力，因为其目标是快速接住队友开出的球，并向端区尽可能多地打码得分。因此，该位置球员也需要出色的眼手协调性能力，以便在对方后卫持续施压下接住球。推荐外接手球员的体能测试与评估内容包括速度、无氧爆发力、灵敏性。同时建议对外接手进行心理评估，包括运动取向问卷（SOQ）、竞赛状态焦虑量表–2 修订版（CSAI–2R）和内隐联想测试（IAT）心理评估量表。

与进攻型球员相比，防守端锋承担着艰巨的防守任务，因此多年来担任这一职位的运动员变得越来越强壮，速度也越来越快。除了出众的身体素质，防守端锋还必须具有瞬间作出决策的能力，尤其是针对四分卫或跑锋等联合战术执行能力。过去我们错误地认为，联盟仅仅通过 40 码（约 36.58 米）冲刺中的速度表现就能对防守端锋进行运动能力的判定。但是，我们发现肌肉力量对于防守端锋也至关重要，尤其是在应付对手截球的时候，其具体表现为在奔跑中阻止对手前进的动量以及在进攻时夹击对方的动力。传统上参与联合战术的防守端锋，身高要求在 6 英尺至 6 英尺 3 英寸之间（182.88～192.50 厘米），体重在 235 至 352 磅之间（106.59～159.66 千克）。由于身体形态的特征，建议采用杠铃卧推来测量上肢力量和爆发力，同时采用倒蹬（或深蹲）评估下肢肌肉力量和爆发力。

简而言之，针对不同位置球员比赛中运动表现特征进行综合分析是开展体能测试和评估的重要前提。例如，如果一名防守球员的启动很慢，直观上看，这可能是缺乏速度或无氧爆发能力差造成的，但实际上，启动慢的原因可能是他无法专注于比赛。此时，将体能测评与心理评估相结合就显得尤为重要。那么，结合心理量表进行量化分析是我们所推荐的方式，如使用内隐联想测试（IAT）、竞争攻击性和愤怒量表（CAAS）。

对于橄榄球运动员而言，反应时间和预判能力是另外一组重要的体能属性。例如，防守球员在进攻上能够有效地预判比赛和配合进攻球员有效阻截对方球员的能力对于赢得比赛至关重要，所以建议通过测试运动员的无氧爆发力和灵敏性来评估运动员的变向能力和启动能力，如三点锥形桶灵敏测试、20 码（约 18.29 米）折返跑、垂直纵跳测试等。其中，变向能力与橄榄球队的大多数位置球员的体能需求极为相关。同时，对于进攻和防守端锋球员要着重加入卧推测试评估上肢最大力量和肌肉耐力，对于那些在中间位置的球员可以弱化上肢力量测试，尤其是中间位置负责进攻的后卫、中锋等，但对于中间位置负责进攻的球员，则建议将下肢力量和爆发力作为测试重点。其中，深蹲或卧蹬测试可以用来评估进攻球员下肢最大力量和肌肉耐力，垂直纵跳和立定跳远测试则用于反映进攻球员下肢的爆发力。关注下肢测试的另外一个重要原因往往被许多测评人员忽视，那就是下肢力量（如果使用得当）能通过身体核心区将力量传递到上半身，从而增强上肢的对抗能力。

总而言之，生理（体能）和心理因素都会影响橄榄球运动员的表现。因此，针对不同位置球员采用正确的评测内容和评价标准就显得至关重要，针对性的测评可以向教练员和运动员提出建设性的意见，同时也有利于运动表现分析专家建立一个更加准确的运动表现预测模型。表 5.1 展示了关于橄榄球运动员的运动表现测评指标。如果想要了解更多有关橄榄球运动表现的知识，可以查阅相关文献（Sullivan，1985；Waddington and Roderick，1996；Winston，2009；Swain and Harvey，2012；Van Pelt，2014）。

表 5.1　橄榄球运动表现测评指标

测评指标	缩写
协助擒抱（Assisted tackles）	AST
进攻及得分能力（第三和第四次进攻，传球，冲球，开球和弃踢回攻）/Attempts（third and fourth down，passing，rushing，kickoff and punt return）	ATT
平均（每次接球的码数，弃踢数，开球和弃踢回攻）/Average（yards per reception，gross punts，kickoff，and punt returns）	AVG
弃踢被封堵数（Blocked punts）	BP
完成率（第三和第四次进攻，射门得分和附加分）/Completion percentage（third and fourth down，field goals and extra point made）	PCT
转换能力（第三和第四次进攻）/Conversions（third and fourth down）	MADE
附加分得分能力（Extra point attempts）	XPA

续表

测评指标	缩写
附加分机会创造能力（Extra points made）	XPM
和平接球（Fair catches）	FC
射门得分尝试（Field goals attempts）	FGA
射门得分（Field goals made）	FGM
总计（首次进攻，罚球和擒抱）/Total（first downs，penalties，and tackles）	TOTAL
迫使对方丢球次数（Forced Fumbles）	FF
漏接掉球次数（冲球和接球）/Fumbles（rushing and receiving）	FUM
掉球后失去球权次数（冲球和接球）/Fumbles lost（rushing and receiving）	FUML
抢夺丢球次数（Fumbles recovered）	REC
抄截（Interceptions）	INT
最长一码（约 0.91 米）（开球回攻和弃踢回攻，射门得分次数和弃踢球数）/ Longest（kickoff and punt returns，field goals made and punts）	LNG
最长一码（约 0.91 米）（传球、冲球、接球、抄截回攻）/ Longest（pass，rush，reception，and interception return）	LONG
净码（传球、冲球、罚球、接球、开球回攻、弃踢、抄截回攻）/Net yards（passing，rushing，penalty，receiving，kickoff return，punting，and intercepted returned）	YDS
每场净传球，冲球，接球码（Net passing，rushing，receiving yards per game）	YDS/G
净平均弃踢数（Net punting average）	NET
传球防守（Pass defended）	PD
传球效率（Passer rating）	RATE
传球后第一次进攻（Passing first downs）	PASS
判罚首攻次数（Penalty first downs）	PEN
20 码（约 18.29 米）内弃踢（Punts inside the 20 yard line）	IN20

续表

测评指标	缩写
弃踢回攻（Punts returned）	RET
接球（Receptions）	REC
首攻冲球码数（Rushing first downs）	RUSH
擒杀丢失码数（Sack yards lost）	YDSL
擒杀数（Sacks）	SACKS
总弃踢数（Total punts）	PUNTS
回阵（Touchbacks）	TB
达阵（传球，跑阵，接球，开球回攻和弃踢回攻，漏接掉球回攻）/ Touchdowns（passing，rushing，receiving，kickoff and punt returns，fumbles returned）	TD
单人擒抱数（Unassisted tackles）	SOLO
单次传球或冲刺码数（Yards per pass or rush attempt）	YDS/A
踢球回传码数（Yards returned on punts）	RETY
传球成功次数（Completions）	COMP

框 5.1 显示了 NFL 联盟运动表现测试分析（R 语言），用于分析 NFL 运动员的运动表现数据。图 5.1 显示了不同位置球员三点锥形桶灵敏测试结果。图 5.2 显示了不同位置球员 20 码（约 18.29 米）折返跑测试结果，该结果有效量化评价了运动员的速度和灵敏性。图 5.3 显示了采用纵跳摸高测试评价球员的下肢无氧爆发能力的结果。图 5.4 显示了采用 40 码（约 36.58 米）折返跑量化评估运动员的速度能力的结果。图 5.5 显示了在 NFL 新秀球员中不同位置球员立定跳远测试结果。图 5.6 显示了不同位置球员进行 225 磅（约 102.06 千克）卧推测试的结果，从而量化评价运动员肌肉力量和肌肉耐力。

框 5.2 显示了 NFL 赛时表现分析（R 语言），该程序代码展示了对 NFL 比赛时间结构特征的分析过程。

框 5.1　NFL 联盟运动表现测试分析（R 语言）

```
# NFL 联盟运动表现测试分析（R 语言）

##########################################
##          达阵分析 R 语言代码          ##
##########################################

NFL combine<-read.csv(file. choose())

#####################################################
##          NFL 联盟不同位置球员的运动表现          ##
#####################################################

summary(NFL combine)
# NAME  Year...4..2014                 POS        X
# Aaron Corp        :    1  Min.    :0.00  QB     :75   Mode: logical
# Aaron Murray      :    1  1st Qu. :2.00  DT     :26   NA's:166
# Andrew Luck       :    1  Median  :4.00  OT     :19
# Andy Dalton       :    1  Mean    :2.97  OG     :15
# Anthony Johnson   :    1  3rd Qu. :4.00  C      :12
# Anthony Steen     :    1  Max.    :4.00  DE     : 7
# (Other)         :160                   (Other):12

#   X40.SPEED          X3CONE            SHUTTLE          VERTICAL
# Min.     :4.410  Min.     :6.640  Min.     :3.990  Min.     :20.50
# 1st Qu.  :4.900  1st Qu.  :7.043  1st Qu.  :4.280  1st Qu.  :27.00
# Median   :5.010  Median   :7.335  Median   :4.440  Median   :29.00
# Mean     :5.021  Mean :    7.406  Mean     :4.458  Mean     :29.59
# 3rd Qu.  :5.190  3rd Qu.  :7.800  3rd Qu.  :4.620  3rd Qu.  :32.50
# Max.     :5.590  Max.     :8.290  Max.     :5.160  Max.     :40.00
# NA's     :1      NA's     :52     NA's     :71     NA's     :34
```

```
#       BROAD              BENCH
# Min.       : 88.0   Min.      :14.00
# 1st Qu.    :102.0   1st Qu.   :21.00
# Median     :108.0   Median    :25.00
# Mean       :107.7   Mean      :25.23
# 3rd Qu.    :113.0   3rd Qu.   :28.00
# Max.       :126.0   Max.      :42.00
# NA's       :33      NA's      :87

# 检验不同位置球员的折返跑速度
# 采用方差分析（ANOVA），自变量为分类变量
# 因变量为连续变量

SHUTTLEbyPOSANOVAModel<-aov(NFL combine$SHUTTLE~NFLcombine$POS)
summary(SHUTTLEbyPOSANOVAModel)
# Df Sum Sq Mean Sq F value Pr(>F)
# NFLcombine$POS  6 3.418 0.5697 21.36 2.52e-15 ***
# Residuals      88 2.347 0.0267
# Signif. codes:  0 *** 0.001 ** 0.01 * 0.05 . 0.1 1

# 运行方差分析，若组间有差异
# p 值将明显反映出来
# 此时常会进行事后多重分析
# 推荐检验方法 Tukey 和 Games Howell
TukeyHSD(SHUTTLEbyPOSANOVAModel)

# 输出事后多重分析比较结果
# Tukey 均值的多重比较
# 95% 置信区间

# Fit: aov(formula = NFLcombine$SHUTTLE ~ NFLcombine$POS)

# $'NFLcombine$POS'
```

```
#              diff          lwr          upr      p adj
# FB-C    -0.0422222222  -0.56170510  0.47726065  0.9999809
# OG-C     0.1032323232  -0.11827592  0.32474057  0.7970296
# OLB-C   -0.4722222222  -0.99170510  0.04726065  0.0997784
# OT-C     0.1037777778  -0.10401537  0.31157093  0.7398832
# QB-C    -0.3094152047  -0.48618407  0.13264634  0.0000186
# TE-C    -0.1522222222  -0.67170510  0.36726065  0.9740431
# OG-FB    0.1454545455  -0.36928409  0.66019318  0.9783760
# OLB-FB -0.4300000000   -1.12695941  0.26695941  0.5108420
# OT-FB    0.1460000000  -0.36298719  0.65498719  0.9766767
# QB-FB   -0.2671929825  -0.76432194  0.22993597  0.6686972
# TE-FB   -0.1100000000  -0.80695941  0.58695941  0.9990874
# OLB-OG -0.5754545455   -1.09019318 -0.06071591  0.0183342
# OT-OG    0.0005454545  -0.19508533  0.19617624  1.0000000
# QB-OG   -0.4126475279  -0.57494553 -0.25034953  0.0000000
# TE-OG   -0.2554545455  -0.77019318  0.25928409  0.7455144
# OT-OLB   0.5760000000   0.06701281  1.08498719  0.0161997
# QB-OLB   0.1628070175  -0.33432194  0.65993597  0.9553029
# TE-OLB   0.3200000000  -0.37695941  1.01695941  0.8080715
# QB-OT   -0.4131929825  -0.55620604 -0.27017993  0.0000000
# TE-OT   -0.2560000000  -0.76498719  0.25298719  0.7335129
# TE-QB    0.1571929825  -0.33993597  0.65432194  0.9622422

# 运行回归模型来检查统计结果是否区别于
# 方差分析模型
SHUTTLEregressionmodel<-lm(SHUTTLE~POS, data=NFLcombine)
summary(SHUTTLEregressionmodel)

# Call:
# lm(formula = SHUTTLE ~ POS, data = NFLcombine)

# Residuals:
# Min          1Q  Median       3Q      Max
# -0.32600 -0.13281 0.00778 0.10927 0.43455
```

```
# Coefficients:
#               Estimate Std. Error   t   value Pr(>|t|)
# (Intercept)  4.62222      0.05444   84.907   < 2e-16 ***
# POSFB       -0.04222      0.17215   -0.245    0.80682
# POSOG        0.10323      0.07340    1.406    0.16314
# POSOLB      -0.47222      0.17215   -2.743    0.00737 **
# POSOT        0.10378      0.06886    1.507    0.13537
# POSQB       -0.30942      0.05858   -5.282    9.15e-07 ***
# POSTE       -0.15222      0.17215   -0.884    0.37898

# Signif. codes: 0 *** 0.001 ** 0.01 * 0.05 . 0.1 1

# Residual standard error: 0.1633 on 88 degrees of freedom
# Multiple R~squared: 0.5929, Adjusted R~squared: 0.5651
# F~statistic: 21.36 on 6 and 88 DF, p~value: 2.516e~15
# 检验结果显示回归模型结果与 ANOVA 模型存在显著性差异
# 模型之间的区别包括比较次数
# 以及从输出中获取的值
# 若希望检验组间均值的差异性则采用 ANOVA 模型
# 若希望检验斜率与截距则回归分析模型更好

# 运行分析模型检验不同位置球员纵跳高度的统计学差异性

VERTICALregressionmodel<-lm(VERTICAL~POS, data=NFLcombine)
summary(VERTICALregressionmodel)

# Call:
# lm(formula = VERTICAL ~ POS, data = NFLcombine)

# Residuals:
#    Min      1Q  Median     3Q    Max
# -7.6500 -1.9841 0.0159 1.8165 8.5159
```

```
# Coefficients:
#                Estimate Std. Error t value  Pr(>|t|)
# (Intercept)  26.6500  1.0037  26.553 < 2e-16 ***
# POSDE         4.0167  1.6390   2.451 0.01567 *
# POSDT         1.5000  1.2292   1.220 0.22471
# POSFB         1.8500  3.3287   0.556 0.57939
# POSILB        8.1000  2.4584   3.295 0.00129 **
# POSOG        -0.3167  1.3590  -0.233 0.81613
# POSOLB        5.3500  3.3287   1.607 0.11059
# POSOT         0.2250  1.2794   0.176 0.86069
# POSQB         4.8341  1.0804   4.474 1.73e-05 ***
# POSTE         5.8500  3.3287   1.757 0.08135 .

# Signif. codes: 0 *** 0.001 ** 0.01 * 0.05 . 0.1 1

# Residual standard error: 3.174 on 122 degrees of freedom
# Multiple R-squared: 0.3545, Adjusted R-squared: 0.3068
# F-statistic: 7.443 on 9 and 122 DF, p-value: 1.294e-08

# 对不同位置球员的纵跳高度运行 ANOVA 模型
VERTICALANOVAmodel<-aov(VERTICAL ~ POS, data = NFLcombine)

# 得到方差分析模型结果
summary(VERTICALANOVAmodel)

# Df          Sum   Sq      Mean   Sq     F value Pr(>F)
# POS           9   674.8  74.98  7.443  1.29e-08 ***
# Residuals  122  1228.9  10.07

# Signif. codes: 0 *** 0.001 ** 0.01 * 0.05 . 0.1 1

# 运用事后多重分析检验哪些位置上球员
```

```
# 在纵跳高度上有所不同
TukeyHSD(VERTICALANOVAmodel)

# Tukey 均值的多重比较
# 95% 置信区间

# Fit: aov(formula = VERTICAL ~ POS, data = NFLcombine)

# $POS
#              diff        lwr          upr          p adj
# DE-C     4.0166667  -1.2658413    9.2991746   0.3059528
# DT-C     1.5000000  -2.4618809    5.4618809   0.9677442
# FB-C     1.8500000  -8.8788243   12.5788243   0.9999217
# ILB-C    8.1000000   0.1762381   16.0237619   0.0407549
# OG-C    -0.3166667  -4.6966908    4.0633575   1.0000000
# OLB-C    5.3500000  -5.3788243   16.0788243   0.8422035
# OT-C     0.2250000  -3.8986564    4.3486564   1.0000000
# QB-C     4.8341270   1.3519812    8.3162727   0.0007077
# TE-C     5.8500000  -4.8788243   16.5788243   0.7600416
# DT-DE   -2.5166667  -7.2782550    2.2449216   0.7914253
# FB-DE   -2.1666667  -13.2158247   8.8824914   0.9997712
# ILB-DE   4.0833333  -4.2690451   12.4357117   0.8571960
# OG-DE   -4.3333333  -9.4480996    0.7814330   0.1733884
# OLB-DE   1.3333333  -9.7158247   12.3824914   0.9999963
# OT-DE   -3.7916667  -8.6886826    1.1053492   0.2814152
# QB-DE    0.8174603  -3.5530730    5.1879936   0.9998454
# TE-DE    1.8333333  -9.2158247   12.8824914   0.9999434
# FB-DT    0.3500000  -10.1321517  10.8321517   1.0000000
# ILB-DT   6.6000000  -0.9864244   14.1864244   0.1468270
# OG-DT   -1.8166667  -5.5519638    1.9186305   0.8609423
# OLB-DT   3.8500000  -6.6321517   14.3321517   0.9735410
# OT-DT   -1.2750000  -4.7060895    2.1560895   0.9714333
# QB-DT    3.3341270   0.7086418    5.9596121   0.0029812
```

```
# TE-DT      4.3500000  -6.1321517    14.8321517   0.9427739
# ILB-FB     6.2500000  -6.2785676    18.7785676   0.8418830
# OG-FB     -2.1666667  -12.8139018   8.4805684    0.9996896
# OLB-FB     3.5000000  -10.9667437   17.9667437   0.9987506
# OT-FB     -1.6250000  -12.1693609   8.9193609    0.9999698
# QB-FB      2.9841270  -7.3262728    13.2945267   0.9950577
# TE-FB      4.0000000  -10.4667437   18.4667437   0.9964925
# OG-ILB    -8.4166667  -16.2296012   -0.6037321   0.0240101
# OLB-ILB   -2.7500000  -15.2785676   9.7785676    0.9994254
# OT-IL B   -7.8750000  -15.5471495   -0.2028505   0.0391878
# QB-ILB    -3.2658730  -10.6131633   4.0814172    0.9144899
# TE-ILB    -2.2500000  -14.7785676   10.2785676   0.9998898
# OLB-OG     5.6666667  -4.9805684    16.3139018   0.7846814
# OT-OG      0.5416667  -3.3648006    4.4481340    0.9999878
# QB-OG      5.1507937   1.9287937    8.3727936    0.0000431
# TE-OG      6.1666667  -4.4805684    16.8139018   0.6911095
# OT-OLB    -5.1250000  -15.6693609   5.4193609    0.8613964
# QB-OLB    -0.5158730  -10.8262728   9.7945267    1.0000000
# TE-OLB     0.5000000  -13.9667437   14.9667437   1.0000000
# QB-OT      4.6091270   1.7453508    7.4729032    0.0000371
# TE-OT      5.6250000  -4.9193609    16.1693609   0.7823877
# TE-QB      1.0158730  -9.2945267    11.3262728   0.9999994

# 对速度运行回归预测模型
# 速度是通过 40 码（约 36.58 米）冲刺测量到的
# 球员位置作为预测变量
X40.SPEEDregressionmode<-lm(X40.SPEED~POS, data=NFLcombine)

# 获得数据描述性统计
summary(X40 . SPEEDregressionmodel)

# Call:
# lm(formula = X40.SPEED ~ POS, data = NFLcombine)
```

```
# Residuals:
# Min     1Q     Median   3Q     Max
# -0.4332 -0.1000 0.0000 0.1090 0.4568

# Coefficients:
#                   Estimate    Std.Error    t value     Pr(>|t|)
# (Intercept)        5.21417    0.04881      106.830    < 2e-16 ***
# POSDE            -0.21845     0.08041     -2.717      0.00735 **
# POSDT            -0.07378     0.05901     -1.250      0.21306
# POSFB            -0.26417     0.17598     -1.501      0.13538
# POSILB           -0.19417     0.10914     -1.779      0.07721 .
# POSOG            0.06717      0.06548      1.026      0.30664
# POSOLB           -0.26417     0.17598     -1.501      0.13538
# POSOT            0.01689      0.06234      0.271      0.78687
# POSPK            -0.01417     0.12913     -0.110      0.91279
# POSPT            -0.21417     0.10914     -1.962      0.05154 .
# POSQB            -0.37092     0.05262     -7.050      5.77e-11 ***
# POSTE            -0.25417     0.12913     -1.968      0.05085 .

# Signif. codes: 0 *** 0.001 ** 0.01 * 0.05 . 0.1 1

# Residual standard error: 0.1691 on 153 degrees of freedom
# Multiple R-squared: 0.5383, Adjusted R-squared: 0.5051
# F-statistic: 16.22 on 11 and 153 DF, p-value: < 2.2e-16

# 回归模型输出显示
# 估值、标准差、t 值、p 值

# 以检验回归模型与 ANOVA 模型有何不同

# 对不同位置球员的 40 码（约 36.58 米）冲刺速度运行方差分析模型
X40.SPEEDANONAmodel<-aov(X40.SPEED~POS, data=NFLcombine)
```

```
summary(X40.SPEEDANOVAmodel)

# Df            Sum        Sq       Mean  Sq F value Pr(>F)
# POS           11 5.099  0.4635 16.21  <2e-16 ***
# Residuals    153 4.374 0.0286

# Signif. codes: 0 *** 0.001 ** 0.01 * 0.05 . 0.1 1

# 方差分析模型结果显示存在显著性差异
# 对于不同位置上球员的 40 码（约 36.58 米）冲刺速度来说
# 还需要额外的分析来确定
# 运行 Tukey 事后多重分析

TukeyHSD(X40.SPEEDANOVAmodel)
# Tukey 均值的多重比较
# 95% 置信区间
# Fit: aov(formula = X40.SPEED ~ POS, data = NFLcombine)

# $POS
#             diff             lwr           upr          p  adj
# DE-C     -2.184524e-01   -0.48536657    0.04846181   0.2283696
# DT-C     -7.378205e-02   -0.26964352    0.12207942   0.9837284
# FB-C     -2.641667e-01   -0.84830480    0.31997147   0.9382295
# ILB-C    -1.941667e-01   -0.55643376    0.16810043   0.8267502
# OG-C      6.716667e-02   -0.15019359    0.28452692   0.9968830
# OLB-C    -2.641667e-01   -0.84830480    0.31997147   0.9382295
# OT-C      1.688596e-02   -0.19005570    0.22382763   1.0000000
# PK-C     -1.416667e-02   -0.44280687    0.41447354   1.0000000
# PT-C     -2.141667e-01   -0.57643376    0.14810043   0.7177360
# QB-C     -3.709234e-01   -0.54557691   -0.19626994   0.0000000
# TE-C     -2.541667e-01   -0.68280687    0.17447354   0.7138677
# DT-DE     1.446703e-01   -0.09430649    0.38364715   0.6863498
# FB-DE    -4.571429e-02   -0.64568559    0.55425702   1.0000000
# ILB-DE    2.428571e-02   -0.36299410    0.41156553   1.0000000
```

```
# OG-DE      2.856190e-01    0.02872668    0.54251141   0.0157542
# OLB-DE    -4.571429e-02   -0.64568559    0.55425702   1.0000000
# OT-DE      2.353383e-01   -0.01280084    0.48347754   0.0807664
# PK-DE      2.042857e-01   -0.24569277    0.65426419   0.9366058
# PT-DE      4.285714e-03   -0.38299410    0.39156553   1.0000000
# QB-DE     -1.524710e-01   -0.37439906    0.06945698   0.4949289
# TE-DE     -3.571429e-02   -0.48569277    0.41426419   1.0000000
# FB-DT     -1.903846e-01   -0.76229728    0.38152805   0.9940736
# ILB-DT    -1.203846e-01   -0.46258950    0.22182027   0.9906072
# OG-DT      1.409487e-01   -0.04101891    0.32291635   0.3055013
# OLB-DT    -1.903846e-01   -0.76229728    0.38152805   0.9940736
# OT-DT      9.066802e-02   -0.07871790    0.26005393   0.8279721
# PK-DT      5.961538e-02   -0.35220880    0.47143957   0.9999982
# PT-DT     -1.403846e-01   -0.48258950    0.20182027   0.9688814
# QB-DT     -2.971414e-01   -0.42508892   -0.16919382   0.0000000
# TE-DT     -1.803846e-01   -0.59220880    0.23143957   0.9503173
# ILB-FB     7.000000e-02   -0.57804308    0.71804308   0.9999999
# OG-FB      3.313333e-01   -0.24829402    0.91096068   0.7590050
# OLB-FB     2.664535e-15   -0.79368744    0.79368744   1.0000000
# OT-FB      2.810526e-01   -0.29474875    0.85685402   0.8990875
# PK-FB      2.500000e-01   -0.43735348    0.93735348   0.9876871
# PT-FB      5.000000e-02   -0.59804308    0.69804308   1.0000000
# QB-FB     -1.067568e-01   -0.67175784    0.45824432   0.9999716
# TE-FB      1.000000e-02   -0.67735348    0.69735348   1.0000000
# OG-ILB     2.613333e-01   -0.09361448    0.61628114   0.3836142
# OLB-ILB   -7.000000e-02   -0.71804308    0.57804308   0.9999999
# OT-ILB     2.110526e-01   -0.13761242    0.55971768   0.6864794
# PK-ILB     1.800000e-01   -0.33232304    0.69232304   0.9907054
# PT-ILB    -2.000000e-02   -0.47823565    0.43823565   1.0000000
# QB-ILB    -1.767568e-01   -0.50728105    0.15376753   0.8288365
# TE-ILB    -6.000000e-02   -0.57232304    0.45232304   0.9999998
# OLB-OG    -3.313333e-01   -0.91096068    0.24829402   0.7590050
# OT-OG     -5.028070e-02   -0.24412433    0.14356293   0.9993674
```

```
# PK-OG    -8.133333e-02    -0.50380573     0.34113907    0.9999657
# PT-OG    -2.813333e-01    -0.63628114     0.07361448    0.2721156
# QB-OG    -4.380901e-01    -0.59700624    -0.27917395    0.0000000
# TE-OG    -3.213333e-01    -0.74380573     0.10113907    0.3329300
# OT-OLB    2.810526e-01    -0.29474875     0.85685402    0.8990875
# PK-OLB    2.500000e-01    -0.43735348     0.93735348    0.9876871
# PT-OLB    5.000000e-02    -0.59804308     0.69804308    1.0000000
# QB-OLB   -1.067568e-01    -0.67175784     0.45824432    0.9999716
# TE-OLB    1.000000e-02    -0.67735348     0.69735348    1.0000000
# PK-OT    -3.105263e-02    -0.44826037     0.38615511    1.0000000
# PT-OT    -2.310526e-01    -0.57971768     0.11761242    0.5524969
# QB-OT    -3.878094e-01    -0.53214827    -0.24347051    0.0000000
# TE-OT    -2.710526e-01    -0.68826037     0.14615511    0.5833597
# PT-PK    -2.000000e-01    -0.71232304     0.31232304    0.9785507
# QB-PK    -3.567568e-01    -0.75892747     0.04541396    0.1361280
# TE-PK    -2.400000e-01    -0.80122177     0.32122177    0.9579981
# QB-PT    -1.567568e-01    -0.48728105     0.17376753    0.9157033
# TE-PT    -4.000000e-02    -0.55232304     0.47232304    1.0000000
# TE-QB     1.167568e-01    -0.28541396     0.51892747    0.9982125

# 对 Tukey 事后分析进行多重比较

# 制作简易的箱形图
# 根据球员位置得到不同的体能测试图谱
attach(mtcars)

pdf('Agility by Player Position.pdf',
    height = 4, width = 4 * (1 + sqrt(5)) / 2)
plot(NFLcombine$POS, NFLcombine$X3CONE,
    main="Three~Cone Agility by Player Position",
    xlab="Football Player Position", ylab="Time in Seconds", pch=16,)
dev.off()
pdf('ShuttleSpeedbyPlayerPosition.pdf',
```

```
    height = 4, width = 4 * (1 + sqrt(5)) / 2)

plot(NFLcombine$POS, NFLcombine$SHUTTLE,
    main="20~Yard Shuttle by Player Position",
    xlab="Football Player Position", ylab="Time in Seconds", pch=16)
dev.off()

pdf('MuscularStrengthandEndurancebyPlayerPosition',
    height = 4, width = 4 * (1 + sqrt(5)) / 2)
    plot(NFLcombine$POS, NFLcombine$BENCH, main="Bench Press by Player
Position",
    xlab="Football Player Position", ylab="Number of Repetitions at 225lbs",
pch=16)
dev.off()

pdf('AnaerobicPowerusingBroadJumpbyPlayerPosition',
    height = 4, width = 4 * (1 + sqrt(5)) / 2)
plot(NFLcombine$POS, NFLcombine$BROAD,
    main="Broad Jump by Player Position",
    xlab="Football Player Position", ylab="Distance (cm)", pch=16)
dev.off()

pdf('AnaerobicPowerusingVerticalJumpbyPlayerPosition',
    height = 4, width = 4 * (1 + sqrt(5)) / 2)
plot(NFLcombine$POS, NFLcombine$VERTICAL,
    main="Vertical Jump by Player Position",
    xlab="Football Player Position", ylab="Height Reached (inches)", pch=16)
dev.off()

pdf('Speed40yarddashbyPlayerPosition',
    height = 4, width = 4 * (1 + sqrt(5)) / 2)
plot(NFLcombine$POS, NFLcombine$X40.SPEED,
    main="40~Yard Dash by Player Position",
```

```
    xlab="Football Player Position", ylab="Time in Seconds", pch=16)
dev.off()

# 可以看出对于不同身体素质而言，不同位置球员有不同的优势。
# 也可明显看出不同位置球员的无氧能力存在差异。
# 当使用了两种不同的测试——立定跳、纵跳。
# 对于不同位置球员的 40 码（约 36.58 米）冲刺和折返跑速度，也存在显著性差异。
# 同样显著的还有，四分卫卧推的重复次数较边锋少。
# 测量与分析能帮助我们确定哪种评估方式能更好地测评每个位置。

##################################
##          NFL 团队表现测评          ##
##################################

NFLteam<-read.csv(file.choose())
summary(NFLteam)
# ID     Group.AFC.0.vs.NFC.1    Team.Name
# Min.    : 1.00 Min.    :0.0 Atlanta Falcons     : 1

# 1st Qu.  : 8.75   1st Qu.     :0.0 Buffalo Bills         : 1
# Median   :16.50   Median      :0.5 Chicago Bears         : 1
# Mean     :16.50   Mean        :0.5 Cleveland Browns      : 1
# 3rd Qu.  :24.25   3rd Qu.     :1.0 Houston Texans        : 1
# Max.     :32.00   Max.        :1.0 Jacksonville Jaguars  : 1
# (Other)  :26

# Wins          Loss           Tied               PCT
# Min.     : 2.000 Min.     : 4.000 Min.     :0.0000   Min.     :125.0
# 1st Qu.  : 6.000 1st Qu.  : 5.000 1st Qu.  :0.0000   1st Qu.  :375.0
# Median   : 8.500 Median   : 7.500 Median   :0.0000   Median   :531.0
# Mean     : 7.969 Mean     : 7.969 Mean     :0.0625   Mean     :500.1
# 3rd Qu.  :11.000 3rd Qu.  :10.000 3rd Qu.  :0.0000   3rd Qu.  :688.0
# Max.     :12.000 Max.     :14.000 Max.     :1.0000   Max.     :750.0
```

```
# PF              PA                PFG              PPG
# Min.      :249.0 Min.       :254.0 Min.       :15.56  Min.     :15.88
# 1st Qu.   :309.0 1st Qu.    :331.0 1st Qu.    :19.31  1st Qu. :20.69
# Median    :350.5 Median     :354.0 Median     :21.91  Median   :22.12
# Mean      :361.4 Mean       :361.4 Mean       :22.59  Mean     :22.59
# 3rd Qu.   :403.0 3rd Qu.    :403.2 3rd Qu.    :25.19  3rd Qu. :25.20
# Max.      :486.0 Max.       :452.0 Max.       :30.38  Max.     :28.25

# Difference      DPG         X10Wins
# -          : 1 -          : 1 Min.     :0.0000
# -118       : 1 -1.125     : 1 1st Qu.  :0.0000
# -123       : 1 -1.25      : 1 Median   :0.0000
# -133       : 1 -1.4375    : 1 Mean     :0.4062
# -137       : 1 -1.875     : 1 3rd Qu.  :1.0000
# -163       : 1 -10.1875   : 1 Max.     :1.0000
# (Other)   :26 (Other)    :26

# 输入以下代码采用卡方检验分类数据
chisq.test(NFLteam$Group.AFC.0.vs.NFC.1, NFLteam$X10Wins)

皮尔逊卡方检验与耶茨连续性校正
Data: NFLteam$Group.AFC.0.vs.NFC.1 and NFLteam$X10Wins
X-squared = 0, df = 1, p-value = 1

# 对团队获得 10 场或更多胜利的数据集进行卡方检验
# 进一步探讨在这些变量下它们之间是否有显著差异性
# 执行逻辑回归分析
NFLteamwins<~glm(formula = X10Wins ~ Group.AFC.0.vs.NFC.1,
            family = binomial, data = NFLteam)
summary(NFLteamwins)
# Call:
# glm(formula = X10Wins ~ Group.AFC.0.vs.NFC.1, family = binomial,
```

```
#     data = NFLteam)
# Deviance Residuals:
# Min      1Q         Median  3Q     Max
# ~1.0727 ~1.0727 ~0.9695 1.2858 1.4006
# Coefficients:
# Estimate Std. Error z value Pr(>|z|)
# (Intercept) ~0.2513 0.5040 ~0.499 0.618
# Group.AFC.0.vs.NFC.1 ~0.2595 0.7216 ~0.360 0.719

# 逻辑回归结果不存在显著性
# 运行 T 检验分析 AFC 对阵 NFC 取得胜利的总场次数
t.test(NFLteam$Group.AFC.0.vs.NFC.1, NFLteam$Wins)

# 结果显示联合会获胜次数存在显著差异
# 双样本 T 检验

# data: NFLteam$Group.AFC.0.vs.NFC.1 and NFLteam$Wins
# t = ~13.1713, df = 32.594, p~value = 1.333e~14
# 备择假设：均值的真实差不等于 0
# 95% 置信区间：
# ~8.62296 ~6.31454
# 样本估计：
# x 均值 y 均值
# 0.50000 7.96875

# 这些是对于 NFL 训练营球员竞技表现数据多样化分析的一些案例。
# 从箱形图中可以看出，有的测量方式有时只有某一特定位置的一名球员进行测试。这解释了箱形图中为什么没有箱体的水平线。

# 竞技表现测量和统计模型有关的专业知识使数据研究员能探究竞技表现测量的多种方面，如那些从 NFL 训练营及 NFL 竞技表现中获得的数据。
```

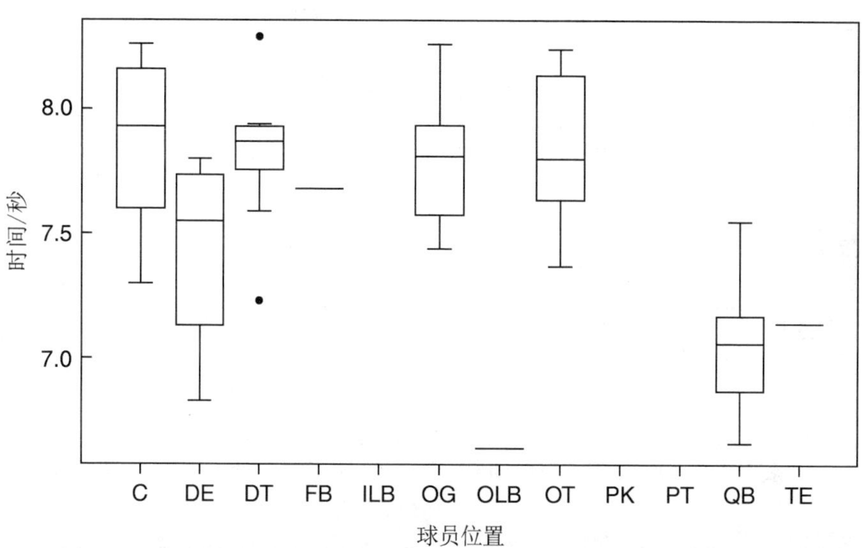

C：中锋；DE：防守端锋；DT：防守截锋；FB：全卫；ILB：内线卫；OG：进攻护锋；OLB：外线卫；OT：进攻截锋；PK：踢球手；PT：截球手；QB：四分卫；TE：近端锋。

图 5.1 不同位置球员三点锥形桶灵敏测试结果（NFL）

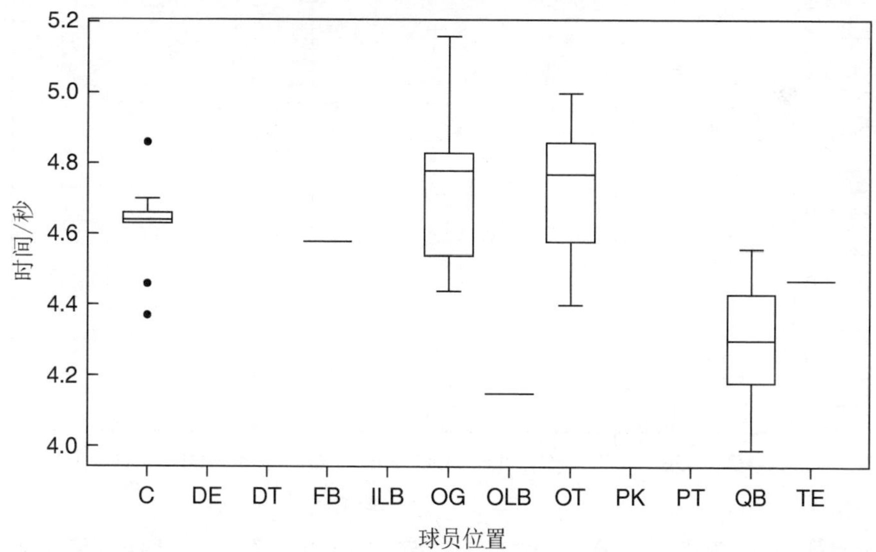

C：中锋；DE：防守端锋；DT：防守截锋；FB：全卫；ILB：内线卫；OG：进攻护锋；OLB：外线卫；OT：进攻截锋；PK：踢球手；PT：截球手；QB：四分卫；TE：近端锋。

图 5.2 不同位置球员 20 码折返跑测试结果（NFL）

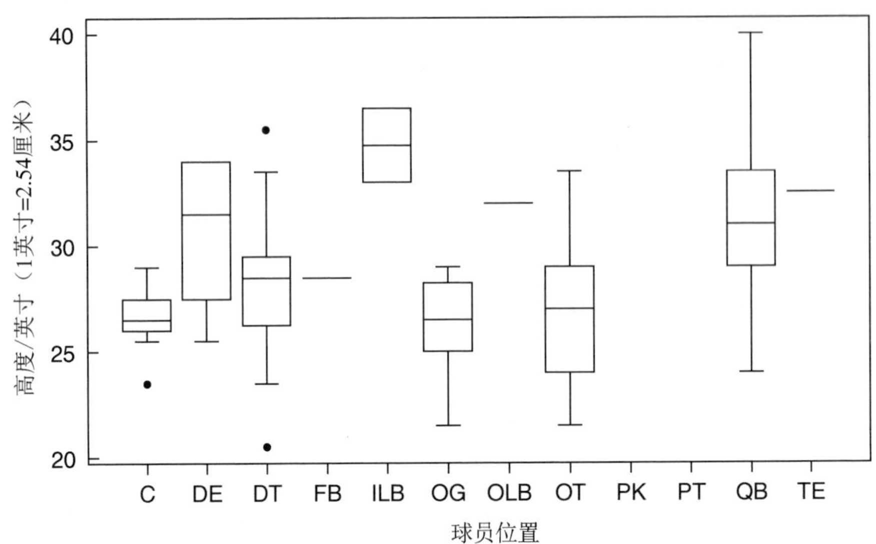

C：中锋；DE：防守端锋；DT：防守截锋；FB：全卫；ILB：内线卫；OG：进攻护锋；OLB：外线卫；OT：进攻截锋；PK：踢球手；PT：截球手；QB：四分卫；TE：近端锋。

图 5.3　不同位置球员纵跳摸高测试结果（NFL）

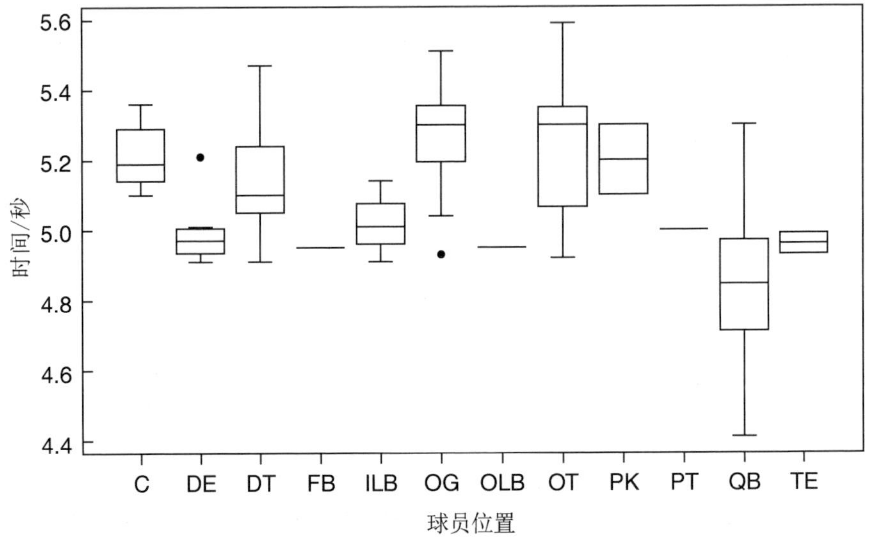

C：中锋；DE：防守端锋；DT：防守截锋；FB：全卫；ILB：内线卫；OG：进攻护锋；OLB：外线卫；OT：进攻截锋；PK：踢球手；PT：截球手；QB：四分卫；TE：近端锋。

图 5.4　不同位置球员 40 码折返跑测试结果（NFL）

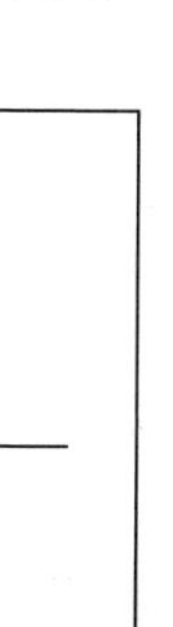

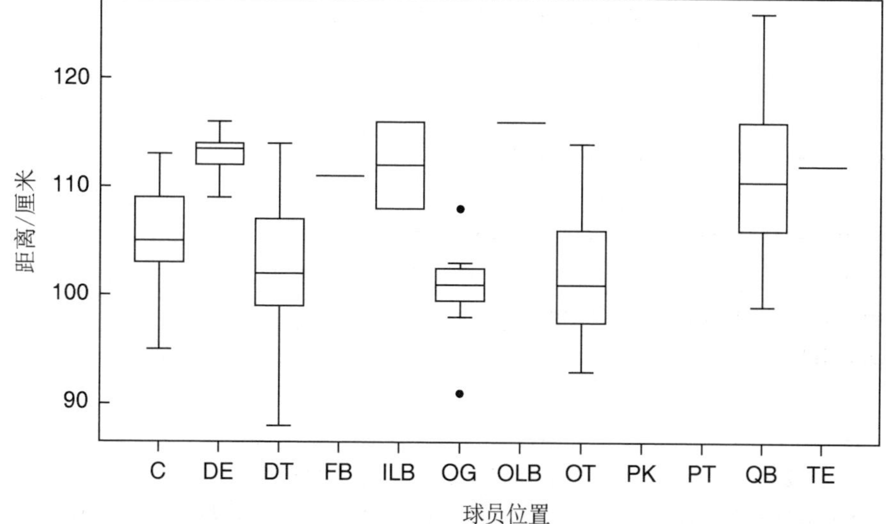

C：中锋；DE：防守端锋；DT：防守截锋；FB：全卫；ILB：内线卫；OG：进攻护锋；OLB：外线卫；OT：进攻截锋；PK：踢球手；PT：截球手；QB：四分卫；TE：近端锋。

图 5.5　不同位置球员立定跳远测试结果（NFL）

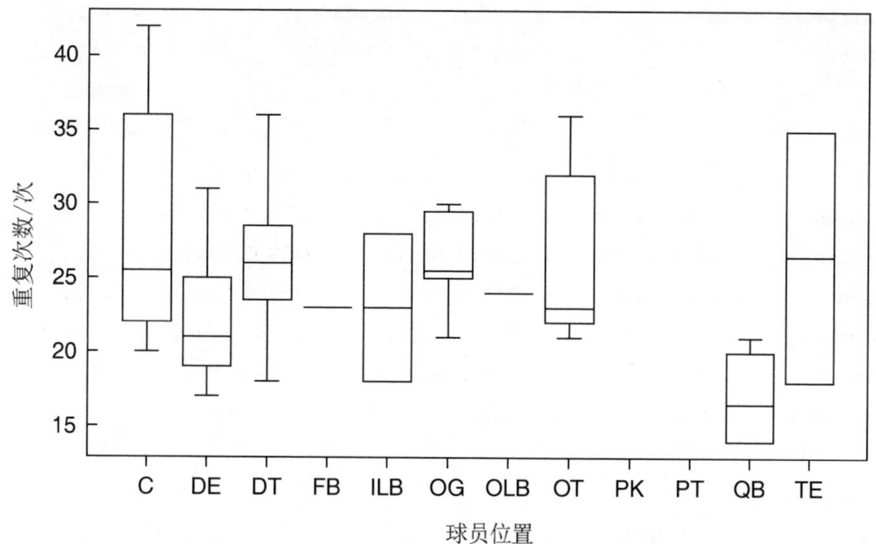

C：中锋；DE：防守端锋；DT：防守截锋；FB：全卫；ILB：内线卫；OG：进攻护锋；OLB：外线卫；OT：进攻截锋；PK：踢球手；PT：截球手；QB：四分卫；TE：近端锋。

图 5.6　不同位置球员 225 磅卧推测试结果（NFL）

框 5.2　NFL 赛时表现分析（R 语言）

```
# NFL 赛时表现分析（R 语言）

############################################
##        NFL 赛时表现分析 R 语言代码        ##
############################################

NFLafcnfc<-read.csv(file.choose())
summary(NFLafcnfc)

# Team                           W              L
#                              :12 Min.      : 3.000 Min.      : 0.000
# * -Carolina Panthers         : 1 1st Qu.   : 5.000 1st Qu.   : 5.000
# * -New England Patriots      : 1 Median    : 6.000 Median    : 8.000
# AFC=0 NFC=1                  : 1 Mean      : 6.969 Mean      : 6.969
# Atlanta Falcons              : 1 3rd Qu.   : 9.000 3rd Qu.   : 9.000
# Baltimore Ravens             : 1 Max.      :14.000 Max.      :11.000
# (Other)                      :28 NA's      :13 NA's          :13

# PCT           PF               PA                 Conference
# Min.      :0.2140 Min.     :202.0 Min.      :243.0 Min.     :0.0
# 1st Qu.   :0.3570 1st Qu.  :279.5 1st Qu.   :272.0 1st Qu.  :0.0
# Median    :0.4290 Median   :313.5 Median    :334.0 Median   :0.5
# Mean      :0.4994 Mean     :319.9 Mean      :319.9 Mean     :0.5
# 3rd Qu.   :0.6430 3rd Qu.  :351.5 3rd Qu.   :358.2 3rd Qu.  :1.0
# Max.      :1.0000 Max.     :449.0 Max.      : 397.0 Max.    :1.0 3
NA's :13 NA's :13 NA's :13 NA's :13

# X7WinsUp
# Min.          :0.0000
# 1st Qu.       :0.0000
# Median        :0.0000
# Mean          :0.4375
```

```
# 3rd Qu.        :1.0000
# Max.           :1.0000
# NA's           :13
# 采用逻辑回归分析 AFC 或 NFC 七场或更多比赛场次的获胜概率
# 输入如下程序代码
ConferenceWinsModel<-glm(X7WinsUp~Conference,data=NFLafcnfc,family=binomial)

# 模型描述性
summary(ConferenceWinsModel)
# 结果输出如下
# Call:
# glm(formula = X7WinsUp ~ Conference, family = binomial, data = NFLafcnfc)
# Deviance Residuals:
# Min     1Q      Median 3Q     Max
# -1.073 -1.073 -1.073 1.286 1.286
# Coefficients:
# Estimate Std. Error z value Pr(>|z|)
# (Intercept) -2.513e-01 5.039e-01 -0.499 0.618


# Conference 3.165e-16 7.127e-01 0.000 1.000
# AIC: 47.86
# Number of Fisher Scoring iterations: 3

# 采用线性回归模型检验赛时时间结构特征
regression<-lm(NFLafcnfc$PCT~ NFLafcnfc$Conference)
summary(regression)
# Call:
# lm(formula = NFLafcnfc$PCT ~ NFLafcnfc$Conference)
# Residuals:
# Min       1Q         Median   3Q         Max
# -0.27269 -0.13606 -0.05769 0.15631 0.48781
# Coefficients:
# Estimate Std. Error t value Pr(>|t|)
# (Intercept) 0.48669 0.05141 9.466 1.62e-10 ***
```

```
# NFLafcnfc$Conference 0.02550 0.07271 0.351 0.728
# --
# Signif. codes: 0 *** 0.001 ** 0.01 * 0.05 . 0.1 1
# Residual standard error: 0.2057 on 30 degrees of freedom
# Multiple R-squared: 0.004083, Adjusted R-squared: -0.02911
# F-statistic: 0.123 on 1 and 30 DF, p-value: 0.7283
# 比赛时间结构不存在统计学差异（p>0.05）
# 显示 AFC 和 NFC 在比赛时间结构上总体难度相当。

# 采用方差分析模型进一步检验
# AFC 或 NFC 的比赛时间结构是否存在组间差异
ConferenceANOVAmodel<-aov(NFLafcnfc$PCT~NFLafcnfc$Conference)
summary(PCTbyConferenceANOVAmodel) （统计结果如下）
# Df                        Sum Sq      Mean Sq F value Pr(>F)
# NFLafcnfc$Conference 1 0.0052  0.00520  0.123  0.728
# Residuals      30 1.2688 0.04229
# 以上统计结果再次验证了回归分析的结论。
```

第六章　篮球运动表现测试与评估（扣篮分析）

我在职业生涯中错失了 9 000 多次投篮机会，且在将近 300 场失利的比赛中有 26 场本应获得胜利。但正是因为篮球生涯中一次又一次的失败才造就了我现在的成就。

——迈克尔·乔丹（Michael Jordan）

我们今天所熟知的篮球运动是 1891 年由马萨诸塞州斯普林菲尔德市的詹姆斯·奈史密斯（James Naismith）先生发明的。据报道，这是他花了 14 天想出来的一种可以在室内和室外玩的游戏。据说，他在一个小时内就制定了篮球比赛最原始的 13 条规则。最初的篮筐是用桃树条制作的。到了 1906 年，桃树条篮筐被金属篮筐取代。当时用足球代替篮球进行比赛，直到几十年后，在篮球比赛中才使用棕橙色外皮的篮球。

随着篮球运动的发展，全球的篮球运动爱好者群体也在不断地壮大。1932 年，8 个国家联合在一起，成立了国际业余篮球联合会（FIBA，由法语 Fédération Internationale de Basketball Amateur 缩写而来），后来该组织改名为国际篮球联合会。最初该组织只对业余篮球运动员进行监管。1950 年，FIBA 为了更好地发展篮球运动，在阿根廷举办了首届男子篮球世锦赛。虽然在 1904 年的奥运会上篮球运动就已首次亮相，但是直到 1936 年柏林奥运会时，篮球才正式被列为奥林匹克比赛项目。1989 年，FIBA

开始将职业球员纳入进来，并允许他们参加 1992 年奥运会。在此后的奥运会比赛中，美国将来自 NBA 最优秀的运动员组成“梦之队”参加奥运会，且“梦之队”成了奥运会篮球赛场上的焦点。

除了 FIBA，全球最具影响力的国际篮球组织还包括 NBA 和欧洲联盟。NBA 有许多全明星球员来自欧洲联盟和 FIBA 各大联赛，其中包括我们熟知的阿根廷篮球运动员马努·吉诺比利（Manu Ginobili），西班牙篮球运动员何塞·卡尔德隆（Jose Calderon）、保罗·加索尔（Pau Gasol）、马克·加索尔（Marc Gasol）、胡安·卡洛斯·纳瓦罗（Juan Carlos Navarro），中国篮球运动员姚明，德国篮球运动员德克·诺维茨基（Dirk Nowitzki）和法国篮球运动员托尼·帕克（Tony Parker）。除了全明星球员，NBA 篮球比赛还造就了许多传奇人物，其中包括拉里·伯德（Larry Bird）、斯科蒂·皮蓬（Scottie Pippen）、查尔斯·巴克利（Charles Barkley）、“魔术师”约翰逊（Magic Johnson）、卡尔·马龙（Karl Malone）和约翰·斯托克顿（John Stockton）等。其中最著名的篮球运动员当数迈克尔·乔丹（Michael Jordan），因为他创造了多项篮球纪录，并在他的职业生涯中赢得了 6 枚总冠军戒指，被认为是有史以来最伟大的篮球运动员。

自詹姆斯·奈史密斯 1892 年制定了最初的篮球规则以来，篮球规则经历了多次修改和补充。官方竞赛规则不仅包括比赛规则，还包括有关设备和服装的规定。其中规定篮板宽 5.9 英尺（约 1.80 米），高 3.5 英尺（约 1.07 米），距地面高度 10 英尺（约 3.05 米），篮圈直径为 18 英寸（约 0.46 米），篮球场长 94 英尺（约 28.65 米），篮球场宽 58 英尺（约 17.68 米）。NBA 官方所用篮球周长为 29.5 英寸（约 74.93 厘米），重量为 22 盎司（约 623.70 克）。各队比赛队服要求由长短裤和球衣组成，通常在正反两面都有 LOGO 和队名（尽管有例外），同时要求比赛穿高帮篮球运动鞋。

篮球比赛是通过将篮球投入对方的篮筐而得分，总得分高者取得比赛的胜利。根据离篮筐的距离或犯规情况不同，投中得分为 1 分、2 分和 3 分。例如，犯规罚球得 1 分，三分线内投篮命中得 2 分，三分线外投篮命中得 3 分，其中篮下得分称为限制区得分，分数为 2 分。

NBA 篮球比赛时长为 48 分钟，包括 4 节比赛，每节比赛 12 分钟。相比之下，FIBA 比赛则包括 4 个 10 分钟的比赛小节。相同的是两个联赛都在半场设置了 15 分钟的休息时间，以便于各支球队休息和进行球员的调整。比赛中如果 4 节比赛后比分打平，则将增加 5 分钟的加时赛。篮球竞赛规则规定发生暂停或犯规时，比赛计时暂停，因此，一场 NBA 比赛的总持续时间要长于 48 分钟，FIBA 比赛的时间也远超过 40 分钟。

篮球比赛由双方球员跳球开始，裁判员将球在两名球员之间抛起，通常由双方各自的内线球员争夺开场球权。未获得开场球权的一方，在比赛的下半场开始时会获得第一次的控球权。与橄榄球比赛一样，拥有球权的球队被称为进攻队，而另一队被称为防守队，但是与足球不同，篮球比赛的每支球队场上只有 5 名球员，他们既进攻又防守。篮球比赛是连续的，只有犯规、暂停和小节之间休息时才能被打断。

篮球运动表现测评专家应该在熟知竞赛规则的基础上，了解不同位置球员的体能需求。一支篮球队由五名球员组成，每名球员在比赛中都承担着特定的角色，各角色包括控球后卫（point guard，PG）、得分后卫（shooting guard，SG）、中锋（center，C）、大前锋（power forward，PF）、小前锋（small forward，SF）。在比赛中，勒布朗·詹姆斯（小前锋）、凯文·杜兰特（小前锋）、斯蒂芬·库里（控球后卫）、拉塞尔·韦斯特布鲁克（控球后卫）、詹姆斯·哈登（得分后卫）等都是我们所关注的各个位置上的顶尖球员。

控球后卫是整支球队的推进器，负责带领球队、运球和传球等，虽然控球后卫的身高较普通人而言是非常高的，但是就整支球队而言，其身高通常是球队中最矮的。控球后卫要能够很好地掌控比赛节奏。在进攻时，控球后卫要快速且稳定地支配好球权，处理好传球。在防守时，控球后卫的主要职责是防止对方球员在外线投篮。那么，对于控球后卫的速度和灵敏性的测评就显得至关重要。三点锥形桶灵敏测试、限制区灵敏测试或四分之三场地冲刺可用于评估控球后卫的变向能力和直线冲刺速度。此外，控球后卫也需要良好的有氧能力和无氧能力。因此，球队常通过实验室测试（如 $\dot{V}O_2\max$）或场地测试［如库珀 1.5 英里（约 2 414 米）跑/步行递增负荷测试］来评估运动员的有氧能力。采用温盖特无氧测试、助跑摆臂垂直纵跳、原地纵跳、蹲跳评估球员的无氧能力。为了更好地评估控球后卫的心理特征（其中包括团队凝聚力、信心、决策能力和领导能力），建议采用群体环境问卷（GEQ）、竞赛状态焦虑量表（CSAI－2R）和内隐联想测试（IAT）心理评估量表–2 修订版。

除了控球后卫，球队后卫线上还有得分后卫。得分后卫是球队中最好的得分手，尤其是外线投射能力。此外，得分后卫具备出色的眼手协调能力以及从空位快速前进等能力。他能够在球场上的任何地方进行投篮，并且具备良好的赛场意识，可以随时突破和投篮。在防守端，得分后卫主要负责防守另一支球队的得分后卫，因此，他还需要能够快速预判对方球员的动作，在对方球员突破之前及时封堵进攻路线或者封盖投篮。

篮球得分后卫综合能力的测试内容包括投篮技巧、无氧爆发力、速度、灵敏性及协调性。运动表现测评人员通过模拟场上运球和投篮来预测得分后卫在比赛中的表现，从而更好地评估其协调能力和投篮技巧。其中，场地投篮和对抗下投篮是评估投射能力的合适的方法，而无氧爆发力可以通过最大垂直纵跳或之前提到的其他跳跃测试来评估。速度可以通过折返跑或四分之三场地冲刺来评估。灵敏性则适合采用限制区灵敏测试或三点锥形桶灵敏测试进行评估。同控球后卫一样，也应该评估得分后卫的信心、焦虑和适应能力等心理结构特征。心理测试建议采用运动取向问卷（SOQ）、竞赛状态焦虑量表–2 修订版（CSAI–2R）、贝克抑郁自评量表（BDI）和卡特尔 16 种人格因素量表（16PF）。

在球队中除了得分后卫，小前锋也扮演着重要的得分者角色。小前锋身高通常比后卫高，但比中锋和大前锋矮。虽然小前锋的身高不是全队最高的，但是小前锋具备出众的运动能力，这样可以确保小前锋有足够的力量和速度实现外线投篮、突破上篮得分及争抢进攻篮板。

此外，小前锋必须有强大的防守能力，从而确保其攻守平衡，尤其是在争抢防守篮板方面。由于小前锋承担多方面的任务，其需要良好的有氧能力，因此，心肺功能被视为影响小前锋能力的重要因素之一。

小前锋体能测试与评估的内容包括爆发力、上肢肌肉力量和肌肉耐力（详见第三章）。通过垂直纵跳（助跑或原地）测试和限制区灵敏测试来评估其无氧能力。同时，采用竞争攻击性和愤怒量表（CAAS）、卡特尔 16 种人格因素量表（16PF）和内隐联想测试（IAT）来评估小前锋的心理特征（包括运动员的竞争力和侵略性等）。

大前锋身高出众，通常仅次于中锋，同时具备极其出色的弹跳能力。有一些大前锋具备全面的能力，因此被球队视为综合型运动员。例如，我们谈到的“空间型四号位”指的是一个具备良好外线投射能力的大前锋。

大前锋的体能测试包括采用杠铃卧推评估肌肉最大力量和肌肉耐力，采用垂直纵跳（助跑和原地）和三点锥形桶灵敏测试评估无氧能力。建议采用竞赛状态焦虑量表–2 修订版（CSAI–2R）、运动焦虑量表（SAS）和运动竞赛焦虑测验（SCAT）等来评估运动员的自信心和焦虑感，从而反映大前锋的心理特征。

通常球队中最高的球员是中锋，由于其身高优势，中锋大多数情况下都是篮下得分或者空位投篮得分。中锋的主要职责是争抢进攻或防守篮板球。对于中锋而言，体能测试的内容包括上肢肌肉最大力量、无氧爆发力、柔韧性、灵活性。对于上肢肌肉最大力量的评估，建议使用气动式仪器进行卧推测试，因为卧推测试的向心收缩阶段具有爆发性特征。无氧爆发力的评估则采用垂直纵跳（助跑或原地）测试。同时，采用躯干旋转测试和坐位体前屈评估关节的灵活性和伸展能力。推荐采用卡特尔 16 种人格因素量表（16PF）和运动取向问卷（SOQ）进行心理评估，包括自我效能感的评估。

NBA2K 游戏将 NBA 球员的个人资料融入游戏相关的运动表现参数中，玩家可以根据游戏中运动员的个人数据全面了解运动员的综合运动能力。其中，将球员的身高限制纳入 NBA2K 中，从而限定游戏中运动员的能力。游戏开发商 Visual Concepts 甚至在 NBA2K16 中实现了运动员的个人体能参数与游戏的融合。

NBA2K 游戏中球员身高范围如下。

控球后卫：5.7～6.7 英尺（1.74～2.04 米）。

得分后卫：5.1～6.8 英尺（1.55～2.07 米）。

小前锋：6.1～6.3 英尺（1.86～1.92 米）。

大前锋：6.5～7.0 英尺（1.98～2.13 米）。

中锋：6.8～7.3 英尺（2.07～2.23 米）。

游戏中球员技术风格如下。

外线：中距离和三分投篮。

内线：勾、扣篮和后仰式跳投。

全能：内外线兼容。

尽管大多数运动项目都会评估运动员的反应时间、速度、灵敏性、最大力量，但对于如何评估各项能力之间的结构关系尚无共识。NBA 制定了一套球员体能测试与评估的体系，该体系不仅可以有效地评估运动员的体能水平，同时还可以将体能测评数据与人体测量学数据及投篮技巧等数据相结合，综合评判运动员的运动表现。NBA 与 NFL 都采用了类似的体能测试与评估体系，但在一些体能测试指标的选择上有所不同。

灵敏测试中，NFL 使用三点锥形桶灵敏测试和 20 码（约 18.29 米）折返跑进行评估，而 NBA 使用限制区灵敏测试进行评估。在肌肉最大力量的评估中，NFL 使用 225 磅（约 102.06 千克）负重卧推测试，虽然 NBA 使用相同的评估方法，但是负荷为 185 磅（约 83.91 千克）。由于两项运动之间的速度量化标准不同，NBA 并没有像 NFL 那样选择 40 码（约 36.58 米）冲刺测试，而是选择四分之三场地冲刺来评估篮球运动员的速度能力。

因为不同位置的篮球运动员的体能、技术、心理需求不同，所以运动表现的测试与评估要注重个性化。为了有效开展对每个位置的球员与特定位置的球员之间的比较，我们需要采用符合该位置球员的量化标准。对运动员体能和心理能力的量化评估可以更好地为教练员提供洞察运动员能力的信息，也有助于测试与评估人员选取适合该位置球员的测试方法或者制定测试内容的权重。球员个人资料（体能、技术、心理等）将有助于教练员更好地预测其未来的篮球表现，为赛场新人的发展确定个性化特点。

有关篮球运动表现分析的深入研究，请参考 Berri（1999）、Berri 等（2011）、Shea 和 Baker（2013）、Shea（2014）的著作。特别值得注意的是奥利弗 Oliver（2004a）撰写的《统计表上的篮球：运动表现分析的规则和工具》（*Basketball on Paper: Rules and Tools of Performance Analysis*）回顾了篮球运动员在球场上的运动表现发展历史。表 6.1 展示了篮球运动表现测评指标。

表 6.1　篮球运动表现测评指标

测评指标	缩写
三分球命中率（Three-point field goals percentage）	3P%
三分球出手次数（Three-point field goals attemptes）	3PA
三分球得分（Three-point field goals）	3PM
助攻次数（Assists）	AST

续表

测评指标	缩写
全场助攻数（Assists per game）	APG
盖帽数（Blocks）	BLK
防守篮板成功率（Defensive rebound rate）	DRR
防守篮板数（Defensive rebounds）	DREB
胜利加成值：由增加值除以 30 得出球员增加的赛季总胜利数超过替补队员所能产生的胜利次数（Estimated wins added: Value added divided by 30, giving the estimated number of wins a player adds to a team's season total above what a replacement playe would produce.）	EWA
命中率（Field goal percentage）	FG%
出手次数（Field goals attempted）	FGA
命中次数（Field goals made）	FGM
罚球得分（Free throw made）	FTM
罚球得分率（Free throw percentage）	FT%
罚球次数（Free throws attempted）	FTA
分钟（Minutes）	MIN
进攻篮板成功率（Offensive rebound rate）	ORR
进攻篮板数（Offensive rebounds）	OREB
球员效率值（球员每分钟统计数据产生的整体等级，联赛平均值为 15）（Player efficiency rating is the overall rating of a player's per-minute statistical production. The league average is 15.00 every season.）	PER
正负值（Plus/minus point differential）	+/–
得分（Points）	PTS
场均得分（Points per game）	PPG
篮板率=［100×（篮板数×球队时间）］/［球员出场时间×（全队总篮板数+对手获得篮板数）］{Rebound rate = [100×(Rebounds×Team Minutes)] divided by [Player Minutes×(Team Rebounds + Opponent Rebounds)]}	REBR

续表

测评指标	缩写
篮板数（Rebounds）	REB
场均篮板数（Rebounds per game）	RPG
抢断数（Steals）	STL
场均抢断数（Steals per game）	SPG
真实命中率=总得分/［（出手次数+（0.44×罚球次数）］{True shooting percentage = Total points / [(FGA + (0.44×FTA)]}	TS%
失误（Turnovers）	TOV
回合占有率={[出手次数+（罚球次数×0.44）+（助攻次数×0.33）+失误次数]×40×赛季总进攻回合数}/球队总进攻回合数 Usage rate = {[FGA + (FT Att. x 0.44) + (Ast x 0.33) + TO] x 40 x League Pace} divided by (Minutes x Team Pace)	USG
球员增值=［上场时间×（球员效率值－取代程度）］/67，其中取代程度值大前锋= 11.5、控球后卫=11.0、中锋=10.6、得分后卫和小前锋=10.5 {Value Added = ([Minutes×(PER–PRL)] / 67，PRL (Position Replacement Level) = 11.5 for power forwards, 11.0 for point guards, 10.6 for centers, 10.5 for shooting guards and small forwards}	VA
胜/负（Win or Lose）	W/L

框 6.1 显示了 NBA 新秀球员的运动表现数据分析（R 语言）。图 6.1 展示了在 NBA 选秀期间不同位置球员的特点，采用限制区灵敏测试评估灵敏性。图 6.2 显示了 NBA 选秀期间采用 185 磅（83.91 千克）负重卧推测试评估不同位置球员的肌肉力量。图 6.3 展示了采用助跑最大垂直纵跳摸高测试评估 NBA 选秀期间不同位置球员的无氧爆发力。图 6.4 显示了采用原地站姿垂直纵跳摸高测试评估不同位置运动员的无氧爆发力。图 6.5 显示了采用四分之三场地冲刺测试评估运动员的速度能力。图 6.6 显示了采用折返跑冲刺测试评估运动员的无氧能力。图 6.7 显示了不同位置球员的抢断次数。图 6.8 显示了不同位置球员的防守篮板数。图 6.9 显示了不同位置球员的进攻篮板数。图 6.10 显示了不同位置球员的助攻数。图 6.11 显示了不同位置球员的投篮命中率。图 6.12 显示了不同位置球员的比赛效率。框 6.2 显示了 NBA 赛时表现数据（R 语言），着眼于不同位置球员的 NBA 比

赛时间表现。

框 6.1　NBA 新秀球员的运动表现数据分析（R 语言）

```
# NBA 新秀数据分析（R 语言）

#####################################
##         扣篮分析 R 语言代码         ##
#####################################

# 读入文件
Basketball<-read.csv(file.choose())
# 获取数据集大致情况（使用 summary 函数）
summary(Basketball)

# 用如下函数获取变量名
names(Basketball)
# [1] "Player"   "Position"    "Age"         "Team"        "Games"       "Minutes"
# [7] "PER"      "TS"          "ORB"         "DRB"         "TRB"         "AST"
# [13] "STL"     "BLK"         "TOV"         "USG"         "ORtg"        "DRtg"
# [19] "OWS"     "DWS"         "WS"

# 在控制年龄的条件下检验不同位置球员助攻数的差异性
# 使用协方差分析模型进行检验
ancovabyage<-aov(AST~Position + Age, data=Basketball)


# 用 summary 函数来看所运行的模型得到的实际结果
summary(ancovabyage)

# 运行协方差模型输出如下
#            Df   Sum Sq   Mean Sq F value                Pr(>F)
# Position   8   15884    1985.5   54.789  <0.0000000000000002 ***
```

```
# Age         1     157     157.1    4.336                0.0381 *
# Residuals  332 12031       36.2

# Signif. codes: 0 '***' 0.001 '**' 0.01 '*' 0.05 '.' 0.1 ' ' 1


# 利用多重线性回归进行比较
lmbyage<-lm(AST~Position + Age, data=Basketball)
summary(lmbyage)

# Call:
# lm(formula = AST ~ Position + Age, data = Basketball)

# Residuals:
# Min       1Q  Median      3Q       Max
# -18.301   -3.912   -1.304   2.936   22.528

# Coefficients:
#                  Estimate   Std. Error t value            Pr(>|t|)
# (Intercept)       3.4080      2.2367   1.524             0.128539
# PositionPF        1.2393      1.0451   1.186             0.236522
# PositionPF-SF    -2.8003      6.0693  -0.461             0.644815
# PositionPG       19.1661      1.0814  17.724 < 0.0000000000000002 ***
# PositionSF        2.6826      1.0511   2.552             0.011155 *
# PositionSF-PF    -2.3684      6.0786  -0.390             0.697057
# PositionSG        6.6190      1.0544   6.277         0.00000000108 ***
# PositionSG-PG    22.4997      6.0693   3.707             0.000240 ***
# PositionSG-SF     3.7350      6.1002   0.612             0.540780
# Age               0.1664      0.0799   2.082             0.038076 *

# Signif. codes: 0 '***' 0.001 '**' 0.01 '*' 0.05 '.' 0.1 ' ' 1

# Residual standard error: 6.02 on 332 degrees of freedom
```

```
# Multiple R-squared: 0.5714, Adjusted R-squared: 0.5598
# F-statistic: 49.18 on 9 and 332 DF, p-value: < 0.00000000000000022


# 要检查参考代码，请输入数据集的名称
# 后跟美元符号再接变量名
# 作为 summary 函数的参数


summary(Basketball$Position)
# C    PF PF-SF   PG   SF SF-PF   SG SG-PG  SG-SF
# 61   73   1    63   71    1    70   1     1
# C 代表中锋


# 排除位置变量再次运行模型
temp = lm(AST~Age, data=Basketball)
# 检查协变量年龄的模型结果间的差异是否存在显著性差异
# 运行如下代码
anova(temp, lmbyage)


# 模型结果输出如下

# Analysis of Variance Table
# Model 1: AST ~ Age
# Model 2: AST ~ Position + Age
# Res.Df   RSS Df Sum of Sq     F                  Pr(>F)
# 1   340 28000
# 2   332 12031   8     15969 55.082 < 0.00000000000000022 ***

# Signif. codes: 0 '***' 0.001 '**' 0.01 '*' 0.05 '.' 0.1 ' ' 1
```

```
##################################################
##          NBA 新秀球员表现与球员位置            ##
##################################################

nbadraft<-read.csv(file.choose())
summary(nbadraft)

# position          lane          shuttle      threequartersprint
# PF        :11 Min.    :10.27             : 3    Min.     :3.020
# PG        :10 1st Qu. :10.77    3.12     : 3    1st Qu. :3.220
# SG        :10 Median  :11.11    3.15     : 3    Median  :3.280
# SF-SG     : 4 Mean    :11.15    2.88     : 2    Mean    :3.308
# PG-SG     : 3 3rd Qu. :11.47    2.93     : 2    3rd Qu. :3.380
# SF        : 3 Max.    :12.26    3.05     : 2    Max.    :3.620
# (Other)   : 8 NA's    :1        (Other) :34

# verticalleap    maxverticalleap       bench
# Min.    :22.50    Min.      :25.0      Min.    : 0.000
# 1st Qu. :26.50    1st Qu.   :32.0      1st Qu. : 5.000
# Median  :28.50    Median    :34.5      Median  : 8.000
# Mean    :29.58    Mean      :35.3      Mean    : 8.362
# 3rd Qu. :32.50    3rd Qu.   :38.0      3rd Qu.  :11.500
# Max.    :38.00    Max.      :44.0      Max.    :19.000
#                                        NA's    :2

#制作不同位置球员体能数据的简易箱形图

attach(mtcars)

pdf('AgilitybyPlayerPosition.pdf',
   height = 7, width = 11)
plot(nbadraft$position, nbadraft$lane, main="Lane Agility by Player Position",
    xlab="Basketball Player Position", ylab="Time in Seconds", pch=16)
```

```
dev.off()

pdf('VerticalLeapAnaerobicPowerbyPlayerPosition.pdf',
    height = 7, width = 11)
plot(nbadraft$position, nbadraft$verticalleap,
    main="Standing Vertical Leap by Player Position",
    xlab="Basketball Player Position", ylab="Height Reached (inches)", pch=16)
dev.off()

pdf('MaxVerticalLeapAnaerobicPowerbyPlayerPosition.pdf',
    height = 7, width = 11)
plot(nbadraft$position, nbadraft$maxverticalleap, main="Max Vertical Leap by
Player Position",
   xlab="Basketball Player Position", ylab="Height Reached (inches)", pch=16)
dev.off()

pdf('BenchPressMuscularEndurancebyPlayerPosition.pdf',
   height = 7, width = 11)
plot(nbadraft$position, nbadraft$bench,
    main="Bench Press by Player Position",
    xlab="Basketball Player Position", ylab="Number of Repetitions", pch=16)
dev.off()

pdf('ThreeQuarterSprintSpeedbyPlayerPosition.pdf',
    height = 7, width = 11)
plot(nbadraft$position, nbadraft$threequartersprint,
    main="Three Quarter Sprint by Player Position",
    xlab="Basketball Player Position", ylab="Time in Seconds", pch=16)
dev.off()

pdf('ShuttleSpeedAnaerobicPowerbyPlayerPosition.pdf',
```

```
    height = 7, width = 11)
plot(nbadraft$position, nbadraft$threequartersprint,
    main="Shuttle Run by Player Position",
    xlab="Basketball Player Position", ylab="Time in Seconds", pch=16)
dev.off()

# 以上为 NBA 新秀球员数据多样化分析的举例
# 从箱形图可以看出
# 对于大多数体能测试表现，不同位置的球员表现有差异。就像 NFL 训练营的数据
# 有时仅有一名新秀球员在特定位置被测试
# 这解释了箱形图中水平线的存在
# 它们是没有箱体的中位线
```

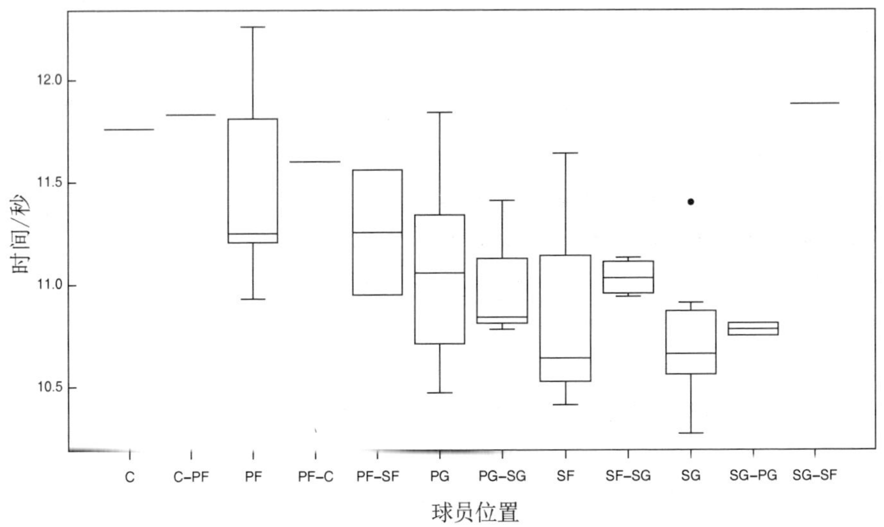

C：中锋；PF：大前锋；SF：小前锋；PG：控球后卫；SG：得分后卫。

图 6.1　基于球员位置的灵敏测试（NBA 数据分析）

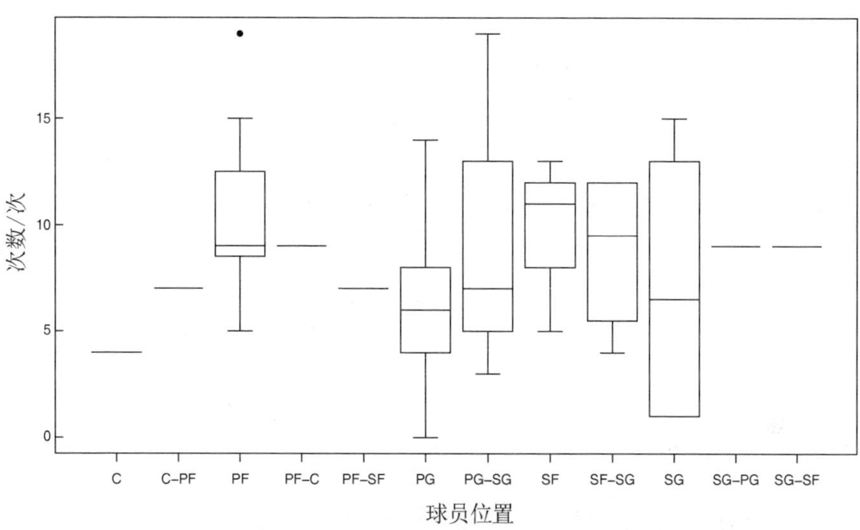

C：中锋；PF：大前锋；SF：小前锋；PG：控球后卫；SG：得分后卫。

图 6.2　基于球员位置的卧推测试（NBA 数据分析）

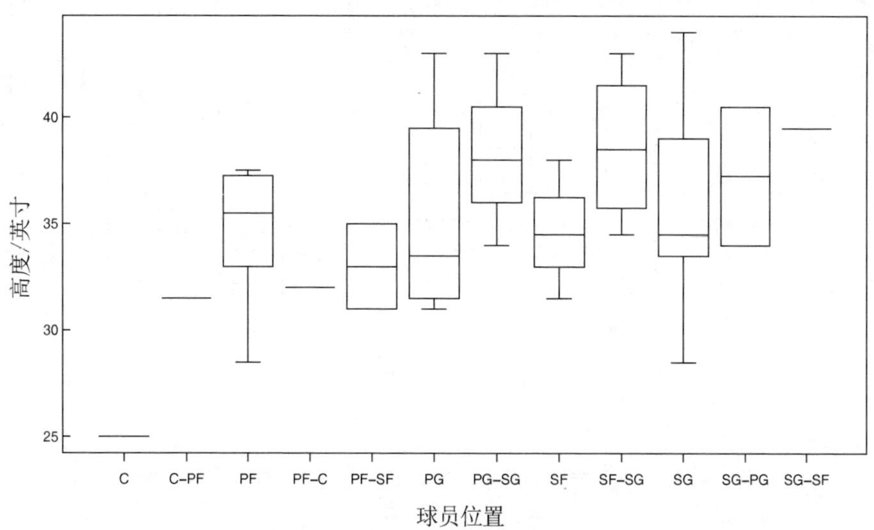

C：中锋；PF：大前锋；SF：小前锋；PG：控球后卫；SG：得分后卫。

图 6.3　基于球员位置的助跑最大垂直纵跳摸高测试（NBA 数据分析）

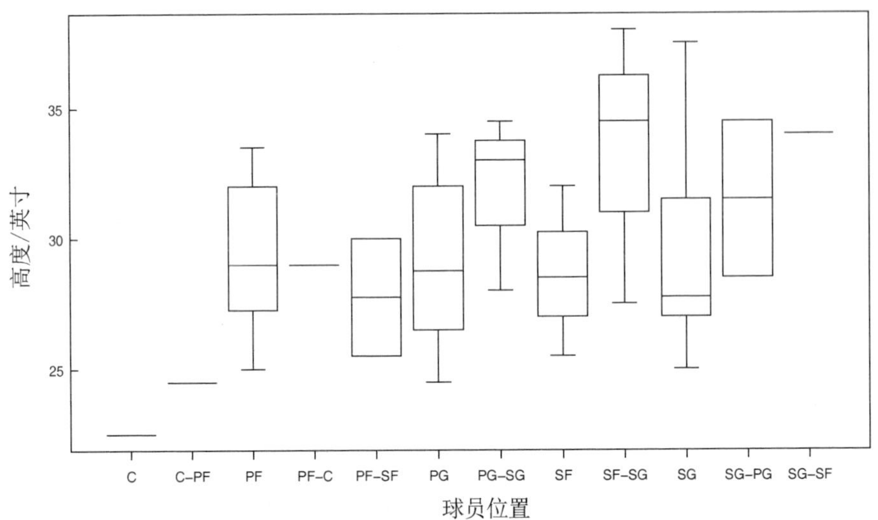

C：中锋；PF：大前锋；SF：小前锋；PG：控球后卫；SG：得分后卫。

图 6.4　基于球员位置的原地站姿垂直纵跳摸高测试（NBA 数据分析）

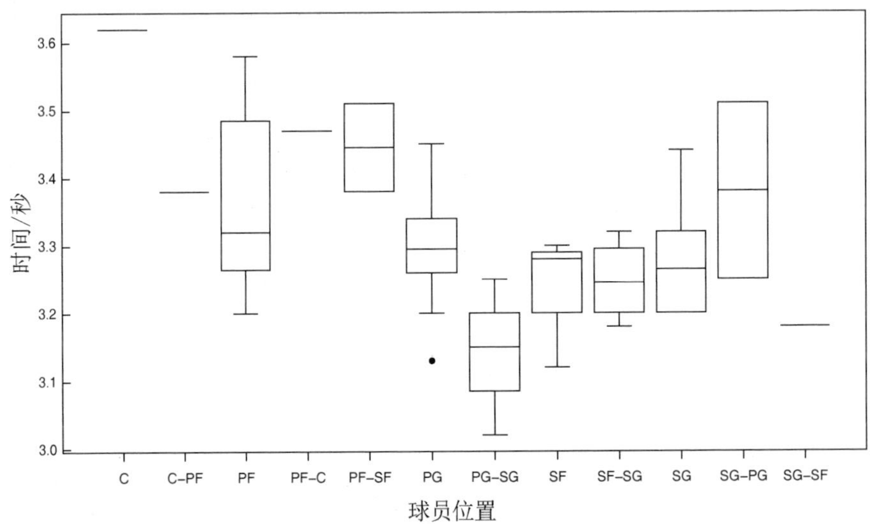

C：中锋；PF：大前锋；SF：小前锋；PG：控球后卫；SG：得分后卫。

图 6.5　基于球员位置的四分之三场地冲刺测试（NBA 数据分析）

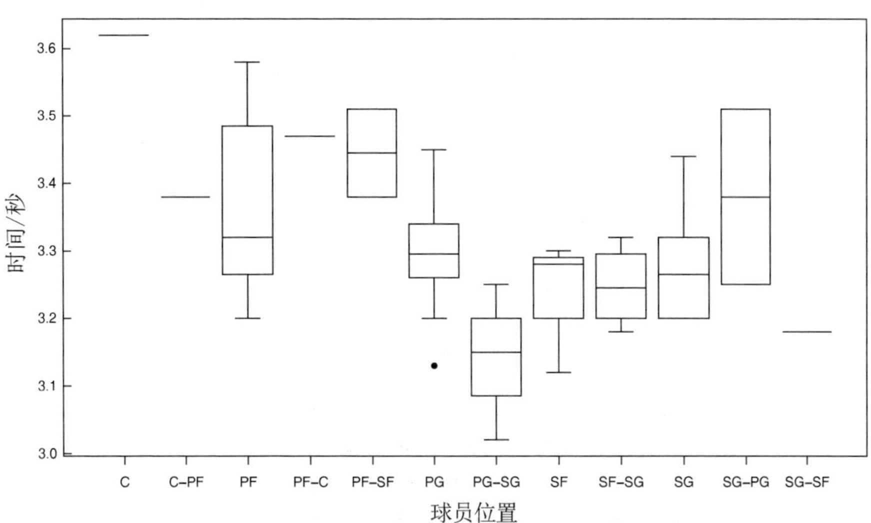

C：中锋；PF：大前锋；SF：小前锋；PG：控球后卫；SG：得分后卫。

图 6.6　基于球员位置的折返跑冲刺测试（NBA 数据分析）

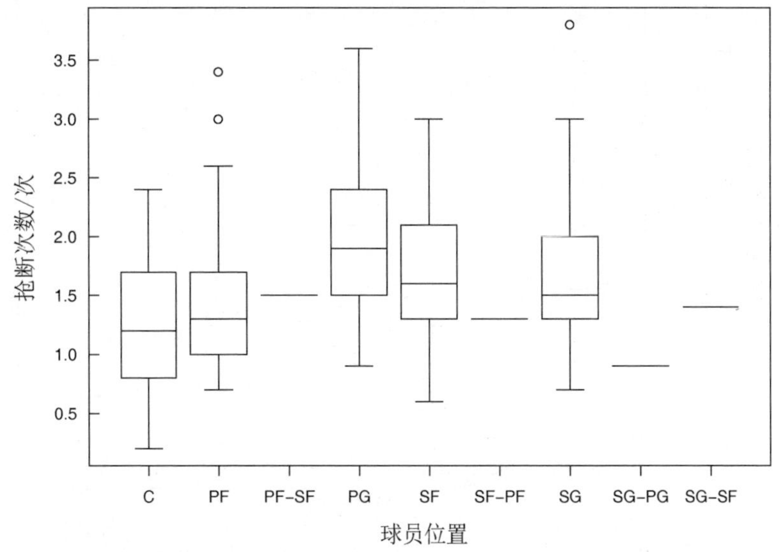

C：中锋；PF：大前锋；SF：小前锋；PG：控球后卫；SG：得分后卫。

图 6.7　基于球员位置的抢断次数统计（NBA 数据分析）

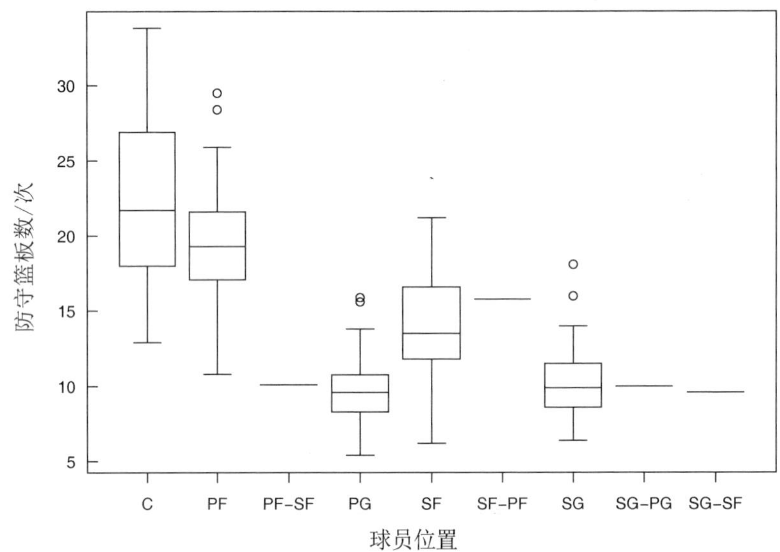

C：中锋；PF：大前锋；SF：小前锋；PG：控球后卫；SG：得分后卫。

图 6.8　基于球员位置的防守篮板数统计（NBA 数据分析）

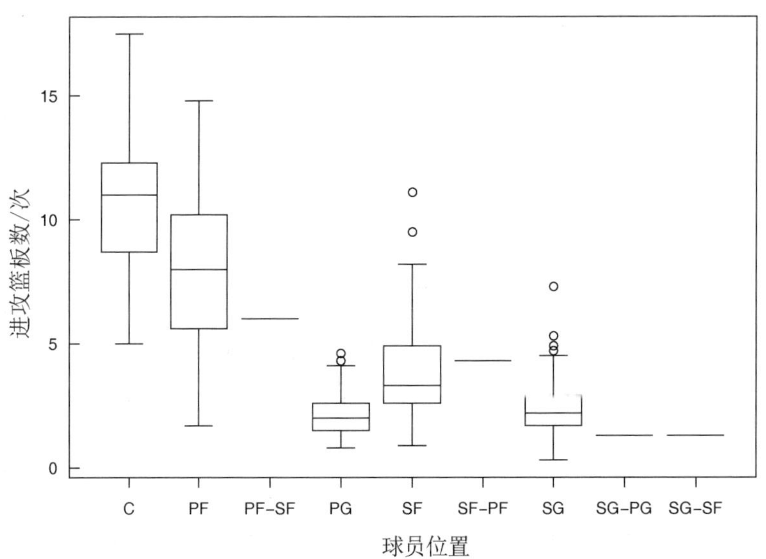

C：中锋；PF：大前锋；SF：小前锋；PG：控球后卫；SG：得分后卫。

图 6.9　基于球员位置的进攻篮板数统计（NBA 数据分析）

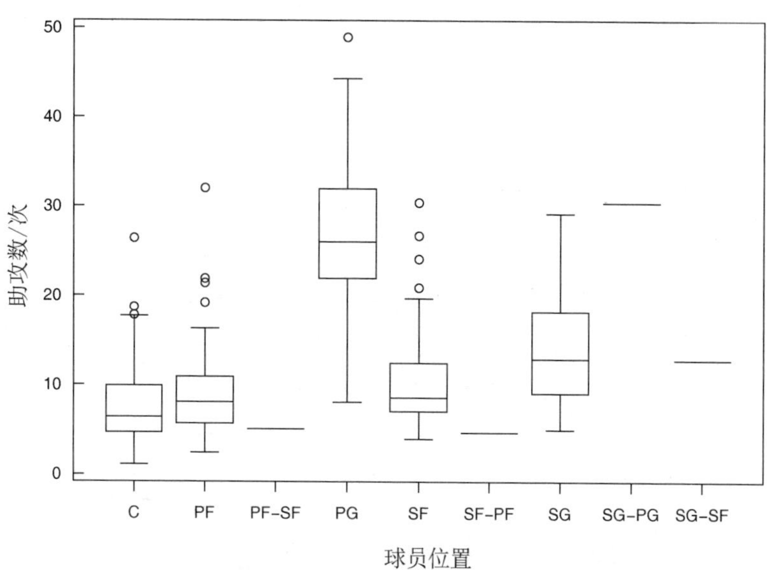

C：中锋；PF：大前锋；SF：小前锋；PG：控球后卫；SG：得分后卫。

图 6.10　基于球员位置的助攻数统计（NBA 数据分析）

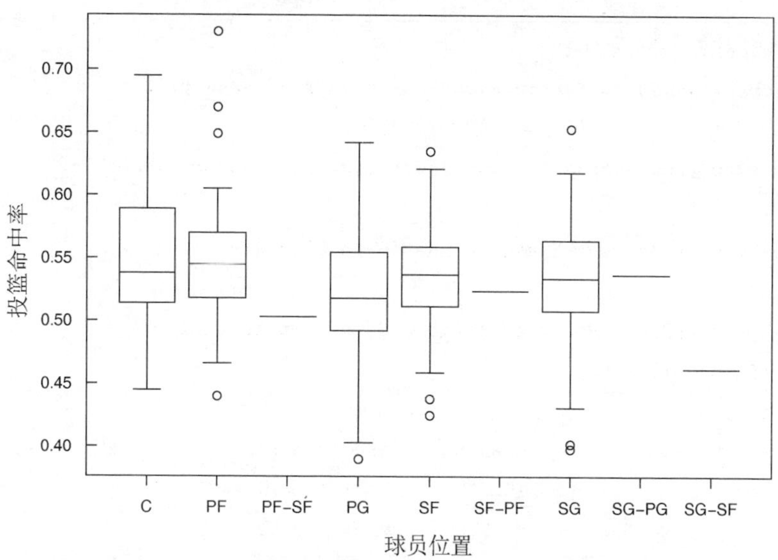

C：中锋；PF：大前锋；SF：小前锋；PG：控球后卫；SG：得分后卫。

图 6.11　基于球员位置的投篮命中率统计（NBA 数据分析）

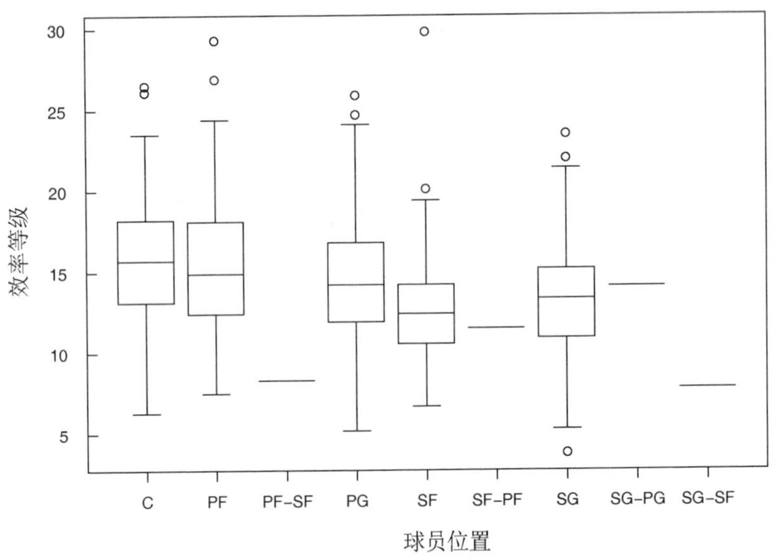

C：中锋；PF：大前锋；SF：小前锋；PG：控球后卫；SG：得分后卫。

图 6.12　基于球员位置的比赛效率统计（NBA 数据分析）

框 6.2　分析 NBA 赛时表现数据(R 语言)

```
# NBA 赛时表现数据分析（R 语言）
##############################################################
##                  NBA 球员赛时表现 R 语言代码                ##
##############################################################

Basketball <- read.csv("BasketballDatasetAnalysis.csv")

DRBmodel = aov(DRB ~ Position + Age , data = Basketball)
summary(DRBmodel)
# Results
#               Df  Sum Sq  Mean Sq F value Pr(>F)
# Position       8    8185  1023.2    83.59 <2e-16 ***
# Age            1       4     3.6     0.29   0.59
# Residuals    332    4064    12.2

# Signif. codes: 0 *** 0.001 ** 0.01 * 0.05 . 0.1 1
```

```
# 方差分析模型显示控制年龄因素后不同位置球员的防守篮板数差异显著
# 检验残差是否服从正态分布
qqnorm(mod$residuals)
# 大致服从一条直线

# 对球员位置和进攻篮板运行模型
ORBmodel = aov(ORB ~ Position, data = Basketball)
summary(ORBmodel)
#              Df   Sum  Sq  Mean  Sq F value Pr(>F)
# Position      8   3694   461.7       99.39 <2e-16 ***
# Residuals   333   1547     4.6

# Signif. codes: 0 *** 0.001 ** 0.01 * 0.05 . 0.1 1
# 不同位置上球员的进攻篮板数有显著差异

ASTmodel = aov(AST ~ Position, data = Basketball)
summary(ASTmodel)
#              Df   Sum  Sq  Mean  Sq F value Pr(>F)
# Position      8  15884   1985.5   54.25 <2e-16 ***
# Residuals   333  12188     36.6

# Signif. codes: 0 *** 0.001 ** 0.01 * 0.05 . 0.1 1
# 不同位置上球员的助攻数有显著差异

STLmodel = aov(STL ~ Position, data = Basketball)
summary(STLmodel)
#              Df   Sum  Sq  Mean  Sq F value Pr(>F)
# Position      8   22.11   2.7642   8.491 1.6e-10 ***
# Residuals   333  108.41   0.3255

# Signif. codes: 0 *** 0.001 ** 0.01 * 0.05 . 0.1 1
# 不同位置上球员的抢断数有显著差异
```

```
PERmodel = aov(PER ~ Position, data = Basketball)
summary(PERmodel)
# Df Sum Sq Mean Sq F value Pr(>F) # Position 8 564 70.47 4.405 4.42e-05 ***
# Residuals 333 5327 16.00

# Signif. codes: 0 *** 0.001 ** 0.01 * 0.05 . 0.1 1
# 不同位置上球员的效率值有显著差异

Minutesmodel = lm(Minutes ~ Age, data = Basketball)
summary(Minutesmodel)
# Call:
# lm(formula = Minutes ~ Age, data = Basketball)

# Residuals:
# Min        1Q    Median    3Q       Max
# -1394.30  -642.19    8.06   587.91  1484.41

# Coefficients: # Estimate Std. Error t value Pr(>|t|)
# (Intercept) 1501.885    257.669    5.829    1.3e-08 ***
# Age            5.428      9.631    0.564    0.573

# Signif. codes:  0 *** 0.001 ** 0.01 * 0.05 . 0.1  1

# Residual standard error: 731.7 on 340 degrees of freedom
# Multiple R-squared: 0.0009333, Adjusted R-squared: -0.002005
# F-statistic: 0.3176 on 1 and 340 DF, p-value: 0.5734
# 不同年龄的 NBA 球员出场时间无显著差异

TSmodel = aov(TS ~ Position, data = Basketball)
summary(TSmodel)
```

```
# Df Sum Sq Mean Sq F value Pr(>F)
# Position     8  0.0460  0.005745  2.557  0.0102 *
# Residuals  333  0.7482  0.002247

# Signif. codes:  0 *** 0.001 ** 0.01 * 0.05 . 0.1  1
# 不同位置上的球员命中率有显著差异

# 绘图
# 不同位置上球员的防守篮板数
pdf("plot_nba_defensive_rebounds.pdf", width = 9, height = 7)
par(las = 1, cex = 1.1, mar = c(5, 4, 4, 2) + 0.1)
boxplot (DRB ~ Position, data = Basketball,
        xlab = "Basketball Player Position", ylab = "Defensive Rebounds")
dev.off()

# 不同位置上球员的助攻数
pdf("plot_nba_assists.pdf", width = 9, height = 7)
par(las = 1, cex = 1.1, mar = c(5, 4, 4, 2) + 0.1)
boxplot (AST ~ Position, data = Basketball,
       xlab = "Basketball Player Position", ylab = "Assists")
dev.off()

# 不同位置上球员的进攻篮板数
pdf("plot_nba_offensive_rebounds.pdf", width = 9, height = 7)
par(las = 1, cex = 1.1, mar = c(5, 4, 4, 2) + 0.1)
boxplot (ORB ~ Position, data = Basketball,
        xlab = "Basketball Player Position", ylab = "Offensive Rebounds")
dev.off()

# 不同位置上球员的抢断数
pdf("plot_nba_steals.pdf", width = 9, height = 7)
par(las = 1, cex = 1.1, mar = c(5, 4, 4, 2) + 0.1)
```

```
boxplot (STL ~ Position, data = Basketball,
       xlab = "Basketball Player Position", ylab = "Steals")
dev.off()

# 不同位置上球员的效率值
pdf("plot_nba_player_efficiency.pdf", width = 9, height = 7)
par(las = 1, cex = 1.1, mar = c(5, 4, 4, 2) + 0.1)
boxplot (PER ~ Position, data = Basketball,
       xlab = "Basketball Player Position",
       ylab = "Player Efficiency Rating")
dev.off()

# 不同位置上球员的命中率
pdf("plot_nba_shooting_percentage.pdf", width = 9, height = 7)
par(las = 1, cex = 1.1, mar = c(5, 4, 4, 2) + 0.1)
boxplot (TS ~ Position, data = Basketball,
       xlab = "Basketball Player Position",
       ylab = "True Shooting Percentage")
dev.off()

# 某些模型所得结果可能没有表现出差异
# 各种表现仍然与球员的位置息息相关
# 结果表明了统计学意义与显著差异性的重要性
```

第七章　棒球运动表现测试与评估（全垒打分析）

在我职业生涯的 18 个赛季里，我击球次数近 10 000 次。我投杀（三振出局）了 1 700 次，保送上垒可能有 1 800 次。一名球员一个赛季平均要打 500 个球。也就是说，我打了 7 年甚至没有击中过一次。

——米基·曼特尔（Mickey Mantle）

据说，棒球是美国人最喜爱的休闲体育活动，它起源于美国本土，曾经有一段时间，棒球历史学家认为它起源于英国的一种叫作圆场棒球的游戏。棒球很可能起源于全球各地的英式圆球、板球或其他击球类运动，但是在美国，棒球才成为国球，美国人经常说“带我去看棒球比赛”。

在 19 世纪，棒球变得非常流行，1885 年职业棒球球员协会成立。球员为了得到更高的薪水，成立了一个球员保护协会以保障他们的权利。美国职业棒球大联盟（Major League Baseball，MLB）成立于 1903 年，它使棒球运动员获取更好的合同和更高的薪资成为可能。在这段时间里，美国国内和国际环境发生了很大的变化。尽管美国是世界强国，但劳动力市场竞争激烈，贫困和移民问题日益严重，劳动力安全问题也备受关注。

球员的挫败感促使球员工会的创立，该工会成立于 1912 年。在试图协商更好的场地条件失败后，球员进行了第一次罢工。资方对参加罢工的球员感到不满，转而寻找街头球员作为替代。更糟糕的是，第一次世界大战于 1914 年 7 月 28 日爆发。尽管联盟老板游说阻止他们的球员被征召入伍，但美国国防部部长还是要求美国职业棒球大联盟的球员参加征兵。

在这段混乱的时期，爆出了黑袜丑闻。芝加哥黑袜队的成员受贿后，在 1919 年世界大赛中故意输给辛辛那提红人队，受贿球员被终身禁止参加美国职业棒球大联盟的比赛。因此，1920 年美国职业棒球大联盟出台了新规定。新规定大大提高了击球手触球的机会。这产生了一个有趣的统计数据：在 1921～1930 年的近 10 年里，击球率低于 0.28 几乎闻所未闻。许多人认为，这项新规定出人意料地提高了棒球运动员的出席率和受欢迎程度，这反过来也促进了经济繁荣。

在这段时间里，许多伟大的球员为人们所熟知，包括贝比·鲁斯（Babe Ruth），号称“伟大的班比诺”，因为他积累了大量的本垒打。在这段时间里，也有许多出色的球员因为他们的肤色而被忽视。在联盟中显然需要有少数族裔的代表，因此出现了几个较小的联盟。1920 年，鲁布·福斯特（Rube Foster）建立了黑人全国联盟，1923 年，东部有色人种联盟成立，并于 1929 年演变成为美国黑人联盟。

大萧条不仅给美国带来了饥荒，还将棒球运动带入了寒冬。到 1932 年，美国陷入失业和缺乏就业保障的困境，棒球运动的参与度和观看比赛的球迷人数都在大幅下降。在这样社会动荡的背景下，美国总统依旧支持棒球运动。富兰克林·德拉诺·罗斯福（Franklin Delano Roosevelt）是棒球运动的狂热爱好者，他因在棒球比赛中掷第一球的次数比历史上任何一位总统都多而被人们记住。

第一场棒球全明星赛于 1933 年在伊利诺伊州芝加哥的科米斯基公园举行，第一场夜间比赛于 1935 年在俄亥俄州辛辛那提的克罗斯利球场举行。另一个里程碑式的发展是在 1939 年揭幕的棒球名人堂，第一批入选名人堂的球员是泰·科布（Ty Cobb）、贝比·鲁斯（Babe Ruth）、霍纳斯·瓦格纳（Honus Wagner）、克里斯蒂·马修森（Christy Mathewson）和沃尔特·约翰逊（Walter Johnson）。

就在此时，第二次世界大战开始了。有趣的是，在战争进行的同时，美国和日本之间的棒球比赛也在进行。日本政府开始对美国棒球运动嗤之以鼻，并禁止球队使用“安全”“局”“击球”等常用术语。日本政府甚至公开谴责棒球运动，甚至诅咒贝比·鲁斯。

在美国，有着“嚼口香糖的鲨鱼”称号的芝加哥小熊队的老板菲利普·里格利

（Philip Wrigley）致力于保持这项运动的流行。他的举措包括将半职业女性垒球运动员转变为棒球运动员。1932 年 5 月，菲利普 • 里格利举办了一次选拔赛，并组建了女子棒球联盟，联盟有四支队伍：罗克福德桃子队（Rockford Peaches）、拉辛贝尔斯队（Racine Belles）、基诺莎彗星队（Kenosha Comets）和南本德蓝袜队（South Bend Blue Sox）。众所周知，女运动员应该完全是女性化的，里格利甚至声明："我们的四支球队中，没有任何一名会穿长裤、说话强硬打垒球的女性队员。"该联盟于 1954 年终止。

1971 年，美国棒球研究协会成立。该协会致力于开发新的比赛方法，以促进棒球运动的发展。他们善于利用和研究统计数据。1980 年，比尔 • 詹姆斯（Bill James）创造了一个新词"棒球记录统计分析"（Sabermetrics），指的是"对棒球客观知识的探索"。棒球记录统计分析的支持者试图找到对运动员的运动表现有意义的衡量标准。他们优化了可以测量击打、防守和投球的方法，并将这些方法应用到职业球员身上。

例如，乔 • 迪马乔（Joe DiMaggio）、卢 • 格里克（Lou Gehrig）、贝比 • 鲁斯（Babe Ruth）、威利 • 梅斯（Willie Mays）、汉克 • 阿伦（Hank Aaron）、米奇 • 曼特尔（Mickey Mantle）、兰迪 • 约翰逊（Randy Johnson）、罗杰 • 克莱门斯（Roger Clemens）、佩德罗 • 马丁内斯（Pedro Martinez）、凯尔 • 瑞普肯（Cal Ripken），以及未来的名人堂成员德里克 • 杰特（Derek Jeter）。数据科学家应该熟悉的一个重要名字是亨利 • 查德威克（Henry Chadwick），他是棒球史上第一个统计学家，入选了棒球名人堂。

最初的棒球规则是众所周知的"尼克博克规则"（Knickerbocker Rules），制定于 1857 年，然而这些规则随着时间的推移而不断演变。我们今天所知道的这项运动的大部分规则都是以 1893 年的规则为基础制定的，直至 2008 年，规则修改仍在继续。

棒球比赛是由人数为 9 人的两支队伍在一个扇形的球场进行"击球—跑位"形式的对抗。棒球球员在比赛中都承担着特定的角色，各角色包括一垒手（first baseman，1B）、二垒手（second baseman，2B）、三垒手（third baseman，3B）、接手（catcher，C）、中外场手（center fielder，CF）、指定击球员（designated hitter，DH）、左外场手（left fielder，LF）、右外场手（right fielder，RF）、游击手（shortstop，

SS）等。棒球比赛由两个对立的队进行，球员分为攻、守两方。比赛中，两队轮流攻守，九局中得分较高的一队胜出。每支球队继续派出球员击球，直到累积三次出局。出局是指击球时被三振，触垒前被三振，或者球被抛向空中。球队进攻得分靠的是快速跑动。当击球手击出安打并击出一垒、二垒、三垒和本垒时，就会发生跑垒。投手把球扔给正在击球的球员，意图让他出局（或让他保送）。外场也被称为防守队，他们的主要任务是让对方尽快出局三次，以完成一局比赛，并将角色转换到进攻位置。术语“守场员”用来指防守的内场手或外场手。内场范围包括一垒、二垒、三垒、投手区、本垒。外场手比内场手离左、中、右场远。在九局结束时，得分高的队获胜。

好球和坏球由本垒后面的裁判判断。若发球手扔出三次好球则击球手出局。出界球在击球手两次成功击球后不算好球也不算坏球。击球区外的投球被称为坏球，如投球手扔出四个坏球，击球手将被保送一垒。

棒球中使用的装备包括头盔、木制棒球棒（专业级别），以及专为球员量身定制的手套和鞋钉。接手需要额外的特殊装备，因为他们处于危险位置，其中包括一个戴面罩的头盔、护膝（因为他们经常是蹲式站立的）、手套和一个护胸。球质地坚硬，它由缝合的牛皮外层，羊毛、涤纶、棉纱的混合物制成的中间层和圆心软木的内层组成。美国职业棒球大联盟使用的官方球的重量为 141.75～148.83 克，周长通常在 22.86～23.49 厘米。

尽管棒球场的外场尺寸因球场而异，但内场的菱形场地的标准尺寸为 90 平方英尺（约 8.36 平方米）。投手区位于菱形场地中央，直径 18 英尺（约 5.49 米），比本垒高 10 英寸（约 25.40 厘米）。第一、二、三垒是 15 平方英寸（约 96.77 平方厘米），而本垒是 17 平方英寸（约 109.68 平方厘米）。所有垒之间的标准距离是 90 英尺（约 27.43 米）。棒球术语表中有关于这项运动的更多详细信息，还有美国职业棒球大联盟（2015 年）提供的官方规则。

职业棒球运动员的身体成分和形态测量一直是研究的重点。这两类测试在运动表现领域都很常见，但研究结果表明，在选材时，这两类可能没有生理或心理测试重要。尽管有关身体测量与球员位置相关性的文献很少，但已有一些人对不同位置球员的身体形态和结构进行了研究。

卡达等研究了大学棒球比赛中不同位置球员的身体特征，以判断不同位置的球员是否存在不同的身体形态和结构特征（Carda et al.，1994）。他们发现，投手往往比其他位置的球员更高，肌肉更少。他们还发现：外场手多为中型身材；对于内场手而言，一垒、二垒和三垒手之间的差异也很明显；一垒手和游击手往往比二垒手高；接手的体重超过二垒手。另外，卡瓦哈尔等也提供了关于体型和棒球技能的其他讨论（Carvajal et al.，2009）。

许多教练利用对灵活性和速度的评估来预测棒球运动员的表现。霍夫曼等发现，不同棒球球员的比赛表现有 25%～31%的差异是由运动表现测量而非身体形态和结构评估造成的。霍夫曼等的研究结果显示，对于职业棒球运动员来说，握力、无氧能力、灵敏性和速度比身体形态和结构更能预测其运动表现（Hoffman et al.，2009）。

另一项研究将年龄作为协变量，考察了人体测量和运动表现测量与实际运动成绩之间的关系（Mangine et al.，2013a）。结果表明，最大垂直纵跳和专项灵敏测试比身体形态和结构更能预测运动员的运动成绩。

总的来说，职业棒球运动员被发现具有无氧能力、速度和灵敏性更优的生理特性。例如，研究表明，与新秀和半职业棒球运动员相比，MLB 球员的握力明显更强，无氧能力也更强，表现在其垂直纵跳峰值功率和垂直纵跳平均值上。此外，与非职业棒球运动员相比，将灵敏性和速度测试量化为专项灵敏性评估和 10 码（约 9.14 米）短跑，更能预测职业棒球运动员的运动成绩（Coleman and Lasky，1992；Carda and Looney，1994；Carvajal et al.，2009；Hoffman et al.，2009）。

了解不同位置的球员对于确定哪些指标最适合预测特定位置球员的表现至关重要。例如，投手必须能连续投球，因此他的投掷手的关节活动度必须很大，同时肌肉耐力、力量和无氧能力也必须很强。投手还需负责防守投手区附近场地的中央。考虑到这一点，必须对投手的上肢灵活性（活动范围）、肌肉耐力、力量和无氧能力进行评估。建议用量角器测量投掷臂的外旋和肩部屈曲程度。投手拥有比非运动人群更大的上肢关节活动范围，一般外旋范围为 90°。据报道，职业棒球投手的外旋值从 124°到 148°不等，弯曲度最小为 180°，这一点强调了上肢灵活性对投手的重要性。虽然肌肉耐力和力量通常是通过卧推来评估的，但是对于投掷运动员，如棒球投手，卧推实际上可能会妨碍其运动表现并致使其受伤。

目前对于高水平运动员的肌肉耐力和肌肉力量测量方法的研究比较少，需要进一步的研究来填补这一领域的空白。肌肉耐力和肌肉力量一般都是在实验室中使用等速肌力测试仪或肩部按压进行测量，注意这些测试需要在体能教练的监督下谨慎进行。此外，强烈建议使用手动肌肉测试来评估运动员内旋和外旋的能力。对于无氧能力的评估，可以使用典型的评估方法。测试中，投手应将他的核心和整个身体融入球场，通过爆发力动作表现出来。对于不同位置投手的无氧能力评估应采取不同的方法，第二章中提到的方法也是可取的。

处在接手位置的运动员需要长时间保持蹲姿。接手必须能够对偷垒做出快速反应，将球扔给内场手，同时快速地从蹲姿变为站姿。此外，接手必须警惕所有的界外球或软弱高飞球。因此，应该相应地评估接手的下半身肌肉力量、速度和耐力。此外还应评估其视野能力、协调性和无氧能力。

游击手负责掩护在二垒和三垒之间的球。他的职责是，当对方球队的球员试图偷垒时，为二垒手提供帮助。因此，评估其无氧能力和反应时间是必要的。

在大多数情况下，外场手的职责是接住打到外场的球，进行远距离投球，并为接下来的投球做准备。尽管每个人的位置都不同，但第二章中有许多方法可用于评估外场手的肌肉力量、耐力及无氧能力。对内场手的评估除了前面提到的，还应包括其反应时间和协调性的评估以及最后的心理评估，如 IAT 或 Dot-Probe 是评估反应时间的理想方法。此外，针对球员的自信心和焦虑情况，应使用 SOQ 或 CSAI－2R 进行评估。

提高测量的准确性再配合分析，可以帮助我们更好地预测不同位置棒球运动员的表现。在本书列出的所有运动项目中，棒球有着使用分析数据成功预测运动表现成绩的悠久历史。纵观这项运动的历史，棒球研究者们利用统计数据对这项运动进行了深入的研究。重要的贡献者包括艾伦·罗思（Allan Roth）、费迪南德·科尔（Ferdinand Cole）、亨利·查德威克（Henry Chadwick）、比尔·詹姆斯（Bill James），以及其他与美国棒球研究协会相关的人。

关于棒球分析的进一步讨论，请参考科斯塔等［Costa et al.，（2007，2009）］及鲍默和津巴利斯特（Baumer and Zimbalist，2014）的研究成果。使用 R 语言对棒球进行广泛分析，请参考马尔基和阿尔伯特（Marchi and Albert，2014）的研究成果。米勒（Miller，2016）回顾了与各种现场运动表现指标相关的问题。棒球运动表现指标见表 7.1。

表 7.1　棒球运动表现指标

表现指标	缩写
助杀数（Assists）	A
自由击球数（At bats）	AB
四坏球保送［Base on balls（walks）］	BB
安打率［Batting average（hits per at bat）］	AVG or BA
双杀（Double plays）	DP
责任失分率（Earned run average）	ERA
失误数（Errors）	E
高飞球被接杀（Fly out）	AO
先发投手完成的比赛次数（Number of games completed by starting pitcher）	CG
替补投手完成的比赛次数（Number of games finished as a relief pitcher）	GF
比赛场数（Number of games played）	G
击打数（Number of hits）	H
投手输场数（Number of losses charged to a pitcher）	L
投球数（Number of pitches）	NP
跑垒数（Number of runs）	R
牺牲触击（Number of sacrifice bunts）	SAC
偷垒成功数（Number of stolen bases）	SB
轮击次数（Number of times a batter appeared at the plate）	PA
投手被击球数（Number of times a batter has been hit by a pitch）	HBP
击球员故意四坏球保送数（Number of times a batter was walked intentionally）	IBB
防偷垒数（Number of times caught stealing a base）	CS
一垒安打数［Number of times made it to first base on hit（singles）］	1B

续表

表现指标	缩写
二垒安打数［Number of times made it to 2nd base（doubles）］	2B
三垒安打数［Number of times made it to 3rd base（triples）］	3B
本垒打数［Number of times made it to home plate（home runs）］	HR
投手赢数（Number of wins credited to a pitcher）	W
上垒率+长打率（OBP + SLG）	OPS
上垒率［On base percentage（reach base per plate appearance）］	OBP
接杀数（Putouts）	PO
范围系数（Range factor）	RF
得分打（Runs batted in）	RBI
投杀（Strikeout）	SO
长打率［Slugging percentage（total bases divided by at bats）］	SLG
垒打数（Total number of bases）	TB
投球人次（Total number of batters faced as a pitcher）	TBF
防守局数（Total number of innings pitched）	IP
内场手投球总数（Total number of innings played by an infielder）	INN
三杀、双杀、本垒打总数（Total number of triples，doubles，and home runs）	XBH

框 7.1 为 MLB 球员运动表现分析（R 语言）。这些统计数据是根据球员的位置来分析其跑垒、击球、长打和本垒打的差异。图 7.1 显示了 MLB 不同位置球员的击球数统计。图 7.2 显示了 MLB 不同位置球员的打点数统计。图 7.3 显示了 MLB 不同位置球员的得分统计。图 7.4 显示了 MLB 不同位置球员的本垒打统计。很明显，不同位置球员的表现有很大的差异。

框 7.1　MLB 球员运动表现分析（R 语言）

```
# MLB 球员运动表现分析（R 语言）

#####################################
##        本垒打分析 R 语言代码        ##
#####################################

# 读取数据
MLBdata<-read.csv(file.choose())

# 获取数据描述
summary(MLBdata)
# 显示输出

# RK                    Team      Pos          G
# Min.     :   1.00       : 83         :83 Min.     :116.0
# 1st Qu.  : 36.25 CHC    :  7 RF      :21 1st Qu.  :140.2
# Median   : 71.50 KC     :  7 1B      :20 Median   :150.5
# Mean     : 71.48 TOR    :  7 3B      :20 Mean     :147.3
# 3rd Qu.  :106.75 NYY    :  6 SS      :19 3rd Qu.  :155.8
# Max.     :142.00 OAK    :  6 2B      :18 Max.     :162.0
# NA's     :83  (Other)   :109(Other):44 NA's     :83

# AB             R                 H                  X2B
# Min.     :429.0 Min.     : 34.00 Min.     :101.0   Min.     :14.00
# 1st Qu.  :505.0 1st Qu.  : 63.00 1st Qu.  :133.0   1st Qu.  :24.00
# Median   :549.0 Median   : 73.00 Median   :146.5   Median   :29.00
# Mean     :544.6 Mean     : 74.13 Mean     :148.5   Mean     :29.06
# 3rd Qu.  :586.0 3rd Qu.  : 85.00 3rd Qu.  :164.8   3rd Qu.  :33.75
# Max.     :638.0 Max.     :122.00 Max.     :205.0   Max.     :45.00
# NA's     :83     NA's    :83 NA's         :83      NA's     :83

# X3B                  HR                  RBI                  BB
```

```
# Min.       : 0.00    Min.      : 2.00    Min.      : 26.00   Min.      : 13.00
# 1st Qu.    : 1.00    1st Qu.   :11.00    1st Qu.   : 56.00   1st Qu.   : 32.25
# Median     : 2.50    Median    :17.00    Median    : 70.50   Median    : 45.00
# Mean       : 3.12    Mean      :18.39    Mean      : 71.28   Mean      : 49.27
# 3rd Qu.    : 5.00    3rd Qu.   :23.00    3rd Qu.   : 84.00   3rd Qu.   : 58.00
# Max.       :12.00    Max.      :47.00    Max.      :130.00   Max.      :143.00
# NA's       :83       NA's      :83       NA's      :83       NA's      :83

# SO                   SB                  CS                  AVG
# Min.       : 38.00   Min.      : 0.000   Min.      : 0.000   Min.      :0.2100
# 1st Qu.    : 85.25   1st Qu.   : 2.000   1st Qu.   : 1.000   1st Qu.   :0.2560
# Median     :106.50   Median    : 6.500   Median    : 3.000   Median    :0.2705
# Mean       :109.34   Mean      : 9.859   Mean      : 3.711   Mean      :0.2719
# 3rd Qu.    :134.50   3rd Qu.   :15.750   3rd Qu.   : 5.750   3rd Qu.   :0.2900
# Max.       :208.00   Max.      :58.000   Max.      :20.000   Max.      :0.3380
# NA's       :83       NA's      :83       NA's      :83       NA's      :83

# OBP                  SLG                 OPS
# Min.       :0.2580   Min.      :0.3200   Min.      :0.5870
# 1st Qu.    :0.3093   1st Qu.   :0.3925   1st Qu.   :0.7115
# Median     :0.3340   Median    :0.4350   Median    :0.7635
# Mean       :0.3350   Mean      :0.4378   Mean      :0.7728
# 3rd Qu.    :0.3590   3rd Qu.   :0.4733   3rd Qu.   :0.8217
# Max.       :0.4600   Max.      :0.6490   Max.      :1.1090
# NA's       :83       NA's      :83       NA's      :83


# 制作简易散点图
attach(mtcars)
plot(MLBdata$Pos, MLBdata$R, main="Runs by Baseball Player Position",
   xlab="Baseball Player Position", ylab="Number of Runs", pch=16)


plot(MLBdata$Pos, MLBdata$H, main="Hits by Baseball Player Position",
```

```
    xlab="Baseball Player Position", ylab="Number of Hits", pch=16)

plot(MLBdata$Pos, MLBdata$HR, main="Home Runs by Baseball Player Position",
    xlab="Baseball Player Position", ylab="Number of Home Runs", pch=16)

plot(MLBdata$Pos, MLBdata$RBI, main="RBI by Baseball Player Position",
    xlab="Baseball Player Position", ylab="Number of RBIs", pch=16)

plot(MLBdata$Pos, MLBdata$SO, main="Strikeouts by Baseball Player Position",
    xlab="Baseball Player Position", ylab="Number of Strikeouts", pch=16)

# 不同位置的球员运动表现有显著差异
```

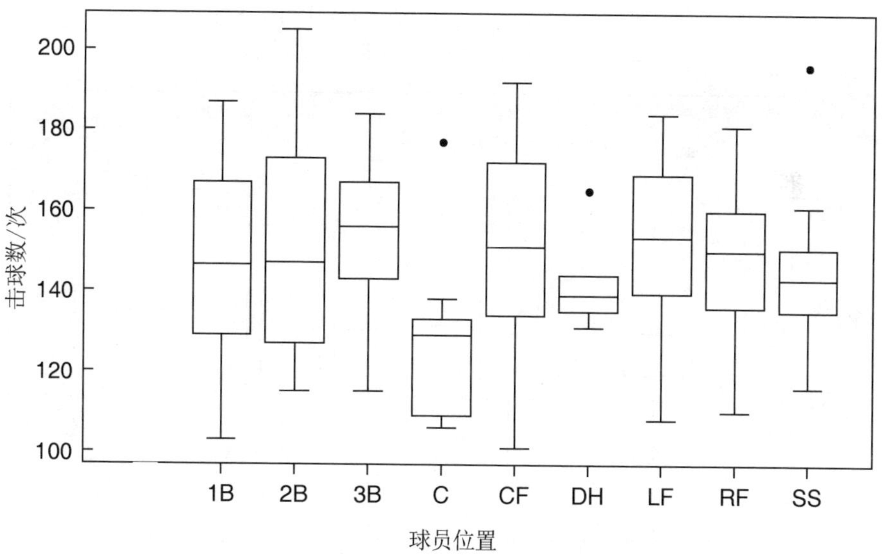

1B：一垒手；2B：二垒手；3B：三垒手；C：接手；CF：中外场手；
DH：指定击球员；LF：左外场手；RF：右外场手；SS：游击手。

图 7.1　MLB 不同位置球员的击球数统计

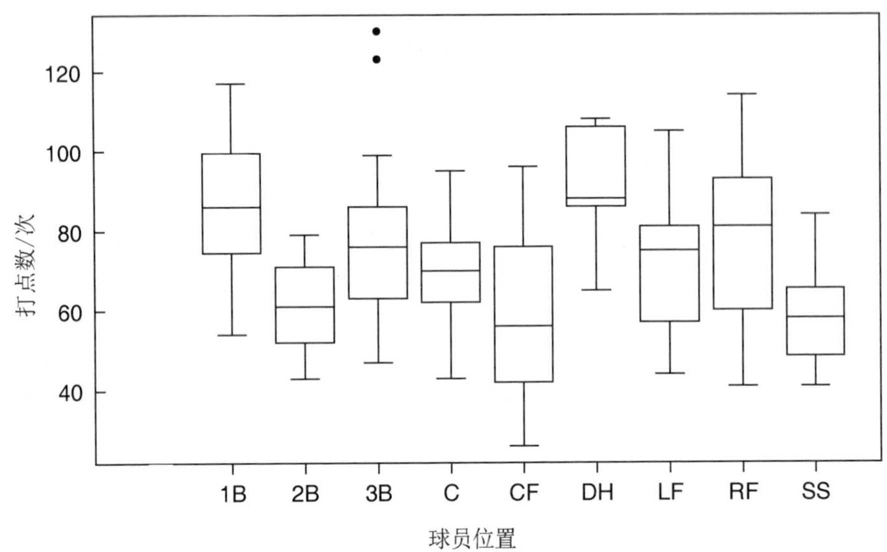

1B：一垒手；2B：二垒手；3B：三垒手；C：接手；CF：中外场手；DH：指定击球员；LF：左外场手；RF：右外场手；SS：游击手。

图 7.2　MLB 不同位置球员的打点数统计

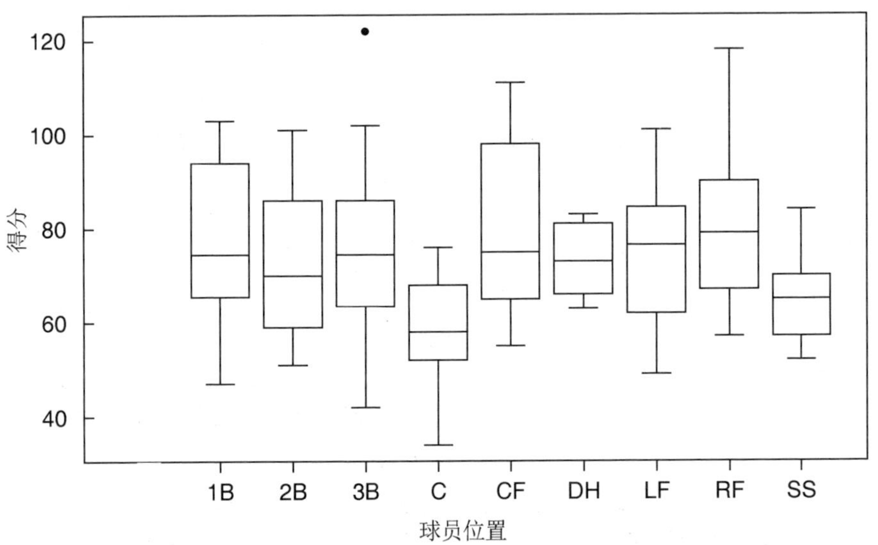

1B：一垒手；2B：二垒手；3B：三垒手；C：接手；CF：中外场手；DH：指定击球员；LF：左外场手；RF：右外场手；SS：游击手。

图 7.3　MLB 不同位置球员的得分统计

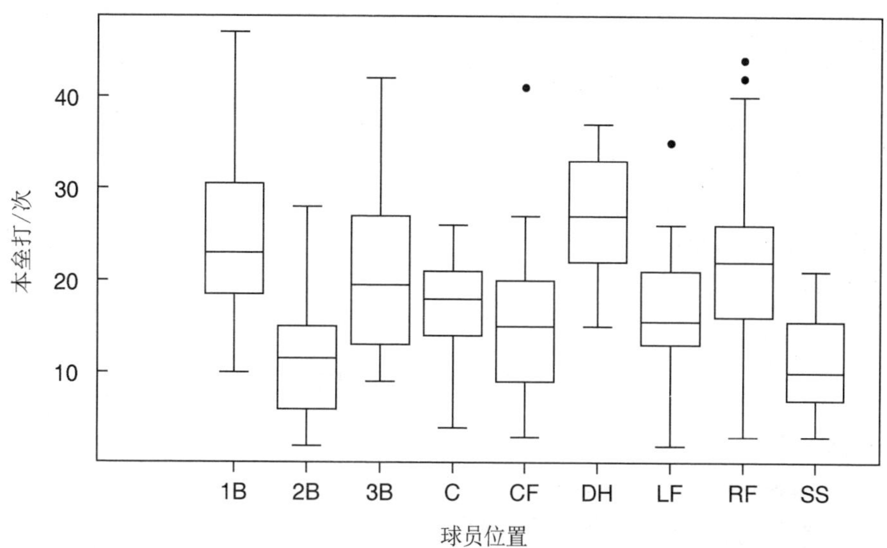

1B：一垒手；2B：二垒手；3B：三垒手；C：接手；CF：中外场手；
DH：指定击球员；LF：左外场手；RF：右外场手；SS：游击手。

图 7.4　MLB 不同位置球员的本垒打统计

框 7.2 为 MLB 赛时击球表现分析（R 语言），用于分析美国职业棒球大联盟比赛时球员击球性能指标，它探讨了不同打击力测量方法之间的关系，包括安打率、上垒率、得分打和本垒打。

框 7.2　MLB 赛时击球表现分析(R 语言)

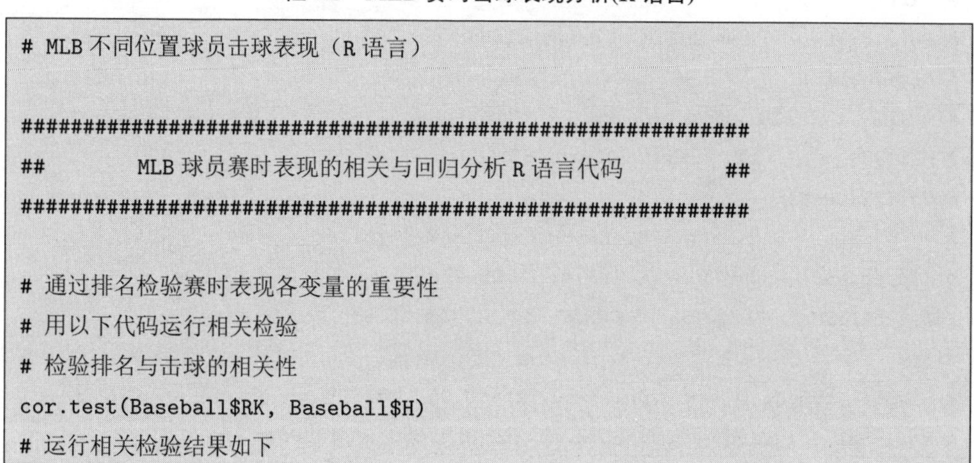

```
# MLB 不同位置球员击球表现（R 语言）

##############################################################
##          MLB 球员赛时表现的相关与回归分析 R 语言代码          ##
##############################################################

# 通过排名检验赛时表现各变量的重要性
# 用以下代码运行相关检验
# 检验排名与击球的相关性
cor.test(Baseball$RK, Baseball$H)
# 运行相关检验结果如下
```

```
# 皮尔逊相关系数
# data: Baseball$RK and Baseball$H
# t = -14.3143, df = 140, p-value < 2.2e-16
# 备选假设：真实相关不为 0
# 95%置信区间:
# -0.8301014 -0.6941799
# 样本预估:
# cor
# -0.7707694

# 制作散点图
plot(Baseball$RK, Baseball$H,
main="Correlation MLB Rank with Hits",
            xlab = "MLB Rank", ylab = "Hits")

# 既然已经得到强相关，接下来运行回归模型
# 为了检验击打数对排名的影响
# 运行如下代码
RankbyHitslinearmodel<-lm(Baseball$RK~Baseball$H)
summary(RankbyHitslinearmodel)

# Call:
# lm(formula = Baseball$RK ~ Baseball$H)
# Residuals:
#   Min        1Q   Median   3Q      Max
# -75.388  -16.708  2.953  20.246  57.880
# Coefficients:
#              Estimate Std. Error t value Pr(>|t|)
# (Intercept) 282.67155 14.91804  18.95 <2e-16 ***
# Baseball$H   -1.42265  0.09939 -14.31 <2e-16 ***
# ---
# Signif. codes: 0 *** 0.001 ** 0.01 * 0.05 . 0.1 1
# Residual standard error: 26.3 on 140 degrees of freedom
```

```
# Multiple R-squared: 0.5941, Adjusted R-squared: 0.5912
# F-statistic: 204.9 on 1 and 140 DF, p-value: < 2.2e-16
# 线性回归模型显示
# 击打数对排名有明显影响
# 可以说击打数能解释排名方差的 59%

# 检验排名与本垒打的相关性
cor.test(Baseball$RK, Baseball$HR)
# 皮尔逊相关系数
# data: Baseball$RK and Baseball$HR
# t = 0.0882, df = 140, p-value = 0.9299
# 备选假设：真实相关不为 0
# 95%置信区间：
# -0.1574690 0.1719677
# 样本预估：
# cor
# 0.007451552

# 绘制散点图
plot(Baseball$RK, Baseball$HR,
main="Correlation MLB Rank with Home Runs",
       xlab = "MLB Rank", ylab = "Home Runs")

# 运行回归模型
RankbyHomeRunslinearmodel<-lm(Baseball$RK~Baseball$HR)
summary(RankbyHomeRunslinearmodel)
# Call:
# lm(formula = Baseball$RK ~ Baseball$HR)

# Residuals:
#    Min      1Q  Median      3Q     Max
# -70.467 -35.513  -0.053  35.172  70.296
# Coefficients:
```

```
#                    Estimate Std. Error t value Pr(>|t|)
# (Intercept) 70.93497    7.07458   10.027 <2e-16 ***
# Baseball$HR 0.02958     0.33549   0.088    0.93
# ---
# Signif. codes: 0 *** 0.001 ** 0.01 * 0.05 . 0.1 1
# Residual standard error: 41.27 on 140 degrees of freedom
# Multiple R-squared: 5.553e-05, Adjusted R-squared: -0.007087
# F-statistic: 0.007774 on 1 and 140 DF, p-value: 0.9299
# 线性回归模型无统计学意义

# 检验排名与打击得分的相关性
cor.test(Baseball$RK, Baseball$RBI)
# 皮尔逊相关系数
# data: Baseball$RK and Baseball$RBI
# t = -2.2021, df = 140, p-value = 0.0293
# 备选假设：真实相关不为 0
# 95%置信区间：
# -0.33752164 -0.01880671
# 样本预估：
# cor
# -0.1829672

# 制图
plot(Baseball$RK, Baseball$RBI,
    main="Correlation MLB Rank with RBIs",
    xlab = "MLB Rank", ylab = "RBIs")

# 对排名与打击得分运行回归模型
RankbyRBIslinearmodel<-lm(Baseball$RK~Baseball$RBI)
summary(RankbyRBIslinearmodel)

# Call:
# lm(formula = Baseball$RK ~ Baseball$RBI)
```

```
# Residuals:
#     Min       1Q  Median     3Q     Max
# -78.949  -29.746  0.103  34.583  73.409
# Coefficients:
#               Estimate Std. Error t value  Pr(>|t|)
# (Intercept)  98.1805     12.5947    7.795 1.32e-12 ***
# Baseball$RBI -0.3746      0.1701   -2.202 0.0293 *
# ---
# Signif. codes: 0 *** 0.001 ** 0.01 * 0.05 . 0.1 1
# Residual standard error: 40.58 on 140 degrees of freedom
# Multiple R-squared: 0.03348, Adjusted R-squared: 0.02657
# F-statistic: 4.849 on 1 and 140 DF, p-value: 0.0293
# 线性回归模型显示
# 打击得分对排名有影响
# 可以说打击得分能解释排名方差的 3%

# 检验排名与上垒率的相关性
cor.test(Baseball$RK, Baseball$OBP)
# 皮尔逊相关系数
# data: Baseball$RK and Baseball$OBP
# t = -11.5397, df = 140, p-value < 2.2e-16
# 备选假设：真实相关不为 0
# 95%置信区间：
# -0.7739211 -0.6028090
# 样本预估：
# cor
# -0.6982052

# 制图
plot(Baseball$RK, Baseball$OBP,
    main="Correlation MLB Rank with OBP",
    xlab = "MLB Rank", ylab = "OBP")
```

```
# 对排名与上垒率运行线性回归模型
RankbyOBPlinearmodel<-lm(Baseball$RK~Baseball$OBP)
summary(RankbyOBPlinearmodel)
# Call:
# lm(formula = Baseball$RK ~ Baseball$OBP)
# Residuals:
#     Min      1Q    Median   3Q      Max
# -53.012 -21.558 -2.978 18.228 79.611
# Coefficients:
#              Estimate Std. Error t value Pr(>|t|)
# (Intercept)    346.94      24.00    14.46 <2e-16 ***
# Baseball$OBP -822.27      71.26   -11.54 <2e-16 ***

# ---
# Signif. codes: 0 *** 0.001 ** 0.01 * 0.05 . 0.1 1
# Residual standard error: 29.55 on 140 degrees of freedom
# Multiple R-squared: 0.4875, Adjusted R-squared: 0.4838
# F-statistic: 133.2 on 1 and 140 DF, p-value: < 2.2e-16
# 线性回归模型显示
# 上垒率对排名有明显影响
# 可以说上垒率能解释排名方差的 49%


# 检验排名与击球率的相关性
cor.test(Baseball$RK, Baseball$AVG_)
# 皮尔逊相关系数
# data: Baseball$RK and Baseball$AVG_
# t = -61.8568, df = 140, p-value < 2.2e-16
# 备选假设：真实相关不为 0
# 95%置信区间：
# -0.9871974 -0.9752558
# 样本预估：
# cor
```

```
# -0.9821926
# 强相关

# 制图
plot(Baseball$RK, Baseball$AVG_,
     main="Correlation MLB Rank with AVG",
     xlab = "MLB Rank", ylab = "AVG")
# 得到近乎理想的结果

# 对排名与击球率运行回归模型
RankbyAVGlinearmodel<-lm(Baseball$RK~Baseball$AVG_)
summary(RankbyAVGlinearmodel)
# Call:
# lm(formula = Baseball$RK ~ Baseball$AVG_)
# Residuals:
#      Min      1Q    Median    3Q      Max
# -27.773  -5.945   -1.770  5.792  34.342
# Coefficients:
#                     Estimate Std. Error t value Pr(>|t|)
# (Intercept)      503.008        7.007    71.79 <2e-16 ***
# Baseball$AVG_ -1586.834       25.653   -61.86 <2e-16 ***
# ---
# Signif. codes: 0 *** 0.001 ** 0.01 * 0.05 . 0.1 1
# Residual standard error: 7.754 on 140 degrees of freedom
# Multiple R-squared: 0.9647, Adjusted R-squared: 0.9645
# F-statistic: 3826 on 1 and 140 DF, p-value: < 2.2e-16
# 从图中看出击球率能对排名做出很好的预测
# 线性回归模型显示
# 击球率对排名有显著影响
# 可以说击球率能解释排名方差的 96%

# 运行函数检验排名与攻击指数的相关性
cor.test(Baseball$RK, Baseball$OPS)
```

```
# 皮尔逊相关系数
# data: Baseball$RK and Baseball$OPS
# t = -8.1836, df = 140, p-value = 1.521e-13
# 备选假设：真实相关不为0
# 95%置信区间：
# -0.6707184 -0.4458943
# 样本预估：
# cor
# -0.5688397

# 制图
plot(Baseball$RK, Baseball$OPS,
    main="Correlation MLB Rank with OPS",
    xlab = "MLB Rank", ylab = "OPS")

# 对排名与攻击指数运行回归模型
# RankbyOPSlinearmodel<-lm(Baseball$RK~Baseball$OPS)
# summary(RankbyOPSlinearmodel)
# Call:
# lm(formula = Baseball$RK ~ Baseball$OPS)
#     Min       1Q   Median      3Q     Max
# -71.644  -24.634  -1.681  23.856  80.445
# Coefficients:
#              Estimate Std. Error t value Pr(>|t|)
# (Intercept)    274.99    25.03   10.986 < 2e-16 ***
# Baseball$OPS -263.35    32.18   -8.184 1.52e-13 ***
# ---
# Signif. codes: 0 *** 0.001 ** 0.01 * 0.05 . 0.1 1
# Residual standard error: 33.94 on 140 degrees of freedom
# Multiple R-squared: 0.3236, Adjusted R-squared: 0.3187
# F-statistic: 66.97 on 1 and 140 DF, p-value: 1.521e-13
# 线性回归模型显示
# 攻击指数对排名有明显影响
```

```
# 可以说攻击指数能解释排名方差的 32%

# 检验排名与长打率的相关性
cor.test(Baseball$RK, Baseball$SLG)
# 皮尔逊相关系数
# data: Baseball$RK and Baseball$SLG
# t = -5.4978, df = 140, p-value = 1.768e-07
# 备选假设：真实相关不为 0
# 95%置信区间：
# -0.5480639 -0.2757957
# 样本预估：
# cor
# -0.4213792

# 制图
plot(Baseball$RK, Baseball$SLG,
     main="Correlation MLB Rank with SLG",
     xlab = "MLB Rank", ylab = "SLG")

# 对排名与长打率运行线性回归模型
RankbySLGlinearmodel<-lm(Baseball$RK~Baseball$SLG)
summary(RankbySLGlinearmodel)
# Call:
# lm(formula = Baseball$RK ~ Baseball$SLG)
# Residuals:
#     Min      1Q     Median  3Q     Max
# -74.999 -26.424 -1.709 28.642 70.927
# Coefficients:
#                Estimate Std. Error t value Pr(>|t|)
# (Intercept)   193.63        22.44    8.629 1.22e-14 ***
# Baseball$SLG -279.03        50.75   -5.498 1.77e-07 ***
# ---
# Signif. codes: 0 *** 0.001 ** 0.01 * 0.05 . 0.1 1
```

```
# Residual standard error: 37.43 on 140 degrees of freedom
# Multiple R-squared: 0.1776, Adjusted R-squared: 0.1717
# F-statistic: 30.23 on 1 and 140 DF, p-value: 1.768e-07
# 线性回归模型显示
# 长打率对排名有影响
# 可以说长打率能解释排名方差的 18%

# 对所有影响因子运行多重线性回归模型
mlr<-lm(Baseball$RK ~ Baseball$H + Baseball$HR + Baseball$RBI +
    Baseball$OBP + Baseball$AVG_ + Baseball$OPS + Baseball$SLG)
# 得到数据描述
summary(mlr)
# Call:
# lm(formula = Baseball$RK ~ Baseball$H + Baseball$HR + Baseball$RBI +
#       Baseball$OBP + Baseball$AVG_ + Baseball$OPS + Baseball$SLG)
# Residuals:
#   Min      1Q     Median   3Q    Max
# -29.502 -5.891 -1.577 5.220 33.215
# Coefficients:
#                   Estimate      Std. Error  t  value  Pr(>|t|)
# (Intercept)        5.028e+02     7.684e+00    65.431    <2e-16 ***
# Baseball$H        -1.302e-02     6.162e-02    -0.211     0.833
# Baseball$HR        6.847e-02     2.887e-01     0.237     0.813
# Baseball$RBI      -5.205e-02     6.660e-02    -0.782     0.436
# Baseball$OBP       1.160e+03     1.366e+03     0.849     0.397
# Baseball$AVG_     -1.580e+03     9.130e+01   -17.304    <2e-16 ***
# Baseball$OPS      -1.151e+03     1.363e+03     0.811     0.400
# Baseball$SLG       1.150e+03     1.359e+03     0.846     0.399
# ---
# Signif. codes: 0 *** 0.001 ** 0.01 * 0.05 . 0.1 1
# Residual standard error: 7.871 on 134 degrees of freedom
# Multiple R-squared: 0.9652, Adjusted R-squared: 0.9634
# F-statistic: 530.8 on 7 and 134 DF, p-value: < 2.2e-16
```

```
# 多重线性回归模型结果显示
# 在对其他因素进行控制后，击球率仍是预测排名最重要的因素


# 所有分析的结果显示
# 不仅是给定的因素，运动项目及其运动表现各因素的任何组合都可能改变模型
```

第八章　足球运动表现测试与评估（金球分析）

我花了 17 年零 114 天，才有了那一夜成名。

——利昂内尔·梅西（Lionel Messi）

我们称为足球的运动在全世界被公认为“Futbol”。尽管关于早期足球的起源有很多不同的版本，但根据文字记载，早在三千多年前中国就有了一项类似足球的运动——蹴鞠，它是把一个皮球踢进一个洞里。其他的足球历史学家注意到，当这项运动在东半球盛行时，西半球的美洲土著部落也在玩一种叫作“pasuckuakohowog”的踢球游戏，译为“他们聚在一起用脚踢球”。研究者还在日本、埃及和希腊发现了这项运动的痕迹，时间是在欧洲和美国流行足球运动之前。事实上，踢球游戏可以被用于训练战士，从而为战斗做准备。

在美洲，公元 600～1600 年的踢球活动历史被记录了下来。在那个时期，中美洲的古老居民就有了球队，规则是，在指定区域周围放置篮子，目标是把一个橡皮球踢进篮子里。现代足球起源于英格兰，尽管在皇室眼中它是一项不被认可的运动。英国皇室甚至因其暴力性质和引起骚动而囚禁了该项目的运动员，最终导致它在当时被禁。

尽管发生了由足球而引起的骚动事件，剑桥大学还是在 1848 年制定了竞赛规则，该规则被称为剑桥规则。现代足球这项运动就此发展起来，并开始在英国的中小学和大学流行。官方的足球规则，即足球比赛的规则，是由现在被公认为“足球之父”的科布·莫利（Cobb Morley）制定的。这些规则最终在1863年被英国足协接受，并经受住了时间的考验。足球的第一个管理机构是足球协会（Football Association），因此这项运动最初被称为协会足球（association football）。随着时间的推移，这个长名字被缩短为足球（soccer）。

首届官方足协杯于1872年举行，联赛开始于19世纪末20世纪初。欧洲足协的管理机构是1971年成立的欧洲足联（Union of European Football Association，UEFA）。几十年后，足球传入美国，1996年美国职业足球大联盟（Major League Soccer，MLS）成立。

除了联赛、季后赛，各国还会参加每四年一次的由国际足球联合会（Fédération Internationale de Football Association，FIFA）举办的世界杯，这是全世界观看人数最多的体育赛事。众所周知的足球传奇人物包括贝利（Pele）、迭戈·马拉多纳（Diego Maradona）、罗纳尔多（Ronaldo）、罗纳尔迪尼奥（Ronaldinho）、大卫·贝克汉姆（David Beckham）、齐内丁·齐达内（Zinedine Zidane）、路易斯·恩里克（Luis Enrique）、罗伯托·卡洛斯（Roberto Carlos），以及足球传奇人物的利昂内尔·梅西和克里斯蒂亚诺·罗纳尔多（Cristiano Ronaldo）。

足球比赛中每队各派11名队员参加，除了守门员，其余队员禁止用手触球。比赛时间为90分钟，分为上、下半场，中场休息15分钟后，球队交换位置。目标是将球射入对方的球门内，得分多的一队获胜。

当足球越过球门线时，进攻球队就算作进了一球。在足球比赛中，曾经有一个突然死亡法的加时赛，双方都需要在加时赛中进球，而加时赛中的制胜球被称为“黄金进球”。如果两支球队在30分钟的加时赛内都没有进球，则直接进行点球大战决定胜负。当球员在自己的禁区内犯规时，也会进行罚球。犯规的球员还将得到一张黄牌或红牌，裁判的黄牌代表警告，两张黄牌相当于一张红牌。当一名球员严重犯规时，他就会被红牌罚下，不仅会被要求立即离场，还会在接下来的比赛中被停赛。

现代比赛中使用的足球内层为乳胶球囊，外层沿边缘缝合。足球的官方尺寸是直径22厘米。

国际足球联合会认可的足球通常是高质量的球，因为已经进行了吸水性、球压、球体形状和大小保持能力的严格测试，以确保它适用于比赛，球的重量在410～450克。

官方足球场的尺寸通常长 115 码（约 105.16 米），宽 74 码（约 67.67 米）。场地由多个标记区域组成，包括球门线、中线、中心圆、中心点、禁区［18 码（约 16.46 米）处］、罚球区、罚球弧、球门区［6 码（约 5.49 米）处］、角球区和技术区。足球服装相当简单，由一件背面印有球员姓名和号码的球衣、短裤、护腿板和专用球鞋组成。守门员需要额外的护具和手套来接球。

足球比赛中一支队伍由 11 名球员组成，他们可以分为四个不同的类别，第一类是守门员，第二类是后卫（边后卫），第三类是中场（前卫），第四类是前锋。

这 11 名球员位置可以随时变动，这意味着根据阵型的不同，场上的后卫、中场和前锋的数量可以随之增加或减少。在当今的比赛中有两种非常流行的阵型：一种是4–4–2阵型，即由4名后卫、4名中场、2名前锋和守门员组成；另一种是4–3–3阵型，即由 4 名后卫、3 名中场、3 名前锋和守门员组成。

后卫、中场和前锋的数量可能会根据比赛策略的不同而有所不同，这取决于教练是想采用进攻还是防守的打法。了解阵型是很重要的，因为在大多数情况下，可以通过阵型来判断球队是采用进攻型、平衡型还是防守型打法。一支具有进攻风格的球队总是在进攻中试图找到得分的方法。典型的进攻阵型包括 4–4–2、4–3–3、4–2–4、3–4–3 和 3–5–2。如果一支球队的守门员实力不是很强，或者对手的进攻实力非常强，那么采用防守的打法可能会更好。因此，球队可以采用 4–5–1、5–3–2 或通用的 4–4–2 阵型。想了解关于比赛的更多信息可参见足球术语表。

关于职业足球运动员的身体和心理测量的文献揭示了非常有趣的结果。兰皮尼尼等研究了重复冲刺能力（repeated-sprint ability，RSA）训练，该方案包括 1～7 秒的最大速度冲刺，中间有短暂的恢复时间（Rampinini et al.，2007）。他们发现 RSA 比单一的冲刺更能准确地评估足球运动员的无氧能力。该评估通过一个名为 ProZone 的视频计算机匹配分析图像识别系统进行量化。RSA 能够模拟实时足球比赛，因此它被认为是一种更精确的比赛成绩测量方法。另一项是对职业足球运动员的人体测量学和年龄特征进行的研究，结果发现不同年龄职业足球运动员在比赛成绩上没有显著差异。兰皮尼尼等的研究表明，现在的守门员、中场和前锋都比 40 年前在这些位置的球员更年长且更高。此外，这项研究还发现，中场球员和边路球员的身体质量指数（BMI）和体重指数（测量身体瘦度的指标）都低于足球场上处于中心位置的球员。

2010 年，研究人员开发了一项模拟足球比赛的测试，该测试被称为球类运动耐力和短跑测试，威廉姆斯等将其称为 BEAST90 测试（Williams et al.，2010）。这项评估是根据真实足球比赛中的动作模式和体能需求进行的。为了评估该方案的有效性和可靠性，对业余足球运动员进行了测试。通过对 15 名业余足球运动员跑动距离、峰值心率和摄氧量等进行重复测量（间隔 7 天），考察两次测量结果的相关度，确定该测试的有效性和可靠性。如果两次测试的数据具有相关性，没有显著差异，则证实 BEAST90 方案的可靠性和有效性。此方案通常被用来评估 90 分钟足球比赛中运动员的心肺耐力和无氧能力。

有关足球运动员心理评估的文献很少，菲莱尔等调查了 17 名男性职业足球运动员的情绪状态。研究结果显示，踢得好的职业足球运动员在足球比赛中表现积极且状态较佳（Filaire et al .，2001）。另外，他们发现，踢得不好的职业足球运动员在比赛中的积极性会显著下降，紧张和沮丧程度会随之增加。

伍兹等（2003）指出运动员表现出消极的态度与缺乏强大的心理、拥有易受伤体质及受伤恢复缓慢有关。由于足球运动的特性，与其他运动项目相比，足球运动员大腿肌肉拉伤（23%）、膝盖受伤（17%）和脚踝受伤（17%）的比例更高。

另一项研究考察了足球运动员下肢肌肉和无氧能力之间的关系（Robineau et al.，2012）。研究人员专门评估了股四头肌和腘绳肌群，因为它们与冲刺速度、下蹲跳和反向跳的高度有关。他们发现，随着足球比赛的进行，下蹲跳高度和冲刺速度会显著降低，而反向跳的高度则没有变化。这意味着下蹲跳可能是一个更适合衡量足球运动员无氧能力的指标。

查马里等究了下肢爆发力，利用改进后的五级跨步跳（绝对距离、绝对距离与下肢等动力量比值、体重×绝对距离）与下蹲跳、反向跳进行了相关性研究。他们将五级跨步跳测试称为 5JT，并对 15 名优秀足球运动员进行了测试。他们发现 5JT 与标准下蹲跳和反向跳都显著正相关（Chamari et al.，2008）研。

查马里等（2008）提出 5JT 也可以作为无氧能力的评价指标。此外，他们还指出，在一场足球比赛中，不同角色球员的跑动总距离存在显著差异，中场和前锋的总跑动距离约为 12 千米，而后卫的跑动距离通常约为 10 千米。虽然对足球运动员运动表现的研究比其他体育项目更为丰富，但是我们仍有很长的一段路要走。

速度、灵敏性和无氧能力通常是足球项目的典型评估指标。欧足联训练场和国际足球联合会网站是美国职业足球大联盟（MLS）的各支球队及其他寻求测试和评估足球运动表现的研究人员经常使用的重要来源，但必须意识到，应该针对不同位置的球员设计具体的测试和评估方案，仔细研究每个位置的作用，可以利用获取的信息制定更具相关性和预测性的足球运动表现评估方法。

后卫球员通常需要更强的无氧能力，而不是有氧能力。后卫球员的足球技术水平往往较低，但与中场和前锋球员相比，他们的抢断能力更强。如前所述，中心位置的球员，特别是中后卫，要比左、右后卫都高。处在清道夫位置上的球员通常体型比较小，速度比较快。应利用第二章所制定的评估方法，评估后卫的无氧能力、灵敏性和下肢肌肉力量。此外，公认的后卫的心理素质包括高水平的动机、毅力和韧性。相关的心理评估包括 SMS－6、MMPI 和 16PF。

一名中场球员，无论是进攻型还是防守型，都应该具有极高的有氧能力和无氧能力。如果一名中场球员个子高，他也许会有一些优势，如争得头球；而一名矮小的中场球员在躲避后卫时可能会更快、更灵活。中场球员也要有看清比赛形势、发现队友、准确传球和组织进攻的能力。在所有的足球位置中，中场球员可以控制比赛的节奏。他们必须要有从防守转换到进攻，把球传给前锋，也要有自己创造机会射门的一些能力。因此强烈建议对中场球员进行有氧能力和无氧能力测试。此外，建议将 BEAST90 用于测试和训练中，因为它既有有氧能力的特性又包含无氧能力的特性。同时，也建议对中场球员的下肢肌肉耐力和力量进行评估。中场位置要求球员具有较高的灵活性、在压力下思考的能力、控制比赛的能力，以及快速的反应和决策能力。因此，我们建议使用冰山剖面图、CSAI－2R、Wonderlic 和 IAT 来评估中场球员的自信和焦虑程度、认知能力和反应时间。

前锋会因进球获得很多荣誉。前锋分为高前锋和矮前锋。前锋需要有快速的决策能力和进球能力，因此，前锋应该有较高水平的无氧能力，极高的射门命中率，出色的视野、预测能力和一击致命的能力。他们必须有能力克服压力并进球。对于这个位置的球员，强烈建议使用无氧能力测试，如跳跃测试、灵敏测试。

至于评估对前锋至关重要的得分能力所需的技能和技术，应该采用类似于 NBA 球员采取的模拟比赛的训练模式（定点射球和运球射球）。例如，对于一名前锋来说，把训练和评估结合起来可能是有效果的，包括运球并传球给后卫，从场地的每一边射门得分等。这样的训练将有助于更好地评估前锋技能和预测未来比赛中前锋的表现。推荐使用 IAT 评估球员视野范围和反应时间。

SOQ 和 TSCI 是很好的信心测评方法，可以反映球员应对较大压力的能力。MMPI、TAT 和 16PF 可以用来评估球员的性格，但目前还没有一种诊断方法能够量化“杀手本能”。

一名守门员需要有出色的前瞻能力、手眼协调能力、快速反应能力和无氧能力。推荐的测试包括 IAT、肩关节灵活性测试、躯干旋转测试和静态下蹲跳测试。另外，一名守门员应该具有某些特定心理特征。守门员的位置很偏，因此，守门员应该有一定程度的独立性，这可以通过使用 16PF 或 MMPI 来评估。

在足球比赛结束时，守门员会有两种感觉：一种是胜利者的感觉，另一种是失败者的感觉。守门员必须极度专注，因此其进入球门区保持心流状态的能力应该使用心流体验或心流状态量表来评估。在得分上，守门员应具有“短期记忆”，以免影响接下来比赛的表现。

将身体和心理结构的评估与分析相结合，可以开发出一种新的、更好的足球战术制定方法和足球表现预测方法。直到目前，足球分析一直处于停滞状态。一本关于足球的书《比赛数据》（*The Numbers Game*）揭示了足球分析师一直在研究球员的控球情况（Anderson and Sally，2013）。令人震惊的是，99%的球员没有控球，98.5%的球员在跑动时没有控球。在整场足球比赛中，典型的足球运动员平均控球时间为 53.4 秒（Anderson and Sally，2013）。

运动数据分析一直是体育科研的热点，运动员、教练和球队管理层利用其优化竞技表现，以期获得胜利。堪萨斯城 MLS 队的主教练彼得·弗穆就以利用运动数据科学来优化球员表现，防止球员受伤而闻名。他说：“你要考虑的是，你要对你的队员进行什么样的训练，或者是练习，这些对你的比赛模式是非常有用的，又或者实际上是有害的……不管你如何进行训练，只要你了解了它的科学性，就可以按照自己的模式训练你的团队。”（Schaerlaeckens，2015）

有关足球生理学的更多信息，请参阅邦斯博（Bangsbo，1993）和斯特伦等（Stølen et al.，2005）的研究。塔斯金回顾了与运动相关的身体评估（Taskin，2008），邦斯博和佩特森（Bangsbo and Peitersen，2000）和安德森和萨莉（Anderson and Sally，2013）也讨论了足球分析和战术。

表 8.1 显示了欧洲冠军联赛期间领先的得分手。表 8.2 显示了欧洲冠军联赛期

间的助攻数。表 8.3 列出了足球关键表现指标及缩写。

表 8.1　欧洲冠军联赛期间领先的得分手

球员	球队	位置	得分	比赛时长/分钟
内马尔（Neymar）	巴塞罗那（Barcelona）	3	10	1 026
克里斯蒂亚诺·罗纳尔多（Cristiano Ronaldo）	皇家马德里（Real Madrid）	3	10	1 065
利昂内尔·梅西（Lionel Messi）	巴塞罗那（Barcelona）	3	10	1 147
路易斯·阿德里亚诺（Luiz Adriano）	顿涅茨克（Shakhtar Donetsk）	3	9	628
杰克逊·马丁内斯（Jackson Martínez）	波尔图（Porto）	3	7	629
托马斯·穆勒（Thomas Müller）	拜仁（Bayern）	2	7	777
路易斯·苏亚雷斯（Luis Suárez）	巴塞罗那（Barcelona）	3	7	827
卡洛斯·特维斯（Carlos Tévez）	尤文图斯（Juventus）	3	7	1 156
塞尔希奥·阿奎罗（Sergio Agüero）	曼城（Man. City）	3	6	550
卡里姆·本泽马（Karim Benzema）	皇家马德里（Real Madrid）	3	6	664
爱丁森·卡瓦尼（Edinson Cavani）	巴黎（Paris）	3	6	920
罗伯特·莱万多夫斯基（Robert Lewandowski）	拜仁（Bayern）	3	6	932
克拉斯–简·亨特拉尔（Klaas-Jan Huntelaar）	沙尔克（Schalke）	3	5	663

续表

球员	球队	位置	得分	比赛时长/分钟
雅辛・卜拉希米（Yacine Brahimi）	波尔图（Porto）	2	5	682
阿尔瓦罗・莫拉塔（Álvaro Morata）	尤文图斯（Juventus）	3	5	744
马里奥・曼朱基奇（Mario Mandžukić）	马德里竞技（Atletico）	3	5	832
西罗・因莫比莱（Ciro Immobile）	多特蒙德（Dortmund）	3	4	404
纳尼（Nani）	里斯本竞技（Sporting CP）	2	4	449
马里奥・格策（Mario Götze）	拜仁（Bayern）	2	4	747
阿德里安・拉莫斯（Adrián Ramos）	多特蒙德（Dortmund）	3	3	98
卢卡斯・波多尔斯基（Lukas Podolski）	阿森纳（Arsenal）	4	3	127
文森特・阿布巴卡（Vincent Aboubakar）	波尔图（Porto）	3	3	271
马尔科・罗伊斯（Marco Reus）	多特蒙德（Dortmund）	4	3	341
弗兰克・里贝里（Franck Ribéry）	拜仁（Bayern）	2	3	387
阿伦・拉姆齐（Aaron Ramsey）	阿森纳（Arsenal）	2	3	404
赛义杜・敦比亚（Seydou Doumbia）	莫斯科中央陆军（CSKA Moskva）	3	3	405
热尔维尼奥（Gervinho）	罗马（AS Roma）	3	3	434

续表

球员	球队	位置	得分	比赛时长/分钟
里卡多·夸雷斯玛（Ricardo Quaresma）	波尔图（Porto）	2	3	469
丹尼·维尔贝克（Danny Welbeck）	阿森纳（Arsenal）	3	3	500
拉瑟·舍内（Lasse Schöne）	阿贾克斯（Ajax）	3	3	501

表 8.2 欧洲冠军联赛期间的助攻数

球员	球队	位置	得分	比赛时长/分钟
利昂内尔·梅西（Lionel Messi）	巴塞罗那（Barcelona）	3	6	1 147
安德雷斯·伊涅斯塔（Andrés Iniesta）	巴塞罗那（Barcelona）	2	5	786
巴斯蒂安·施魏因斯泰格（Bastian Schweinsteiger）	拜仁（Bayern）	2	4	456
塞斯克·法布雷加斯（Cesc Fàbregas）	切尔西（Chelsea）	2	4	696
科克（Koke）	马德里竞技（Atlético）	2	4	961
丹妮·阿尔维斯（Dani Alves）	巴塞罗那（Barcelona）	1	4	1 065
克里斯蒂亚诺·罗纳尔多（Cristiano Ronaldo）	皇家马德里（Real Madrid）	3	4	391
帕伊蒂姆·卡萨米（Pajtim Kasami）	奥林匹亚科斯（Olympiacos）	3	3	392
卢卡什·皮什切克（Łukasz Piszczek）	多特蒙德（Dortmund）	1	3	397
佩德罗·罗德里格斯（Pedro Rodriguez）	巴塞罗那（Barcelona）	4	3	654
伊登·阿扎尔（Eden Hazard）	切尔西（Chelsea）	4	3	670

续表

球员	球队	位置	得分	比赛时长/分钟
法比安·弗雷（Fabian Frei）	巴塞尔（Basel）	3	3	682
雅辛·布拉希米（Yacine Brahimi）	波尔图（Porto）	4	3	712
卡里姆·贝拉拉比（Karim Bellarabi）	勒沃库森（Leverkusen）	2	3	777
托马斯·穆勒（Thomas Müller）	拜仁（Bayern）	3	3	789
赫克托·赫雷拉（Hector Herrera）	波尔图（Porto）	2	3	789
格雷戈里·范德维尔（Gregory van der Wiel）	巴黎（Paris）	2	3	812
路易斯·苏亚雷斯（Luis Suárez）	巴塞罗那（Barcelona）	3	3	827
保罗·博格巴（Paul Pogba）	尤文图斯（Juventus）	2	3	833
胡安弗兰（Juanfran）	马德里竞技（Atletico）	2	3	930
罗伯特·莱万多夫斯基（Robert Lewandowski）	拜仁（Bayern）	3	3	932
托尼·克罗斯（Toni Kroos）	皇家马德里（Real Madrid）	3	3	968
杰罗姆·博滕（Jérôme Boateng）	拜仁（Bayern）	1	3	990
卡洛斯·特维斯（Carlos Tévez）	尤文图斯（Juventus）	3	3	1 156
拉菲尼亚（Rafinha）	巴塞罗那（Barcelona）	2	2	114
伯纳德（Bernard）	顿涅茨克（Shakhtar Donetsk）	4	2	158
里卡多·基什纳（Ricardo Kishna）	阿贾克斯（Ajax）	3	2	241

续表

球员	球队	位置	得分	比赛时长/分钟
胡安·曼努埃尔·伊图尔韦（Juan Manuel Iturbe）	罗马（Roma）	3	2	244
阿卡迪乌什·米利克（Arkadiusz Milik）	阿贾克斯（Ajax）	3	2	256
杰斐逊（Jefferson）	里斯本竞技（Sporting CP）	1	2	270

表 8.3　足球关键表现指标及缩写

表现指标	缩写
助攻（Assists）	A
平均射门次数（Average goals expected per shot）	ExpG
完成率（Completed percentage）	CPM%
角球（Corner kicks）	CK
前锋完成率（Forward completed percentage）	Forward Comp%
前锋传球完成率（Forward pass percentage）	Forward Pass%
犯规（Fouls committed）	FC
被犯规（Fouls suffered）	FS
制胜球（Game winning goals）	GWG
比赛数（Games played）	GP
已开始比赛（Games started）	GS
进球百分比（Goal percentage）	GP%
进球（Goals）	G
进球高于平均（Goals above average）	GAA
被进球数（Goals against）	GA
进球数（Goals for）	GF

续表

表现指标	缩写
比赛时间（Minutes）	Min
越位（Offsides）	OFF
传球次数（Passes attempted）	PA
传球完成（Passes completed）	PC
点球次数（Penalty kick attempts）	PKA
点球进球（Penalty kick goals）	PKG
点球扑救（Penalty kick saves）	PKS
扑救（Saves）	SV
射门（Shots）	SHT
射门得分（Shots on goal）	SOG
零封完胜（Shutouts）	SO

图 8.1 显示了不同位置球员（欧足联）助攻数。图 8.2 显示了不同位置球员（欧足联）进球数。框 8.1 为欧冠助攻和进球得分分析（R 语言），是一份用于分析欧冠领跑球员在助攻和进球方面表现的清单。

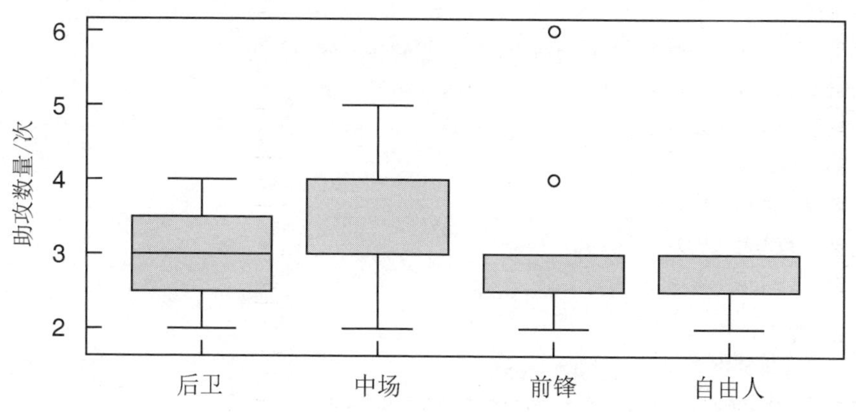

图 8.1　不同位置球员（欧足联）助攻数

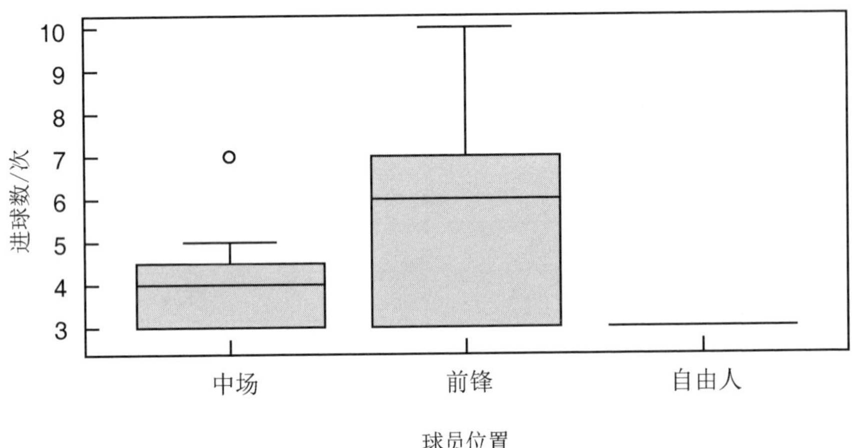

图 8.2　不同位置球员（欧足联）进球数

框 8.1　欧冠助攻和进球得分分析（R 语言）

```
# 欧冠助攻和进球得分分析（R 语言）

########################################
##          金球分析 R 语言代码          ##
########################################
# 读入数据
setwd('/Users/Desktop/PerformanceMeasurementAnalytics/soccer')
SoccerAssists <- read.csv('goalassist.csv')
SoccerGoalsScored <- read.csv('goalscored.csv')

# 检查数据结构
str(SoccerAssists)
str(SoccerGoalsScored)

# 将位置变量转为字符型
SoccerAssists$Position <- as.character(SoccerAssists$Position)
SoccerGoalsScored$Position <- as.character(SoccerGoalsScored$Position)

# 检验时间和助攻的关系
```

```
# 发现此数据集中两者没有相关性
# 因此在回归模型中不考虑
AssistsTimeModel1 <- lm(Time ~ Position, data = SoccerAssists)

# 获取回归模型数据描述
summary(AssistsTimeModel1)

####################################################
##                    欧冠最佳助攻                   ##
####################################################

# 对球员的位置与助攻数运行线性回归模型
AssistsbyPositionLinearModel2 <- lm(Assists ~ Position, data = SoccerAssists)

# 获取数据描述
summary(AssistsbyPositionLinearModel2)

# 对球员的位置与助攻数运行方差模型
AssistsbyPositionANOVAModel3 <- aov(Assists ~ Position, data = SoccerAssists)

# 获取数据描述
summary(AssistsbyPositionANOVAModel3)

# 若数据不服从正态分布，则用更可靠的秩和检验
kruskal.test(Assists ~ factor(Position), data = SoccerAssists)

# 用泊松回归模型，运行以 log()为连接函数的对数线性回归
AssistsbyPositionsPoissonModel4 <- glm(Assists ~ Position,
                                       data = SoccerAssists, family = poisson)

# 获取数据描述
summary(AssistsbyPositionsPoissonModel4)
# 通过箱形图
#不同位置的球员间助攻数有差异
```

```
# 然而并没有统计学意义
# 不过箱形图确实展示了一个趋势
# 中场位置球员有更多的助攻

# 绘图
# 开一个空间进行存储
pdf('SoccerAssists.pdf', height = 4, width = 4 * (1 + sqrt(5)) / 2)
            # 使用的变量
            with(SoccerAssists, boxplot(Assists ~ Position,
            # Changes x and y labels
            xlab = 'Soccer Player Position', ylab = 'Assists',
            # Names under the boxplots
            names = c('Defender', 'Midfielder', 'Forward', 'Hybrid'),
            # Color - see color chart
            col = 'gray92',
            # Main title
            main = 'Number of Assists by Player Position (UEFA)',
            # Size of x and y labels
            cex.lab = 1.2))
# 关闭图形设备
dev.off()

#########################################################
##                    欧冠最佳进球得分                    ##
#########################################################

# 对球员的位置与进球数运行线性回归模型，而后运行方差模型
SoccerGoalsScoredLinearModel1 <- lm(Total ~ Position, data = SoccerGoalsScored)
SoccerGoalsScoredANOVAModel2 <- aov(Total ~ Position, data = SoccerGoalsScored)

# 若数据不服从正态分布，则用更可靠的秩和检验
kruskal.test(Total ~ factor(Position), data = SoccerGoalsScored)
```

```
# 用泊松回归模型，运行以 log()为连接函数的对数线性回归
SoccerGoalsScoredPoissonModel3 <- glm(Total ~ Position,
                                       data = SoccerGoalsScored, family = poisson)

# 通过箱形图
# 看起来不同球员位置间进球数有差异
# 然而并没有统计学意义
# 不过箱形图确实展示了一个趋势
# 前锋位置球员有更多的进球
# 没有统计学差异可能是因为样本量较小
# 这些数据来源于世界顶尖球员
# 这种情况下，中场球员也有着高进球记录

# 绘图
# 开一个空间进行存储
pdf('SoccerGoalsScored.pdf', height = 4, width = 4 * (1 + sqrt(5)) / 2)
# 使用的变量


          with(SoccerGoalsScored, boxplot(Total ~ Position,
          # Changes x and y labels
          xlab = 'Soccer Player Position', ylab = 'Total Goals',
          # Names under the boxplots
          names = c('Midfielder', 'Forward', 'Hybrid'),
          # Color - see color chart
          col = 'gray92',
          # Main title
          main = 'Number of Goals Scored by Player (UEFA)',
          # Size of x and y labels
          cex.lab = 1.2))
# 关闭图形设备
dev.off()
```

```
############################################################
##                     欧冠不同位置球员的表现                  ##
############################################################

# 读取数据
setwd('/Users/Desktop/PerformanceMeasurementAnalytics/soccer')
UEFAdefenders <- read.csv('UEFAdefense.csv')
UEFAgoalies <- read.csv('UEFAgoalies.csv')
UEFAmidfielders <- read.csv('UEFAmidfielder.csv')

# 将读入的三个文件行合并并命名为 uefa
uefa <- rbind(UEFAdefenders, UEFAgoalies, UEFAmidfielders)
uefa$Position <- c(rep('Defender', nrow(UEFAdefenders)),
                   rep('Goalie', nrow(UEFAgoalies)),
                   rep('Midfielder', nrow(UEFAmidfielders)))

# 剔除有缺失值的行
uefa <- uefa[!is.na(uefa$PA), ]

# 呈现数据描述
summary(uefa)
```

框 8.2 为欧冠尝试传球和成功传球分析（R 语言），是对欧冠主要足球运动员表现的额外分析。图 8.3 显示了不同位置球员（欧足联）的传球。图 8.4 显示了不同位置球员（欧足联）完成的传球。

框 8.2　欧冠尝试传球和成功传球分析（R 语言）

```
# 欧冠尝试传球和成功传球分析（R 语言）

####################################
##         金球分析 R 语言代码        ##
####################################
```

```
# 读入数据
setwd('/Users/Desktop/PerformanceMeasurementAnalytics/soccer')
SoccerAssists <- read.csv('goalassist.csv')
SoccerGoalsScored <- read.csv('goalscored.csv')

# 检查数据结构
str(SoccerAssists)
str(SoccerGoalsScored)

# 将位置变量转为字符型
SoccerAssists$Position <- as.character(SoccerAssists$Position)
SoccerGoalsScored$Position <- as.character(SoccerGoalsScored$Position)

# 读入数据
setwd('/Users/Desktop/PerformanceMeasurementAnalytics/soccer')
UEFAdefenders <- read.csv('UEFAdefense.csv')
UEFAgoalies <- read.csv('UEFAgoalies.csv')
UEFAmidfielders <- read.csv('UEFAmidfielder.csv')

# 将读入的三个文件行合并并命名为uefa
uefa <- rbind(UEFAdefenders, UEFAgoalies, UEFAmidfielders)
uefa$Position <- c(rep('Defender', nrow(UEFAdefenders)),
                   rep('Goalie', nrow(UEFAgoalies)),
                   rep('Midfielder', nrow(UEFAmidfielders)))

# 剔除有缺失值的行
uefa <- uefa[!is.na(uefa$PA), ]

# 呈现数据描述
summary(uefa)

############################################################
##              欧冠不同位置球员的尝试传球                    ##
############################################################
```

```
# 对球员位置与尝试传球数运行线性回归模型
PassAttemptsbyPositionLinearModel1 <- lm(PA ~ Position, data = uefa)

# 如果不想数据包含异常值
# 用 tapply 函数检查中位数
# 因为平均值会被异常值影响
tapply(uefa$PA, uefa$Position, median)
tapply(uefa$PA, uefa$Position, mean)

# 秩和检验（等效于无参的方差分析）
kruskal.test(PA ~ factor(Position), data = uefa)

# 输出如下
# Kruskal-Wallis rank sum test
# data: PA by factor(Position)
# Kruskal-Wallis chi-squared = 2.7198, df = 2, p-value = 0.2567
# 对于数据集里的样本，不同位置球员尝试传球次数无显著差异
# 通过图像可知某些位置确实进行了更多的传球尝试
# 尽管结果没有统计学意义

# 绘图
# 开一个空间进行存储
pdf('UEFAPA.pdf', height = 4, width = 4 * (1 + sqrt(5)) / 2)
# 使用的变量
with(uefa, boxplot(PA ~ Position,
        # Changes x and y labels
        xlab = 'Position', ylab = 'Soccer Player Position',
        # Color - see color chart
        col = 'gray92',
        # Main title
        main = 'Number of Passes Attempted by Player Position (UEFA)',
        # Size of x and y labels
```

```
        cex.lab = 1.2))
# 关闭图形设备
dev.off()

############################################################
##                  欧冠不同位置球员的成功传球              ##
############################################################

# 对球员位置与成功传球数运行线性回归模型
PassesCompletedbyPositionLinearModel1 <- lm(PC ~ Position, data = uefa)

# 剔除有缺失值的行
uefa <- uefa[!is.na(uefa$PC), ]

# 对球员位置与尝试传球数运行线性回归模型
PassAttemptsbyPositionLinearModel1 <- lm(PC ~ Position, data = uefa)

# 如果不想数据包含异常值
# 用 tapply 函数检查中位数，因为平均值会被异常值影响
tapply(uefa$PC, uefa$Position, median)
tapply(uefa$PC, uefa$Position, mean)

# 秩和检验
kruskal.test(PC ~ factor(Position), data = uefa)

# 输出如下
# Kruskal-Wallis rank sum test
# data: PC by factor(Position)
# Kruskal-Wallis chi-squared = 6.5932, df = 2, p-value = 0.03701

# 不同位置球员成功传球数有显著差异
# p=0.03
```

```
# 绘图
# 开一个空间进行存储
pdf('UEFApassescompleted.pdf',
    height = 4, width = 4 * (1 + sqrt(5)) / 2)
# 使用的变量
with(uefa, boxplot(PC ~ Position,
          # Changes x and y labels
          xlab = 'Soccer Player Position',
          # Color - see color chart
          col = 'gray92',
          # Main title
          main = 'Number of Passes Completed by Player Position (UEFA)',
          # Size of x and y labels
          cex.lab = 1.2))
# 关闭图形设备
dev.off()
```

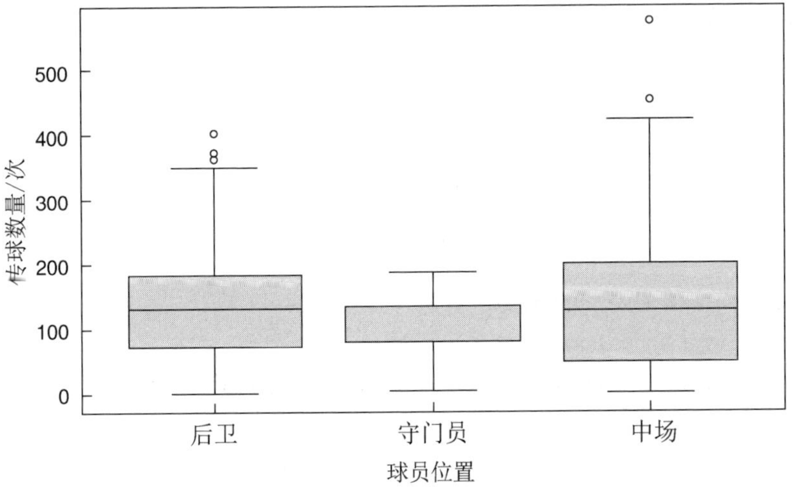

图 8.3　不同位置球员（欧足联）的传球

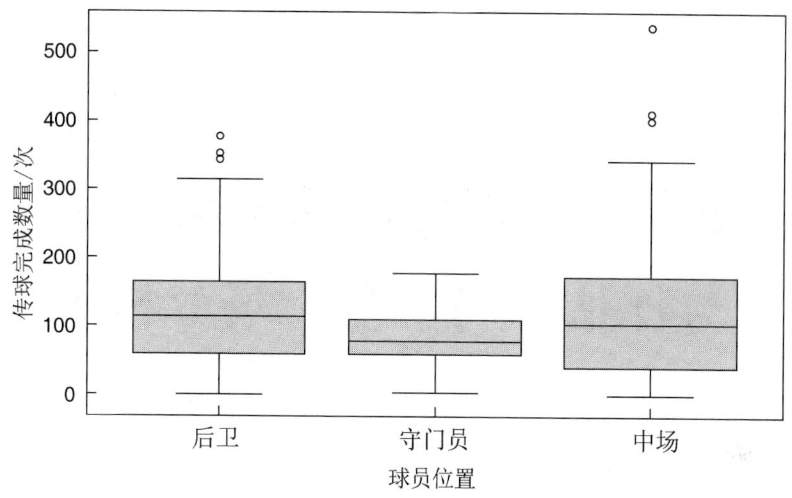

图 8.4　不同位置球员（欧足联）完成的传球

第九章　网球运动表现测试与评估（局、盘、场分析）

你必须掌控你的比赛，在决胜盘中信心至关重要。

——*克里斯·埃弗特*（Chris Evert）

众所周知，网球是一项贵族运动。据记载，网球运动起源于 13 世纪早期法国修道院的一种名为“jeu de paume”的游戏，意为用手掌击球。网球运动的名字“tennis”源于古法语“tenez”一词，有玩的含义。随着来自不同国家的国王都参与到这项运动中，网球运动赢得了只有皇室才能参与的精英运动的盛誉。“real”一词意为“皇室”，在英国此意被赋予到网球运动中，称为“real tennis”。

网球运动经历了由使用手掌，到戴有蹼的手套，再演化到用木板球拍的过程。16 世纪，木板球拍发展成一种穿上羊肠线的木制球拍，网球运动也从室内转移到室外。网球最初是由一个被沙子包围的软木芯和一层羊皮制成的，19 世纪中叶，橡胶网球出现并逐渐被网球运动员认可。

沃尔特·克洛普顿·温菲尔德（Walter Clopton Wingfield）少校推动了网球运动的发展。他因尝试不同大小的球场和球网而闻名。他发明了一种名为“sphairistike”的场地类游戏，被认为是草地网球的发明者。此后，草地网球运动迅速流行起来。1877 年，第一届世界男子网球锦标赛在英国温布尔登举行，七年后的 1884 年举行了第一届女子网球锦标赛。

温布尔登网球锦标赛后，美国网球公开赛、法国网球公开赛和澳大利亚网球公开赛相继设立。随着网球运动的不断发展，衍生出一系列的项目特色。第一，大满贯。大满贯是指在一年里连续赢得上述四项赛事的冠军。很少有运动员能取得如此成绩。大满贯运动员有唐·布奇（Don Budge）、莫琳·康诺利（Maureen Connolly）、罗德·拉沃尔（Rod Laver）、玛格丽特·考特（Margaret Court）和斯特菲·格拉夫（Steffi Graf）。第二，跨年度大满贯。跨年度大满贯指不在一年但也连续赢得四场赛事的总冠军，如玛丁娜·纳芙拉蒂洛娃（Martina Navratilova）和塞雷娜·威廉姆斯（Serena Williams）。第三，金满贯。金满贯是指在一年内连续赢得四项赛事总冠军，且同年获得奥运会金牌，斯特菲·格拉夫是目前唯一一名获得金满贯的网球运动员。第四，职业金满贯。职业金满贯稍逊色于金满贯。职业金满贯指运动员在其职业生涯中共赢得四个大满贯赛事总冠军和奥运会网球比赛金牌，职业金满贯获得者有安德烈·阿加西、塞雷娜·威廉姆斯和拉斐尔·纳达尔（Rafael Nadal）等。第五，超级大满贯。超级大满贯指在一年里连续获得四个大满贯赛事总冠军，奥运会网球比赛金牌及年终总决赛冠军。至今未曾有超级大满贯获得者。斯特菲·格拉夫达到了超级大满贯的所有标准，但不是在同一年，因而实现了非一年内完成的超级大满贯。第六，职业超级大满贯。职业超级大满贯指非连续赢得超级大满贯所需的所有赛事冠军。

网球运动规则自 1875 年由当时的管理机构马里波恩板球俱乐部制定以来，几乎没有发生过变化。当时的球场尺寸是 30 英尺（约 9.14 米）宽，78 英尺（约 23.77 米）长，而现在的尺寸是 27 英尺（约 8.23 米）宽，78 英尺（约 23.77 米）长。1884 年，规定网高为 3 英尺 6 英寸（约 1.06 米）。1970 年规定使用官方黄色球，重量限制在 2 盎司（约 56.70 克）和 2.06 盎司（约 58.40 克）之间。

令人惊讶的是，直到 1976 年才对网球拍的大小和尺寸进行了规定。起初，只允许用木制球拍。1996 年，规定了球拍的长度、宽度和框架，要求长度不超过 29 英寸（约 73.66 厘米），宽度不超过 12.5 英寸（约 31.75 厘米）。尽管职业网球联合会（Association for Tennis Professionals，ATP）和国际女子网球协会（Women's Tennis Association，WTA）都有自己的规则，但是网球的最高管理机构是国际网球联合会，由它制定网球运动的官方规则。

网球比赛时，运动员们分别站在网球场两端，来回击球，以一名球员发球为开始，以比对手多一拍成功回球为目的。ACE 球指对阵双方中一方发球，球落在有效区内，但对方没有触及球而直接得分的发球。网球运动的基本规则是在第二次落地前将球成功击回，目标是通过主动得分或者对手回球出界来赢得足够的分数。总的来说，在有效的时间赢得尽可能多的分数才能赢得整场比赛。

网球比赛中，常听到网球运动员用“LOVE”代替“0”。文献研究记载，这一习俗是由短语“不是为了爱，也不是为了钱（not for love nor money）”发展而来的。网球比赛计分规则最初是基于时间，遵循时钟转动的模式。随着网球运动的不断发展，比赛时间由 45 分钟缩短为 40 分钟，所以，现如今比赛用 0、15、30 和 40 的数值来计分。运动员必须至少赢得 4 分才算赢得一局比赛。如果双方各得 3 分，比分计为 40:40（也称为平分），则需要净胜 2 分才算赢得本局比赛。通常情况下，率先赢 6 局的运动员赢得一盘，在三盘比赛中率先赢得两盘的运动员赢得本场比赛，但也有例外，如在男子职业网球大满贯赛事中采用五盘三胜制。有关网球运动的其他定义，请参见网球术语表。

网球运动是一项要求运动员技术全面，同时必须具备高水平的无氧和有氧能力的运动，网球运动员既需要不断地冲刺跑动完成回球，同时又需要经受三盘或五盘比赛的耐力考验。

首先，灵敏性是关键，运动员必须具备快速变向的能力。尤其在比赛中，底线对攻相持在很大程度上依赖于运动员的横向运动能力。其次，网球比赛中多次爆发式挥拍击球要求运动员具备良好的肌肉力量、爆发力和耐力。

此外，网球运动是一项受心理因素影响较大的运动。一名世界级网球运动员需要具备良好的心理素质和比赛决策能力，要能够根据球场的局势迅速做出判断。此外，完成高质量的发球、正手和反手击球等复杂技术动作时，也需要一定的平衡能力和协调能力。

网球打法较多，主要包括发球上网型、防守反击型、底线进攻型和全能型。每种打法之间都相互包含彼此的基本制胜要素，但每种打法又有各自的制胜规律，偏重不同的身体素质和心理素质。因此，分析运动时，应注意网球的不同打法。

发球上网型打法在很大程度上取决于运动员发球的力量，以及球的旋转、速度和落点。该类打法运动员要求具备从底线快速冲刺到网前的能力，要具备较好的向前跑动的速度，需要更加全面的肌肉爆发力和耐力。此外，平衡能力是一个经常被忽视的因素。国际网球联合会的研究发现：网球运动员高达80%的失误源于失去平衡。当运动员降低重心进行低位截击时，平衡能力对于精准的截击尤为重要，运动员在触球时身体重心的位置和平衡能力也是至关重要的。发球的力量和速度很大程度上取决于肩部的力量，故建议发球上网型打法运动员的生理学测量主要评估上肢肌肉力量、爆发力和耐力。此外，还应评估下肢肌肉力量、爆发力和耐力。运动员需要将腿部肌肉力量传递到发球动作中，如第一步朝向网前的爆发式发力动作轨迹，下肢肌肉需要反复降低重心进行低位截击（箭步式）。

发球上网型打法要求运动员具有较强的心理素质。首先，毅力是关键。运动员需要回击接连不断的重复来球，一遍又一遍地练习同样的动作。其次，恢复能力的测量方法还有待验证，但是BDI可以用来诊断网球运动员为何在连续进行发球和截击后变得抑郁。其他的心理评估建议采用SOQ或CSAI-2R来检查运动员的信心和焦虑程度，用IAT来评估运动员的反应时间。著名的发球上网型打法的运动员包括皮特·桑普拉斯（Pete Sampras）、戈兰·伊万尼塞维奇（Goran Ivanisevic）、帕特里克·拉夫特（Patrick Rafter）、鲍里斯·贝克尔（Boris Becker）、玛蒂娜·纳芙拉蒂洛娃和雅娜·诺沃特纳（Jana Novotna）。

防守反击型运动员主要依靠移动速度，体能消耗较大。运动员需要在回合中不断跑动，并稳定地回球以拖垮对手，避免出现失误，认真对待每一分。与该类型打法运动员运动表现息息相关的生理因素是有氧能力和无氧能力。防守反击型运动员需要具备比其他运动员更强的抗疲劳能力。

防守反击型运动员无氧能力的首选评估方法是呼吸速率和乳酸阈值测试。除了拥有耐高乳酸能力，该类型运动员还必须有强大的心肺耐力，需使用最大摄氧量测试来评估其是否有能力进行三到五盘的比赛。此外，无氧爆发力可通过温盖特无氧测试或40码（约36.58米）冲刺跑进行评估。

防守反击型运动员需要在底线上不停地从一侧跑到另一侧，需要采用专业的灵敏测试对其灵敏性进行评估。另外，运动员许多动作的完成需要不断重复和持续地爆发用力，肌肉耐力和爆发力也很重要。在三种肌肉能力（力量、爆发力和肌肉耐力）中，肌肉耐力占首位，其次是爆发力，最后是力量。此外，该类型打法运动员需要具备足够好的平衡能力来回击高难度的来球。

推荐的心理评估方法包括CSAI-2R、MMPI和16PF等心理量表。防守反击型运动员被认为是“研磨机”。著名的防守反击型运动员有张德培（Michael Chang）、阿兰特查莎 • 桑切斯 • 维卡里奥（Arantxa Sanchez Vicario）及拉斐尔 • 纳达尔（Rafael Nadal）。

底线进攻型打法是现代比赛最常见的打法。该类型打法运动员擅长底线进攻，但并不是等着对手犯错，主要通过战术上来回调动对手使之处于不利的位置，然后伺机进攻得分。底线进攻型运动员以主导和控制比赛而著称，擅长多拍回合，同时也能上网截击，他们以压迫性的方式回球，加快了球速，缩短了对手的回球时间。

底线进攻型运动员对无氧爆发力的依赖大于其有氧耐力。因此，应该重视无氧爆发力和速度评估方法，如短距离折返跑和 40 码（约 36.58 米）冲刺跑。在三种肌肉能力中，底线进攻型打法最依赖爆发力，其次是肌肉耐力，最后是力量。通常使用的心理测试量表包括 CAAS（攻击性）和 CSAI–2R。底线进攻型运动员有安德烈 • 阿加西、莫妮卡 • 塞莱斯（Monica Seles）、诺瓦克 • 德约科维奇（Novak Djokovic）、塞雷娜 • 威廉姆斯、维纳斯 • 威廉姆斯（Venus Williams）、安迪 • 穆雷（Andy Murray）和戴维 • 费雷尔（David Ferrer）。

全能型打法运动员身体素质非常全面，打法上无明显的弱点。该类型打法运动员可以从底线开始，也可以从网前开始，同时拥有出色的步法，擅长用各种不同的方式回球以打乱对手的比赛节奏。全能型打法运动员的心肺耐力一般优于上网型运动员，但弱于底线进攻型运动员和防守反击型运动员。此外，该类型打法运动员具有高水平的无氧能力，可使用本章中提到的 20 码（约 18.29 米）折返跑和 40 码（约 36.58 米）冲刺跑等方法进行评估。

全能型运动员的心理评估指标包括场上决策能力、自信程度和焦虑程度，具体评估手段包括 Wonderlic、IAT 和 CSAI–2R 等心理量表。

全能型打法运动员的击球技术非常扎实，可以根据自己的得失分情况来调整比赛节奏。如果一名全能型运动员在底线不占优，他将毫不犹豫争取更多的上网机会。全能型运动员包括两位前世界排名第一的运动员罗杰 • 费德勒（Roger Federer）和玛蒂娜 • 辛吉斯（Martina Hingis）。如果将运动员的出生国别作为一个变量，判断是否会影响运动员的打球风格，值得进一步研究。

有关网球生理学的补充阅读，请参见斯默卡尔等（Smekal et al.，2001）的研究。

关于网球分析的信息，请参考克拉森和马格纳斯（Klaassen and Magnus，1998，2003，2014）以及奥多诺霍（O'Donoghue，2001）。关于网球运动员在球场上的运动表现，有一些关键的衡量标准还需要考虑，请见表 9.1 的网球运动表现测量。

表 9.1　网球运动表现测量

运动表现测量	缩写
发球得分（Aces）	A
反手非受迫性失误（Backhand unforced errors）	BUE
反手制胜分（Backhand winners）	BW
破发点（Break points）	BP
挽救破发点（Break points converted）	BPC
双误（Double faults）	DF
一发成功率（First serve percentage）	FS%
受迫性失误（Forced errors）	FE
正手非受迫性失误（Forehand unforced errors）	FUE
正手制胜分（Forehand winners）	FW
上网次数（Number of times approached the net）	NAN
网前得分（Points won approaching the net）	PWAN
一发赢球率（Points won on first serve）	PWFS
二发赢球率（Points won on second serve）	PWSS
接发球赢球率（Return of serve percentage）	RS%
二发成功率（Second serve percentage）	SS%
发球成功率（Serve percentage）	S%
发球速度（Speed of serve）	SoS
非受迫性失误（Unforced errors）	UE
制胜分（Winners）	Wn

成为职业网球运动员所必需的投资是一个不常被讨论的禁忌话题，但这是网球运动员成功的一个主要因素。通常人们会忽视资金的投入问题，认为所有人都能有同样的机会去从事网球运动，但事实上，对于弱势群体和少数群体来说，情况并非如此。表 9.2 和 9.3 展示了成为职业网球运动员必需的年度支出费用。

表 9.2 职业网球运动员参赛年度支出费用

<table>
<tr><th colspan="3">明细</th><th>支出费用/美元</th></tr>
<tr><td colspan="3">教练（差旅）</td><td>70 000</td></tr>
<tr><td colspan="3">体能训练</td><td>12 000</td></tr>
<tr><td colspan="3">心理训练</td><td>1 000</td></tr>
<tr><td colspan="3">差旅</td><td>60 000</td></tr>
<tr><td colspan="3">共计</td><td>143 000</td></tr>
<tr><td rowspan="5">其他开销</td><td rowspan="2">差旅</td><td>年公开赛次数</td><td>20</td></tr>
<tr><td>每站公开赛支出费用</td><td>3 000</td></tr>
<tr><td rowspan="3">教练</td><td>工资</td><td>50 000</td></tr>
<tr><td>差旅（每站公开赛 1 000 美元）</td><td>20 000</td></tr>
<tr><td>体能训练：顶尖水平训练
（每月至少 1 000 美元）</td><td>12 000</td></tr>
</table>

资料来源：Martin（2015）。

表 9.3 排名前 100 的网球运动员年度支出费用

明细	支出费用/美元
教练（年薪 60 000 美元 + 差旅费 30 000 美元）	90 000
餐饮	6 000
球拍费用	5 000
其他	3 000
税	54 000
球员差旅	25 000
共计	183 000

资料来源：Martin（2015）。

不管哪一种评估结果，每年都至少需要花费 14 万美元来参加职业水平的网球比赛。表 9.4 为美国少数群体年收入和受教育情况。这三种群体的年收入都不足以支付达到职业水平所必需的训练和比赛的年费用。事实上，这比两个亚裔家庭或三个黑人裔或西班牙裔家庭的年收入还要多。

表 9.4　美国少数群体年收入和受教育情况

种族	家庭收入中位数/美元	贫困人口占比	受高等教育人数占比
西班牙裔	39 005	25.6%	2.0%
黑人裔	32 229	27.6%	3.5%
亚裔	70 664	13.0%	21.0%

资料来源：美国人口普查局（2012）。

然而，许多人仍在想，为什么美国出现不了大量冉冉升起的网球明星？为什么最优秀的运动员并没有选择网球运动？希望表格上的这些事实能给我们启发，让我们对真实的网球世界能有一个深刻的窥探。更多详情见文章《社会经济地位是网球运动员成功的一个因素吗》（Martin，2015）。

网球运动员的收入是一个被热议的话题。数据显示，世界排名前 50～100 的球员可以靠他们的收入谋生。对排名较低的运动员来说，可以在本书讨论的其他运动项目上谋生，但他从事网球运动的话却可能连打球的费用都无法承担。

框 9.1 为不同国家的 ATP 和 WTA 球员收入分析（R 语言）。图 9.1 显示了不同国家的 ATP 和 WTA 职业网球运动员的收入情况。框 9.2 是图 9.2 生成的 R 语言程序，比较了不同排名和性别职业网球运动员的收入（前 100ATP，WTA）。

框 9.1　不同国家的 ATP 和 WTA 球员收入分析（R 语言）

```
# 网球运动员收入分析（R 语言）


########################################
##        局、盘、比赛分析 R 语言代码          ##
########################################
```

```
library(MASS)
library(scales)

# 读入数据
setwd()
ATP <- read.csv('ATPearnings.csv')
WTA <- read.csv('WTAearnings.csv')

# 获取数据描述
summary(ATP)
summary(WTA)

##############################
## 不同国家网球运动员的收入 ##
##############################

# 将 ATP 与 WTA 的行合并
MergedATPWTA <- rbind(ATP, WTA)

# 将合并文件中的变量 country 转为字符型
MergedATPWTA$Country = as.character(WTA$Country)
group = NULL
for(i in 1:nrow(MergedATPWTA)){
  if (MergedATPWTA$Country[i] %in%
        names(table(MergedATPWTA$Country))
      [table(MergedATPWTA$Country) >= 9]){
     group[i] = MergedATPWTA$Country[i]
  } else{
    group[i] = "Others"
  }
}
MergedATPWTA$group = as.character(group)

EarningsbyCountryLinearModel1 <- lm(Earnings ~ group, data = MergedATPWTA)
```

```
# 模型分析结果不好
# 异常值产生了影响
summary(EarningsbyCountryLinearModel1)

# Call:
# lm(formula = Earnings ~ group, data = MergedATPWTA)

# Residuals:
#  Min          1Q    Median    3Q       Max
# -883123  -339451  -141100  130104  9326844

# Coefficients:
#                      Estimate Std.  Error t     value      Pr(>|t|)
# (Intercept)            435176        319946      1.360      0.175
# Belgium               -131998        452473     -0.292      0.771
# Croatia               -158764        452473     -0.351      0.726
# Czech Republic         199282        364795      0.546      0.585
# France                 109632        452473      0.242      0.809
# Germany                  9787        375170      0.026      0.979
# Italy                  -10583        391853     -0.027      0.978
# Kazakhstan             -64606        452473     -0.143      0.887
# Others                 -59105        341064     -0.173      0.863
# Romania                302848        404704      0.748      0.455
# Russia                 473017        382409      1.237      0.217
# Serbia                  30346        423249      0.072      0.943
# Slovakia              -104775        423249     -0.248      0.805
# Spain                  482146        423249      1.139      0.256
# Switzerland            413441        452473      0.914      0.362
# USA                    542344        357711      1.516      0.131

# Residual standard error: 959800 on 284 degrees of freedom
# Multiple R-squared: 0.06122, Adjusted R-squared: 0.01163
# F-statistic: 1.235 on 15 and 284 DF, p-value: 0.2448

# 通过汇总的统计数据可以看出
```

```
# 收入领先的国家是美国、西班牙、俄罗斯和瑞士
# 有三种处理方式:

# 进行 log 转化
EarningsbyCountryLinearModel1log <- lm(log(Earnings) ~ group,
                                       data = MergedATPWTA)

# 进行秩和检验
kruskal.test(Earnings ~ factor(group), data = MergedATPWTA)

# 利用负二项式逻辑回归模型
EarningsbyCountryLinearModel1nb <- glm.nb(Earnings ~ group,
data = MergedATPWTA)

# 用 log()连接函数。运行 exp()函数让协变量回归基线。

# 为了推断和解释发现的现象运行如下代码
# 例如，对比美国和瑞士的收入
exp(coef(EarningsbyCountryLinearModel1nb)[16] -
    coef(EarningsbyCountryLinearModel1nb)[15])
# 这意味着美国的收入比瑞士的多出 15%

# 绘图
# 开一个空间进行存储
pdf('EarningsbyCountry.pdf', height = 8, width = 6)
par(mar = c(5.1, 6.8, 4.1, 2.1))
# 使用的变量

with(MergedATPWTA, boxplot(log(Earnings) ~ group,
                   # Changes x and y labels
                   xlab = '', ylab = '',
                   # Color - see color chart
                   col = 'gray92',
                   # Main title
                   main = 'Earnings by Country',
```

```
                    # Size of x and y labels
                    cex.lab = 1.2,
                    # Makes the plot horizontal
                    horizontal = T,
                    # Removes axis labels / tick marks
                    yaxt = 'n', xaxt = 'n'))

# 添加垂直线
abline(v = log(c(125000, 250000, 500000, 1000000, 2500000,
                 5000000, 10000000)),
       col = 'lightgray', lty = 'dotted')
# 使用的变量
with(MergedATPWTA, boxplot(log(Earnings) ~ group,
                    # Changes x and y labels
                    xlab = '', ylab = '',
                    # Color - see color chart
                    col = 'gray92',
                    # Main title
                    main = 'Earnings by Country',
                    # Size of x and y labels
                    cex.lab = 1.2,
                    # Makes the plot horizontal
                    horizontal = T,
                    # Removes axis labels / tick marks
                    yaxt = 'n', xaxt = 'n',
                    # Re-draws the boxplots over the lines
                    add = T))

# 添加轴线
axis(side = 1, at = log(c(125000, 250000, 500000, 1000000, 2500000,
                          5000000, 10000000)),
     lab = FALSE)
text(x = log(c(125000, 250000, 500000, 1000000, 2500000,
               5000000, 10000000)),
     labels = paste('$', c("125K", "250K", "500K", "1M",
                           "2.5M", "5M", "10M"), sep = ''),
```

```
    srt = 90, y = par("usr")[3] - 1.3, xpd = TRUE)
axis(side = 2, at = 1:16, label = rep('', 16))
text(y = 1:16, x = 10.2,
    labels = sort(unique(group)),
    xpd = TRUE)
# 所有的这些都是为了制图
# 关闭图形设备
dev.off()
```

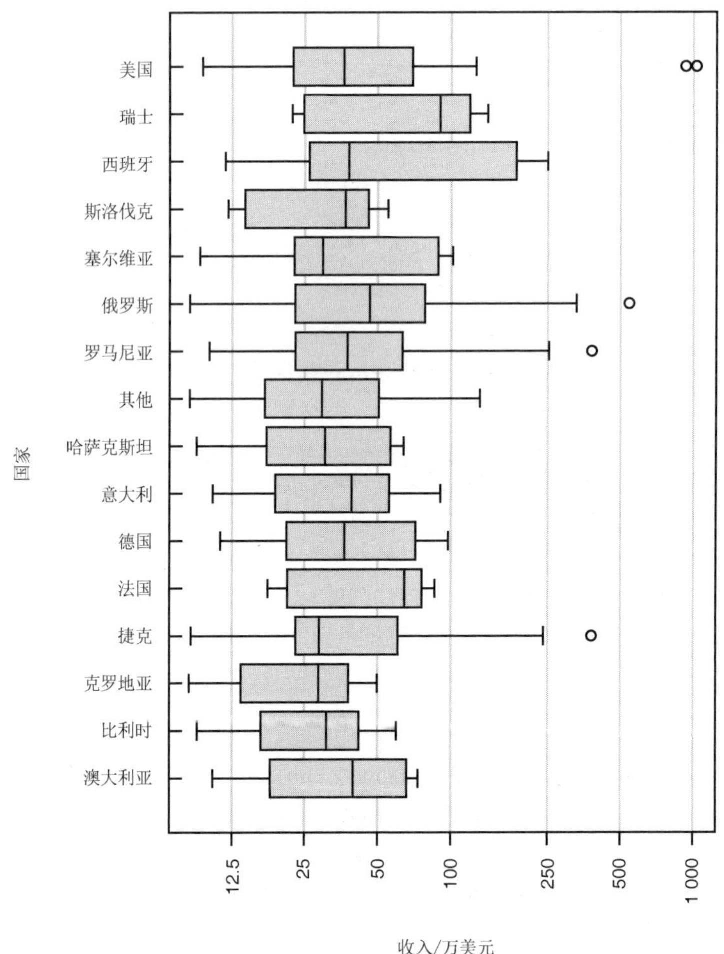

图 9.1　不同国家职业网球运动员收入（ATP，WTA）

框 9.2　不同排名和性别的 ATP 和 WTA 球员收入分析（R 语言）

```
# 不同排名和性别的职业网球运动员收入（R 语言）

########################################
##        局、盘、比赛分析 R 语言代码      ##
########################################

library(ggplot2)

# 读入数据
setwd()
ATP <- read.csv('ATPtop100earnings.csv')
WTA <- read.csv('WTAtop100earnings.csv')

# 在数据框中加入性别
ATP$Sex <- rep("Men", length = nrow(ATP))
WTA$Sex <- rep("Women", length = nrow(WTA))

players <- rbind(ATP, WTA)
players$Sex <- factor(players$Sex)
players$EarningsMM <- players$Earnings/1000000

# 检查组合后数据框的结构
print(str(players))

pdf("fig_ysports_08_earnings_by_sex.pdf", width = 7, height = 7)
# 分性别按排名制图
ggplot_object <- ggplot(data = players,
      aes(x = Rank, y = EarningsMM, shape = Sex,
          colour = Sex)) +
      geom_point(size = 3) +
      scale_shape_manual(values = c(5, 1)) +
      scale_colour_manual(values = c("darkred", "darkblue")) +
      labs(x = "Professional Tennis Rankings",
```

```
        y = "Annual Earnings ($ millions)")
print(ggplot_object)
dev.off()

# 图像显示职业网球运动员，男性和女性在总体年收入上相当
# 然而，与其他运动相比
# 排名前十的运动员与排名较低的运动员收入差异显著
```

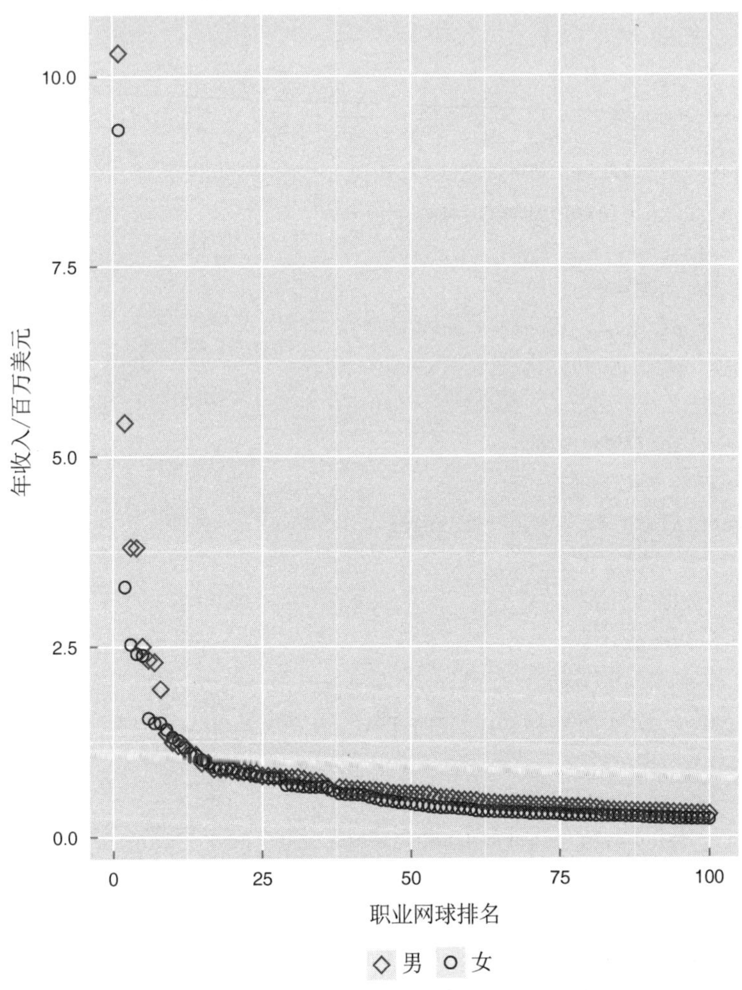

图 9.2　不同排名和性别职业网球运动员收入（前 100 ATP，WTA）

第十章　运动成绩和市场价值

成为第二，是一件很糟糕的事。

——安德烈·阿加西（Andre Agassi）

在体育比赛中，只能有一个胜利者。运动员就是为赢得比赛而战，为胜利而战，但比赛的获胜者并不总是成绩最好或排名最高的选手。有时候，一些低水平的运动员也会给我们带来惊喜，这就是运动的精彩和魅力所在。这是为什么呢？因为比赛总是存在一定程度的不可预测性。

作为统计专家我们的目标是找到在体育运动中获得成功的关键要素。为什么这样做呢？因为我们要做的不仅是提高运动员的运动表现并且还要能够对其进行预测。本章包含了许多对于运动数据分析未来走向的回答以及更多的相关问题，我们将介绍目前正在使用的评分和排名方法，从简单的描述到解释它们如何确定市场价值及其与运动成绩的关系。

尽管“评分”和“排名”这两个术语经常被人们互换使用，但它们是有区别的。评分是指给予特定目标的分数。例如，在划分饭店的五个等级中，一家酒店被评定为三星级。排名是指对象或对象列表里的组织顺序。例如，前十名五星级酒店的排名。

皮特·桑普拉斯和罗杰·费德勒等网球运动员一直在寻求打破最长保持世界第一时间的纪录。在网球领域，众所周知，评分和排名之间存在很大差异（Rankin and

Grube，1980）。美国网球协会（United States Tennis Association，USTA）甚至有一个专门的网页就评分和排名的不同对网球运动员进行说明。USTA 将评分定义为网球运动员进行自我认定的比赛水平（国家网球等级评定包括从初学者到高级的 8 个等级），而排名则反映了运动员的竞技水平。当运动员在名单上看到自己的名字时，他们看到的是排名，而不是评分。更具体地说，排名是通过比赛成绩建立的分级。例如，男子职业网球联合会 ATP 使用的是积分统计形式，包括 12 场强制性比赛和 6 场运动员自己选择的比赛，比赛时间共计 52 周，这是专门针对排名较高的职业网球选手的。排名较低的选手无法参加更高级别的比赛，因此他们可以自由选择参加 18 场比赛来获得相应积分。

球员知道更多的积分是从更有影响力的比赛中获得的也很重要。例如，进入法网四分之一决赛的球员仍然比实际赢得 250 场 ATP 世界巡回赛（如瑞典斯德哥尔摩公开赛）的球员获得的积分更多。这种确定排名的方法与女子职业网球巡回赛 WTA 略有不同，后者的排名是根据在 52 周的比赛周期内任意 16 场最佳比赛的累积结果。显然，当前的排名体系存在一些问题，尤其是当卡罗琳·沃兹尼亚奇（Caroline Wozniaki）在没有赢得大满贯的情况下连续一年保持世界排名第一时，很多人就发现了这个问题（Miladinovic，2008；Klaassen and Magnus，2014；Blackburn，2013）。数理学家和其他学术界人士对现有排名方法的预测能力表示了关注（McHale and Morton，2011；Clarke and Dyte，2000；Crespo et al.，2003）。

对于评分和排名是否真正地反映了运动员的运动表现和球队的实力，目前是存在争议的。团队比赛项目的评分类似于个人比赛项目的评分，不同之处在于，由于团队凝聚力变量的存在，对团队中特定位置的评分需要其他复杂的评分系统（Hughes et al.，2005；Stefani and Pollard，2007）。其中一个例子就是 EA Sports Player 绩效指数评分系统，该系统基于球队获胜率对所有足球运动员进行评分。当然，这会导致一种偏差，即在这一系统中，获胜队的球员往往会处于领先地位（Stefani and Pollard，2007）。目前 FIFA 所采用的排名系统深受运动员、教练员、分析师和球迷的支持。FIFA 甚至继续发展了这一排名系统，人们可以在其官方网站上浏览实时更新的排名列表和比赛具体积分。最著名的体育评分排名系统来自美国的棒球运动。奥克兰创建了棒球统计学，并利用他们自己独特的方法来发掘被低估了的球员，用有限的资源建立一支高效的队伍（Lewis，2003；McHale and Davies，2007；McHale et al.，2012）。

体育产业中的许多利益相关者都会使用评分和排名系统，通过这一系统可以判断运动员的运动能力，发现其市场价值和预测其运动表现。“评分”这个术语是在一个值被指定或分配给有意义的变量时使用的，无论该变量是一家餐馆、一家酒店、一名运动员，还是一支球队。通常，体育排名由输赢决定。

我们应该如何解释排名？我们该如何清楚地了解它们代表了什么？我们能确定排名反映的就是每个运动项目中最优秀的运动员吗？事实上，我们很少思考评分和排名是如何形成的。在进行评分和排名时，本章建议可以使用以下一些方法。梅西评级法是以肯尼思·梅西（Kenneth Massey）的名字命名的，梅西开发了一个球队评级模型，被用于大学橄榄球碗锦标赛（Bowl Championship Series，BCS）。该方法首先用排名来判定对应得分，并最终得出用于对球队进行评分的一个总分。科利评分法利用获胜百分比（每队比赛获胜的次数）来评估球队。由于这种方法只基于输赢记录，而不是分数数据，所以目前许多职业联赛都使用这种方法，但值得注意的是，这种方法没有考虑到对手的竞技水平。

一种更常用的评分方法叫作马尔可夫方法，近年来一直被用来给篮球队和足球队评分。马尔可夫方法是基于“投票”的。这到底是什么意思？其实有许多方面都可以算作对获胜队的投票，包括获胜的次数，与排名更高的对手竞争时的获胜优势，得分的多少等。比较简单的评级方法包括矩阵法和雷德蒙法。当联赛中所有球队进行比赛的次数相同时，这种方法就被证明是有效的。

基于网状关系结构的评分排名方法包括帕克纽曼（Park-Newman）法和霍克鲍姆（Hochbaum）法。Park-Newman 法因其发明者帕克（Park）和纽曼（Newman）而得名。帕克和纽曼设计了一种独特的足球评分排名模式，这种模式将直接和间接的胜利都考虑在内。霍克鲍姆（Hochbaum）开发了一种基于线性代数表达式的网状结构优化方法。霍克鲍姆（Hochbaum，2015）曾说过：“我喜欢用两种途径来找到解决问题的‘最佳方法’，一是试图为这个问题设计一个有效的算法，另一个是试图为算法的效果性设置范围。”

其他一些流行的方法包括埃洛体系、逻辑斯谛回归/马尔可夫链方法和蒙特卡罗仿真法。埃洛体系是一种相当简单的方法，在这种方法中，运动员的表现是通过战胜竞争对手来量化的（Langville and Meyer，2012；Miller，2016）。逻辑斯谛回归/马尔可夫链方法的独特之处在于它利用了逻辑回归和瞬态马尔可夫模型的属性。它已经被成功地应用于篮球比赛中，用于预测比赛结果以及为大学球队的比赛成绩进行排名。蒙特卡罗仿真法起源于摩纳哥赌场，它通常用于检查因状态而异的变量。重复随机抽样用来粗略估计目标变量的平均值。

线性回归是一种常用的评分和排名方法，它假设体育比赛数据之间存在线性关系，最小二次方揭示了每个样本中最小方差。最小二次方是体育运动中最常用的分析模型之一。在此基础之上形成了各种各样的方法，包括用于评级的基纳法、层次分析法，以及基于攻防评分法和分差法。

体育比赛评分和排名的相关问题已经被许多体育研究人员讨论研究过。兰维尔（Langville）和迈耶（Meyer）在《谁排第一：评分与排名科学》（*Who's #1? The Science of Ranking and Ranking*）一书中详细介绍了评分和排名可用的方法。有关其他讨论，请参阅相关文献（Stefani，1987，1997；Thompson，1975；Groeneveld，1990；Appleton，1995；Carlin，1996；West，2006；Ovadia，2004；Stefani and Pollard，2007；Paruolo et al.，2013）。

运动员、教练员、观众、分析师和体育经理都对排名很感兴趣。这是为什么呢?显而易见，排名是衡量运动员成绩的指标，因此也是衡量运动员市场价值的指标。让我们来看看不同运动项目运动员的市场价值。美国运动员的平均市场价值按收入从高到低依次是 MLB、NBA、NFL、ATP、WTA、MLS。有趣的是，像克里斯蒂亚诺・罗纳尔多和利昂内尔・梅西这样的国际足球运动员是全球收入最高的运动员，他们的年薪比 MLB、NBA 和 NFL 的许多球员都要高（Einolf，2004；Scully，2004；Simmons，2007；Fry et al.，2014）。表 10.1～表 10.7 呈现了各个职业联赛中世界顶级球员的年薪。

表 10.1 美国职业棒球大联盟（MLB）顶级球员薪资

排名	球员	年收入/百万美元
1	克莱顿・克萧（Clayton Kershaw）	30.0
2	乔恩・莱斯特（Jon Lester）	30.0
3	贾斯丁・韦兰德（Justin Verlander）	28.0
4	瑞安・霍华德（Ryan Howard）	25.0

续表

排名	球员	年收入/百万美元
5	克利夫·李（Cliff Lee）	25.0
6	阿尔伯特·普荷斯（Albert Pujols）	24.1
7	费利克斯·赫南德兹（Felix Hernandez）	24.1
8	普林斯·菲尔德（Prince Fielder）	24.1
9	罗宾森·坎诺（Robinson Cano）	24.0
10	扎克·格伦克（Zack Greinke）	23.0
11	乔·莫尔（Joe Mauer）	23.0
12	C.C.萨巴西亚（C.C. Sabathia）	23.0
13	马克·塔克薛拉（Mark Teixeira）	22.5
14	田中将大（Masahiro Tanaka）	22.0
15	汉利·拉米雷斯（Hanley Ramirez）	22.0
16	米格尔·卡布雷拉（Miguel Cabrera）	22.0
17	雅各比·亚历尔斯伯里（Jacoby Ellsbury）	21.1
18	亚历克斯·罗德里格斯（Alex Rodriguez）	21.0
19	马特·肯普（Matt Kemp）	21.0
20	杰森·沃思（Jayson Werth）	21.0
21	阿德里安·冈萨雷斯（Adrian Gonzalez）	21.0
22	卡尔·克劳福德（Carl Crawford）	20.5
23	马特·凯恩（Matt Cain）	20.0
24	巴勃罗·桑多瓦尔（Pablo Sandoval）	20.0
25	戴维·赖特（David Wright）	20.0
26	亚当·温赖特（Adam Wainwright）	19.5
27	马克·伯利（Mark Buehrle）	19.0

续表

排名	球员	年收入/百万美元
28	亨特·彭斯（Hunter Pence）	18.5
29	安德烈·伊瑟尔（Andre Ethier）	18.0
30	杰雷德·韦弗（Jered Weaver）	18.0
31	C.J.威尔逊（C.J. Wilson）	18.0
32	蒂姆·林斯肯（Tim Lincecum）	18.0
33	马特·霍利迪（Matt Holliday）	17.0
34	布雷恩·麦卡恩（Brian McCann）	17.0
35	布兰登·麦卡锡（Brandon McCarthy）	17.0
36	埃尔维斯·安德勒斯（Elvis Andrus）	17.0
37	巴斯特·波西（Buster Posey）	16.6
38	乔丹·齐默尔曼（Jordan Zimmermann）	16.5
39	卡洛斯·冈萨雷兹（Carlos Gonzalez）	16.1
40	阿德里安·贝尔垂（Adrian Beltre）	16.0
41	伊恩·金斯勒（Ian Kinsler）	16.0
42	阿尼巴尔·桑切斯（Anibal Sanchez）	16.0
43	戴维·奥尔蒂斯（David Ortiz）	16.0
44	柯蒂斯·格兰德森（Curtis Granderson）	16.0
45	亚斯曼尼·托马斯（Yasmany Tomas）	15.9
46	马克思·舍尔泽（Max Scherzer）	15.2
47	纳尔逊·克鲁兹（Nelson Cruz）	15.1
48	雅迪尔·莫利纳（Yadier Molina）	15.1
49	约翰尼·佩拉尔塔（Jhonny Peralta）	15.0
50	卡洛斯·贝尔特伦（Carlos Beltran）	15.0

表 10.2　北美男子职业篮球联盟（NBA）顶级球员薪资

排名	球员	球队	年收入/美元
1	科比・布莱恩特（Kobe Bryant），得分后卫	洛杉矶湖人队（Los Angeles Lakers）	25 000 000
2	乔・约翰逊（Joe Johnson），小前锋	布鲁克林篮网队（Brooklyn Nets）	24 894 863
3	勒布朗・詹姆斯（LeBron James），小前锋	克利夫兰骑士队（Cleveland Cavaliers）	22 970 500
4	卡梅隆・安东尼（Carmelo Anthony），小前锋	纽约尼克斯队（New York Knicks）	22 875 000
5	德怀特・霍华德（Dwight Howard），中锋	休斯敦火箭队（Houston Rockets）	22 359 364
6	克里斯・波什（Chris Bosh），大前锋	迈阿密热火队（Miami Heat）	22 192 730
7	克里斯・保罗（Chris Paul），控球后卫	洛杉矶快船队（Los Angeles Clippers）	21 468 695
8	凯文・杜兰特（Kevin Durant），小前锋	俄克拉荷马城雷霆队（Oklahoma City Thunder）	20 158 622
9	德里克・罗斯（Derrick Rose），控球后卫	芝加哥公牛队（Chicago Bulls）	20 093 064
10	德韦恩・韦德（Dwyane Wade），得分后卫	迈阿密热火队（Miami Heat）	20 000 000
11	拉玛库斯・奥尔德里奇（LaMarcus Aldridge），大前锋	圣安东尼奥马刺队（San Antonio Spurs）	19 689 000
12	凯文・乐福（Kevin Love），大前锋	克利夫兰骑士队（Cleveland Cavaliers）	19 689 000
13	马克・加索尔（Marc Gasol），中锋	孟菲斯灰熊队（Memphis Grizzlies）	19 688 000
14	布莱克・格里芬（Blake Griffin），大前锋	洛杉矶快船队（Los Angeles Clippers）	18 907 726
15	保罗・米尔萨普（Paul Millsap），大前锋	亚特兰大老鹰队（Atlanta Hawks）	18 671 659

续表

排名	球员	球队	年收入/美元
16	保罗·乔治（Paul George），小前锋	印第安纳步行者队（Indiana Pacers）	17 120 106
17	拉塞尔·韦斯特布鲁克（Russell Westbrook），控球后卫	俄克拉荷马城雷霆队（Oklahoma City Thunder）	16 744 218
18	科怀·伦纳德（Kawhi Leonard），小前锋	圣安东尼奥马刺队（San Antonio Spurs）	16 407 500
19	埃内斯·坎特（Enes Kanter），中锋	俄克拉荷马城雷霆队（Oklahoma City Thunder）	16 407 500
20	吉米·巴特勒（Jimmy Butler），得分后卫	芝加哥公牛队（Chicago Bulls）	16 407 500
21	托比亚斯·哈里斯（Tobias Harris），小前锋	奥兰多魔术队（Orlando Magic）	16 000 000
22	约翰·沃尔（John Wall），控球后卫	华盛顿奇才队（Washington Wizards）	15 851 950
23	德马库斯·考辛斯（DeMarcus Cousins），中锋	萨克拉曼多国王队（Sacramento Kings）	15 851 950
24	詹姆斯·哈登（James Harden），得分后卫	休斯敦火箭队（Houston Rockets）	15 756 438
25	罗伊·希伯特（Roy Hibbert），中锋	洛杉矶湖人队（Los Angeles Lakers）	15 592 217
26	埃里克·戈登（Eric Gordon），得分后卫	新奥尔良鹈鹕队（New Orleans Pelicans）	15 514 031
27	克莱·汤普森（Klay Thompson），得分后卫	金州勇士队（Golden State Warriors）	15 501 000
28	戴维·李（David Lee），大前锋	波士顿凯尔特人队（Boston Celtics）	15 493 680
29	戈登·海沃德（Gordon Hayward），得分后卫	犹他爵士队（Utah Jazz）	15 409 570
30	钱德勒·帕森斯（Chandler Parsons），小前锋	达拉斯小牛队（Dallas Mavericks）	15 361 500
31	戈兰·德拉吉奇（Goran Dragic），得分后卫	迈阿密热火队（Miami Heat）	14 783 000

续表

排名	球员	球队	年收入/美元
32	克里斯·米德尔顿（Khris Middleton），小前锋	密尔沃基雄鹿队（Milwaukee Bucks）	14 700 000
33	德雷蒙德·格林（Draymond Green），小前锋	金州勇士队（Golden State Warriors）	14 260 870
34	达尼洛·加里纳里（Danilo Gallinari），小前锋	丹佛掘金队（Denver Nuggets）	14 000 000
35	雷吉·杰克逊（Reggie Jackson），控球后卫	底特律活塞队（Detroit Pistons）	13 913 044
36	安德鲁·博古特（Andrew Bogut），中锋	金州勇士队（Golden State Warriors）	13 800 000
37	德马雷·卡罗尔（DeMarre Carroll），小前锋	多伦多猛龙队（Toronto Raptors）	13 600 000
38	阿尔·杰斐逊（Al Jefferson），中锋	夏洛特黄蜂队（Charlotte Hornets）	13 500 000
39	埃里克·布莱索（Eric Bledsoe），控球后卫	凤凰城太阳队（Phoenix Suns）	13 500 000
40	托尼·帕克（Tony Parker），控球后卫	圣安东尼奥马刺队（San Antonio Spurs）	13 437 500
41	乔金·诺阿（Joakim Noah），中锋	芝加哥公牛队（Chicago Bulls）	13 400 000
42	尼古拉斯·巴图姆（Nicolas Batum），小前锋	夏洛特黄蜂队（Charlotte Hornets）	13 125 306
43	内内·希拉里奥（Nene Hilario），大前锋	华盛顿奇才队（Washington Wizards）	13 000 000
44	泰森·钱德勒（Tyson Chandler），中锋	凤凰城太阳队（Phoenix Suns）	13 000 000
45	里基·卢比奥（Ricky Rubio），控球后卫	明尼苏达森林狼队（Minnesota Timberwolves）	12 700 000
46	罗宾·洛佩斯（Robin Lopez），中锋	纽约尼克斯队（New York Knicks）	12 650 000

续表

排名	球员	球队	年收入/美元
47	泰·劳森（Ty Lawson），控球后卫	休斯敦火箭队（Houston Rockets）	12 404 495
48	鲁迪·盖伊（Rudy Gay），得分后卫	萨克拉曼多国王队（Sacramento Kings）	12 403 101
49	瑟奇·伊巴卡（Serge Ibaka），大前锋	俄克拉荷马城雷霆队（Oklahoma City Thunder）	12 250 000
50	尼古拉·佩科维奇（Nikola Pekovic），中锋	明尼苏达森林狼队（Minnesota Timberwolves）	12 100 000

表 10.3　美国职业橄榄球大联盟（NFL）顶级球员薪资

排名	球员	位置	年收入/美元
1	德鲁·布里斯（Drew Brees）	四分卫	23 800 000
2	菲利普·里弗斯（Philip Rivers）	四分卫	21 166 668
3	卡尔文·约翰逊（Calvin Johnson）	外接手	20 558 000
4	查尔斯·约翰逊（Charles Johnson）	防守端锋	20 020 000
5	马特·瑞安（Matt Ryan）	四分卫	19 500 000
6	马里奥·威廉姆斯（Mario Williams）	防守边锋	19 400 000
7	阿伦·罗杰斯（Aaron Rodgers）	四分卫	18 250 000
8	马修·斯塔福德（Matthew Stafford）	四分卫	17 721 250
9	佩顿·曼宁（Peyton Manning）	四分卫	17 500 000
10	本·罗斯利斯伯格（Ben Roethlisberger）	四分卫	17 245 000
11	罗伯特·奎因（Robert Quinn）	防守端锋	16 744 111
12	杰伊·卡特勒（Jay Cutler）	四分卫	16 500 000
13	达雷尔·雷维斯（Darrelle Revis）	四分卫	16 000 000

续表

排名	球员	位置	年收入/美元
14	亚历克斯·史密斯（Alex Smith）	四分卫	15 600 000
15	阿德里安·彼得森（Adrian Peterson）	跑卫（跑锋）	15 400 000
16	科林·凯珀尼克（Colin Kaepernick）	四分卫	15 265 753
17	托尼·罗莫（Tony Romo）	四分卫	14 973 000
18	贾森·皮埃尔·保罗（Jason Pierre-Paul）	防守端锋	14 813 000
19	帕特里克·彼得森（Patrick Peterson）	角卫	14 791 491
20	A.J.格林（A.J. Green）	外接手	14 750 000
21	卡莱·坎贝尔（Calais Campbell）	防守端锋	14 750 000
22	杰拉尔德·麦科伊（Gerald McCoy）	防守截锋	14 595 000
23	乔·弗拉科（Joe Flacco）	四分卫	14 550 000
24	伊莱·曼宁（Eli Manning）	四分卫	14 450 000
25	汤姆·布雷迪（Tom Brady）	四分卫	14 000 000
26	J.J.瓦特（J.J. Watt）	防守端锋	13 969 000
27	德马里尤斯·托马斯（Demaryius Thomas）	外接手	13 200 000
28	罗德尼·赫德森（Rodney Hudson）	中锋	13 000 000
29	卡姆·牛顿（Cam Newton）	四分卫	13 000 000
30	萨姆·布拉德福德（Sam Bradford）	四分卫	12 985 000
31	布兰登·卡尔（Brandon Carr）	角卫	12 717 000
32	克莱·马修斯（Clay Matthews）	内线卫	12 700 000
33	克里斯·朗（Chris Long）	防守端锋	12 500 000
34	朱利奥·琼斯（Julio Jones）	外接手	12 400 000
35	文森特·杰克逊（Vincent Jackson）	外接手	12 209 777
36	理查德·舍曼（Richard Sherman）	角卫	12 200 000

续表

排名	球员	位置	年收入/美元
37	朱利叶斯·佩珀斯（Julius Peppers）	外线卫	12 000 000
38	瑞安·卡利尔（Ryan Kalil）	中锋	11 795 000
39	乔纳森·约瑟夫（Johnathan Joseph）	角卫	11 750 000
40	乔·哈登（Joe Haden）	角卫	11 700 000
41	德布里恰沙·弗格森（D'Brickashaw Ferguson）	左内边锋	11 698 666
42	凡塔·戴维斯（Vontae Davis）	角卫	11 250 000
43	拉里·菲茨杰拉德（Larry Fitzgerald）	外接手	10 850 000
44	布兰登·艾伯特（Branden Albert）	左内边锋	10 725 000
45	特伦特·威廉姆斯（Trent Williams）	左内边锋	10 680 388
46	瑞安·克拉迪（Ryan Clady）	左内边锋	10 600 000
47	卡梅伦·韦克（Cameron Wake）	防守端锋	10 450 000
48	尼克·曼戈尔德（Nick Mangold）	中锋	10 407 100
49	朱利叶斯·托马斯（Julius Thomas）	近端锋	10 300 000
50	乔·托马斯（Joe Thomas）	左内边锋	10 200 000

表 10.4　男子职业网球联合会（ATP）顶级球员薪资

排名	球员	国家	评分	年收入/美元
1	诺瓦克·德约科维奇（Novak Djokovic）	塞尔维亚	15 785	15 127 409
2	安迪·穆雷（Andy Murray）	苏格兰	8 640	5 904 508
3	罗杰·费德勒（Roger Federer）	瑞士	8 420	6 135 034
4	斯坦·瓦林卡（Stan Wawrinka）	瑞士	6 495	5 032 607
5	托马斯·伯蒂奇（Tomas Berdych）	捷克	4 190	2 786 099
6	锦织圭（Kei Nishikori）	日本	4 710	2 605 656
7	拉斐尔·纳达尔（Rafael Nadal）	西班牙	4 060	2 760 423

续表

排名	球员	国家	评分	年收入/美元
8	戴维·费雷尔（David Ferrer）	西班牙	3 945	2 373 345
9	米洛什·拉奥尼奇（Milos Raonic）	加拿大	2 770	1 433 968
10	凯文·安德森（Kevin Anderson）	南非	2 475	1 631 769
11	理查德·加斯奎特（Richard Gasquet）	法国	2 400	1 875 600
12	马林·西里奇（Marin Cilic）	克罗地亚	2 350	1 808 974
13	约翰·伊斯内尔（John Isner）	美国	2 280	1 563 410
14	吉勒斯·西蒙（Gilles Simon）	法国	2 020	1 344 476
15	乔·威尔弗里德·特松加 （Jo-Wilfried Tsonga）	法国	1 990	1 443 611
16	戴维·戈芬（David Goffin）	比利时	1 970	1 022 878
17	费利西亚诺·洛佩兹（Feliciano Lopez）	西班牙	1 725	1 418 098
18	多米尼克·蒂姆（Dominic Thiem）	澳大利亚	1 600	1 018 677
19	盖尔·孟菲尔斯（Gael Monfils）	法国	1 590	953 884
20	伯纳德·托米奇（Bernard Tomic）	澳大利亚	1 585	1 017 140
21	伊沃·卡洛维奇（Ivo Karlovic）	克罗地亚	1 575	987 747
22	格里戈尔·迪米特洛夫（Grigor Dimitrov）	保加利亚	1 555	914 699
23	罗伯托·鲍蒂斯塔·阿古特 （Roberto Bautista Agut）	西班牙	1 510	1 090 898
24	维克托·特罗伊茨基（Viktor Troicki）	塞尔维亚	1 499	1 064 725
25	贝努瓦·佩尔（Benoit Paire）	法国	1 471	843 261
26	法比奥·福尼尼（Fabio Fognini）	意大利	1 470	1 590 573
27	安德烈亚斯·塞皮（Andreas Seppi）	意大利	1 440	1 019 721
28	吉列尔莫·加西亚·洛佩斯 （Guillermo Garcia-Lopez）	西班牙	1 420	964 401
29	杰里米·查迪（Jeremy Chardy）	法国	1 400	1 066 199

续表

排名	球员	国家	评分	年收入/美元
30	汤米·罗布雷多（Tommy Robredo）	西班牙	1 290	724 507
31	菲利普·科赫尔斯奇雷伯（Philipp Kohlschreiber）	德国	1 230	717 011
32	尼克·克耶高斯（Nick Kyrgios）	澳大利亚	1 215	976 239
33	杰克·索克（Jack Sock）	美国	1 210	1 143 262
34	托马斯·贝鲁奇（Thomaz Bellucci）	巴西	1 205	712 568
35	巴勃罗·奎瓦斯（Pablo Cuevas）	乌拉圭	1 180	949 961
36	吉勒斯·马勒（Gilles Muller）	卢森堡	1 140	767 121
37	亚历山大·多尔戈波洛夫（Alexander Dolgopolov）	乌克兰	1 135	682 065
38	莱昂纳多·迈耶（Leonardo Mayer）	阿根廷	1 090	725 957
39	吉里·韦塞斯利（Jiri Vesely）	捷克	1 067	703 904
40	博纳·科里奇（Borna Coric）	克罗地亚	1 051	595 531
41	阿德里安·曼纳里诺（Adrian Mannarino）	法国	1 050	758 519
42	费尔南多·沃达斯科（Fernando Verdasco）	西班牙	1 040	772 604
43	瓦塞克·波斯皮西尔（Vasek Pospisil）	加拿大	995	1 218 245
44	马丁·克里赞（Martin Klizan）	斯洛伐克	990	775 495
45	若昂·苏泽（Joao Sousa）	葡萄牙	986	788 147
46	马可斯·巴格达蒂斯（Marcos Daghdatis）	塞浦路斯	943	573 734
47	史蒂夫·约翰逊（Steve Johnson）	美国	915	780 275
48	唐纳德·扬（Donald Young）	美国	871	664 357
49	巴勃罗·安杜哈尔（Pablo Andujar）	西班牙	870	773 363
50	米哈伊尔·库库什金（Mikhail Kukushkin）	哈萨克斯坦	867	487 344

表 10.5　国际女子网球协会（WTA）顶级球员薪资

排名	球员	国家	评分	年收入/美元
1	塞雷娜·威廉姆斯（Serena Williams）	美国	11 285	10 582 642
2	西蒙娜·哈勒普（Simona Halep）	罗马尼亚	6 580	3 615 642
3	玛利亚·莎拉波娃（Maria Sharapova）	俄罗斯	4 691	3 299 284
4	加宾·穆古拉扎（Garbine Muguruza）	西班牙	4 690	3 827 303
5	佩特拉·科维托娃（Petra Kvitova）	捷克	3 860	2 146 237
6	阿格尼斯卡·拉德万斯卡（Agnieszka Radwanska）	波兰	3 515	1 920 465
7	露西·萨法洛娃（Lucie Safarova）	捷克	3 405	2 579 546
8	弗拉维娅·佩内塔（Flavia Pennetta）	意大利	3 372	4 085 343
9	安杰利克·科贝尔（Angelique Kerber）	德国	3 330	1 358 965
10	泰米西·巴钦斯基（Timea Bacsinszky）	瑞士	3 157	2 010 009
11	卡罗琳·沃兹尼亚奇（Caroline Wozniacki）	丹麦	3 151	1 106 475
12	安娜·伊万诺维奇（Ana Ivanovic）	塞尔维亚	3 145	1 418 973
13	卡拉·苏亚雷斯·纳瓦罗（Carla Suarez Navarro）	西班牙	3 075	1 689 032
14	维纳斯·威廉姆斯（Venus Williams）	美国	2 982	1 692 556
15	卡罗莉娜·普利斯科娃（Karolina Pliskova）	捷克	2 950	1 286 293
16	贝琳达·本西奇（Belinda Bencic）	瑞士	2 900	1 483 574
17	罗伯塔·文奇（Roberta Vinci）	意大利	2 655	2 185 843
18	萨拉·埃拉尼（Sara Errani）	意大利	2 525	1 263 820
19	麦迪逊·基斯（Madison Keys）	美国	2 945	1 585 633
20	安德烈娅·佩特科维奇（Andrea Petkovic）	德国	2 445	1 046 532
21	埃琳娜·斯维托琳娜（Elina Svitolina）	乌克兰	2 410	1 116 439

续表

排名	球员	国家	评分	年收入/美元
22	维多利亚·阿扎伦卡（Victoria Azarenka）	白俄罗斯	2 276	1 369 657
23	叶卡捷琳娜·马卡洛娃（Ekaterina Makarova）	俄罗斯	2 250	1 705 438
24	耶莱娜·扬科维奇（Jelena Jankovic）	塞尔维亚	2 125	1 154 864
25	埃琳娜·卡梅利娅·贝古（Irina Camelia Begu）	罗马尼亚	1 880	936 841
26	安娜·卡洛琳娜·施密德洛娃（Anna Karolina Schmiedlova）	斯洛伐克	1 791	615 421
27	克里斯蒂娜·美拉德诺维奇（Kristina Mladenovic）	法国	1 760	1 360 498
28	萨曼莎·斯托瑟（Samantha Stosur）	澳大利亚	1 755	935 918
29	阿纳斯塔西娅·帕夫柳琴科娃（Anastasia Pavlyuchenkova）	俄罗斯	1 755	754 972
30	斯隆·萨拜因（Sloane Stephens）	美国	1 715	768 435
31	莎比娜·利斯基（Sabine Lisicki）	德国	1 597	1 005 884
32	斯维特拉娜·库兹涅佐娃（Svetlana Kuznetsova）	俄罗斯	1 477	898 885
33	卡米拉·乔治（Camila Giorgi）	意大利	1 395	578 956
34	多米尼卡·齐布尔科娃（Dominika Cibulkova）	斯洛伐克	1 336	663 358
35	卡罗琳·加西亚（Caroline Garcia）	法国	1 315	849 955
36	达里娅·加夫里洛娃（Daria Gavrilova）	俄罗斯	1 295	574 810
37	莱西娅·朱莲科（Lesia Tsurenko）	乌克兰	1 294	527 514
38	巴博拉·斯特莱科娃（Barbora Strycova）	捷克	1 290	777 690
39	尤金妮娅·布沙尔（Eugenie Bouchard）	加拿大	1 273	784 628
40	科科·范德维奇（Coco Vandeweghe）	美国	1 247	901 187
41	安妮卡·贝克（Annika Beck）	德国	1 243	403 609
42	麦迪逊·布伦格尔（Madison Brengle）	美国	1 233	602 562
43	阿利兹·科尼特（Alize Cornet）	法国	1 205	663 375
44	瓦尔瓦拉·勒普琴科（Varvara Lepchenko）	美国	1 184	663 065

续表

排名	球员	国家	评分	年收入/美元
45	莫妮卡·尼古列斯库（Monica Niculescu）	罗马尼亚	1 135	633 262
46	特利亚娜·佩雷拉（Teliana Pereira）	巴西	1 107	317 279
47	约翰娜·康塔（Johanna Konta）	英格兰	1 086	430 559
48	茨薇塔娜·皮隆科娃（Tsvetana Pironkova）	保加利亚	1 080	463 776
49	莫娜·巴塞尔（Mona Barthel）	德国	1 065	522 332
50	艾莉森·范·乌伊凡卡（Alison Van Uytvanck）	比利时	1 062	588 717

表 10.6 美国职业足球大联盟（MLS）顶级球员薪资

排名	球员	位置	年收入/美元
1	里卡多·卡卡（Ricardo Kaká）	中场	7 167 500
2	塞巴斯蒂安·乔文科（Sebastian Giovinco）	中场	7 115 556
3	迈克尔·布拉德利（Michael Bradley）	中场	6 500 000
4	史蒂文·杰拉德（Steven Gerrard）	中场	6 332 504
5	弗兰克·兰帕德（Frank Lampard）	中场	6 000 000
6	戴维·维拉（David Villa）	前锋	5 610 000
7	乔茜·奥尔蒂多尔（Jozy Altidore）	前锋	4 750 000
8	克林特·登普西（Clint Dempsey）	前锋	4 605 942
9	罗比·基恩（Robbie Keane）	前锋	4 500 000
10	乔瓦尼·多斯桑托斯（Giovani Dos Santos）	中场	4 100 008
11	杰曼·琼斯（Jermaine Jones）	中场	3 052 500
12	奥巴费米·马丁斯（Obafemi Martins）	前锋	3 000 000
13	安德烈亚·皮尔洛（Andrea Pirlo）	中场	2 315 694
14	肖恩·马洛尼（Shaun Maloney）	中场	1 586 000
15	奥马尔·冈萨雷斯（Omar Gonzalez）	后卫	1 450 000

续表

排名	球员	位置	年收入/美元
16	佩德罗·莫拉莱斯（Pedro Morales）	中场	1 410 900
17	费德里科·伊瓜因（Federico Higuain）	前锋	1 175 000
18	因诺森特·埃梅加拉（Innocent Emeghara）	前锋	1 040 000
19	利亚姆·里奇维尔（Liam Ridgewell）	后卫	1 000 000
20	肯尼迪·伊格博阿纳尼克（Kennedy Igboananike）	前锋	901 667
21	奥克塔维奥·里维罗（Octavio Rivero）	前锋	890 850
22	泰式奥·埃金德利（Tesho Akindele）	中场	875 000
23	达马库斯·比斯利（DaMarcus Beasley）	后卫	813 333
24	奥斯瓦尔多·阿隆索（Osvaldo Alonso）	中场	789 667
25	莫里斯·埃杜（Maurice Edu）	中场	768 750
26	米克斯·迪斯柯鲁德（Mix Diskerud）	中场	750 000
27	罗杰·埃斯皮诺萨 （Roger Espinoza）	中场	750 000
28	戴维·阿卡姆（David Accam）	前锋	720 938
29	凯尔·贝克曼（Kyle Beckerman）	中场	700 000
30	马特·贝斯勒（Matt Besler）	后卫	683 250
31	格雷厄姆·朱西（Graham Zusi）	中场	682 102
32	克里斯·万多洛夫斯基（Chris Wondolowski）	前锋	675 000
33	法恩多·阿迪（Fanendo Adi）	前锋	664 000
34	布拉德利·赖特·菲利普斯（Bradley Wright-Phillips）	前锋	660 000
35	迭戈·瓦莱里（Diego Valeri）	中场	550 000
36	萨夏·克列斯坦（Sacha Kljestan）	中场	537 500
37	凯·卡马拉 （Kei Kamara）	前锋	536 666

续表

排名	球员	位置	年收入/美元
38	奥雷利安・科林（Aurélien Collin）	后卫	525 000
39	布雷克・谢伊（Brek Shea）	中场	520 000
40	多姆・德怀尔（Dom Dwyer）	前锋	518 750
41	阿尔瓦罗・萨博里奥（Álvaro Saborío）	前锋	493 333
42	乔斯・冈卡尔维斯（Jose Goncalves）	后卫	479 375
43	迈克・马吉（Mike Magee）	中场	467 500
44	布拉德・戴维斯（Brad Davis）	中场	445 500
45	莫罗・迪亚兹（Mauro Dı́az）	中场	442 400
46	胡安・阿古德洛（Juan Agudelo）	前锋	427 500
47	马塞洛・萨瓦斯（Marcelo Sarvas）	中场	425 000
48	埃里克・托里斯（Erick Torres）	前锋	425 000
49	比尔・哈米德（Bill Hamid）	守门员	405 500
50	劳伦特・西曼（Laurent Ciman）	后卫	401 667

表 10.7 国际足球联合会（FIFA）顶级球员薪资

排名	球员	位置	年收入/百万美元
1	利昂内尔・梅西（Lionel Messi）	前锋	21.7
2	克里斯蒂亚诺・罗纳尔多 （Cristiano Ronaldo）	前锋	19.6
3	兹拉坦・伊布拉西莫维奇（Zlatan Ibrahimovic）	前锋	15.9
4	拉达梅尔・法尔考（Radamel Falcao）	前锋	15.4
5	蒂亚戈・席尔瓦（Thiago Silva）	后卫	13.2
6	加雷思・贝尔（Gareth Bale）	中场	10.3

续表

排名	球员	位置	年收入/百万美元
7	哈维尔·埃尔南德斯（Xavi Hernandez）	中场	8.8
8	安德烈斯·伊涅斯塔（Andres Iniesta）	中场	8.8
9	韦恩·鲁尼（Wayne Rooney）	前锋	8.4
10	迪迪埃·德罗巴（Didier Drogba）	前锋	8.1

尽管收入因运动项目而异，但性别和社会经济地位的不同而导致运动员之间的收入差距更大。从生理学的角度看，男、女运动员的差异是不能忽视的，笔者本人也了解这一点，因此笔者觉得看男运动员在运动上能突破极限是一件很有趣的事。一般来说，与女性运动员相比，男性运动员的上半身力量更大，这是因为男女运动员在解剖学、生理学及激素上存在差异。这并不是说看女性运动员比赛不令人兴奋。事实上，有趣的是，女性运动员的生理机能已经超越了人们对性别的固有印象。这方面的例子包括达拉·托里斯（Dara Torres）在 41 岁的时候赢得了一枚奥运银牌，还有 64 岁时的黛安娜·尼亚德（Dyana Nyad）在没有防鲨笼的帮助下从古巴游到了佛罗里达。奈德用 53 个小时游了 111 英里（约 178.64 千米），从哈瓦那游到基韦斯特，被认为是世界上最伟大的长距离游泳运动员。龙达·伦达（Ronda Rousey）在终极格斗冠军赛（Ultimate Fighting Championship，UFC）中表现出色，而这是一项一直由男性主导的运动（Komi and Bosco，1978；Mayhew and Salm，1990；Mayhew et al.，2001）。

虽然在网球运动中的性别平等已经取得了很大的进步，但是在社会经济因素上仍有许多工作要做。网球运动面临的一个主要问题是社会经济地位的极不平等。尽管许多人可能会说，现在对从事网球运动的人来说，每个人都有很大的机会，但当我们考虑在职业水平上竞争的机会时，情况就完全不同了。机会明显倾向于那些社会经济地位较高的人。2015 年马丁发表的《社会经济地位是网球运动员成功的一个因素吗?》（*Is socioeconomic status a contributing factor to tennis players' success?*）一文讨论了网球运动员的投入大小和社会经济地位的差异。另外，在排名靠前和靠后的职业网球运动员之间也存在巨大的收入差距。与本书介绍的其他运动项目不同，当排名在 50 名之后，职业网球运动员的收入就会大幅减少。有关网球运动员薪资的详细情况，请参阅表 10.4 和表 10.5。

当体育评论员和球迷使用“运动分析”一词时，他们通常想到的是描述球员和球队比赛表现的统计数据。读完这本书就会知道，运动分析远不止是比赛得分或逐项比赛记录计算出来的数据。运动员在球场上的表现取决于训练和状态——为达到最佳状态需要做好身体准备和思想准备。要想了解什么有助于运动员取得最佳成绩，首先就要做好测量工作，然后选择正确的统计模型并分析与每项运动相关的结果。

橄榄球术语[1]

AstroTurf 人造草皮：以得克萨斯州休斯敦的阿斯特罗多姆球场命名。

audible 口头命令：四分卫在争球线对队友发出的口头命令，要求在接到通知后立即改变打法。

backfield 后场：争球线后的区域。

back（running back）跑卫：半卫或全卫。

ball carrier 持球球员：持球的球员。

beat 击败：一名球员成功越过试图阻挡或拦截他的对手的行为。

blackout 管制：一个地区网络电视附属公司因为没有版权不能播放当地比赛。

blitz 突袭：当球被抢断，防守球员向争球线跑阵，试图擒杀四分卫。

blocking 阻挡：防止防守球员靠近我方持球者的行为。

call a play 掌控比赛：指示运动员执行预先计划的战术。

clipping 接近比赛对手后，夹住对方腰部以下、膝盖以上部位的一种防守方法：一种犯规的拦截，属个人犯规，可罚 15 码（约 13.72 米）。

complete pass 传球到位：队友能在空中接住的传球。

conference 联盟：在 NFL 中，指国家联盟或者美国联盟。

controlling the game clock 控球时间：进攻方在比赛中用来节省或者消耗时间的战术。

---

① 本术语表遵循美国国家橄榄球联盟（2015 年国家橄榄球联盟）的职业橄榄球规则。高中和大学的橄榄球规则与 NFL 不同。

coverage 区域覆盖（也称区域防守）：发生在防守者阻止接球手接传球或防守球员阻止长回传时，橄榄球中常用的一种防止传球的防守方案。

cut back 反切：方向上的突然改变，使防守者更难跟上并拦截球员。

defense（defensive team）防守：没有持球的球队。防守的任务是阻止进攻。防守方的 11 名队员一起努力阻止进攻方向防守端推进。

defensive players 防守队员：边线防守球员直接阻止边线进攻球员。中后卫防守传球，向前推进以阻止跑动或拦截四分卫。边后卫和安全后卫防守四分卫传给外接手的传球，并帮助阻止跑动。有 11 名防守球员，他们的前锋线卫、和后卫数量各不相同。

division 分区：在 NFL 中，分区隶属于联盟，如东部、北部、南部和西部分区。

double coverage 夹击：两名防守球员阻止一名接球球员。

down 进攻分段：攻方有四次进攻机会来通过中场线，如果成功则获得另外四次进攻机会来得分。

down the field 分段进攻方向：对方球门线的方向。

draft choice 选秀：在年度选秀中，由职业经理人从众多候选人（通常是大学生球员）中挑选运动员。

drive 进攻：球队为了得分而进行的一系列动作。

drop back 后撤传球：四分卫在开球后，后退几步进入一个叫作“口袋”（由 5 个人左右围成的保护圈）的区域准备传球。

drop kick 踢落地球：任意球，指球员把球扔到地上，然后在球落地后马上把它踢出去。

eligible receiver 合法接球员：进攻球员，如外接手和近锋端，允许接触向前的传球。如果边锋和四分卫希望成为合法接球员，他们必须告知裁判，并且在开球前他们必须站在争球线后至少 1 码（约 0.91 米）处。

encroachment 侵犯进攻球员：球员在中立区并且在开球之前发生身体接触，就会导致侵犯犯规并处以 5 码（约 4.57 米）惩罚。

end line 端线：沿着球场外围较短的边界。

end zone 端区：球场每侧端线与得分线之间有一个长 10 码（约 9.14 米）宽，53.33 码（约 48.76 米）的区域。这是边线与球门线之间的面积。它是进攻方达阵得分的区域，也是防守方通过弃踢得分的区域。

extra point 附加分：球队触地得分后的附加分，可以是触地得分后再得一分（1 分），也可以是两分转换（2 分）。

fair catch 和平接球（安全接球）：发生在一个回踢者决定仅去抓一个传球或者踢球，并不要推进它时。保护自己以免被进攻方撞击，在空中举起手并且挥动示意这是安全接球。

fair catch free kick 罚接任意球：这是 NFL 规则中罕见的事件。经过和平接球后，持球方有一个立即执行任意球的机会（而不是在球场边线发球进行下一轮进攻）。如果该任意球射进了对方的球门，则进攻方获得 3 分。

field 场地：NFL 的比赛场地长 100 码（约 91.44 米），宽 53.33 码（约 48.76 米）。场地上的白色标记叫作码数标记，帮助球员、裁判、球迷判断球的运动轨迹，可能最重要的区域是终点区域。球场的两端各增加 10 码（约 9.14 米）。当一个队将球推进到对方的边区时，前进的队得 6 分。

field goal 射门得分：踢进横线上方和门柱之间的区域中，得 3 分。

field position 球场位置：球队在球场上相对于两条球门线的位置。进攻球员靠近防守球员的球门线被认为是好的场地位置，反之，防守球员靠近本队的球门线被认为是坏的场地位置。

first down 第一次进攻：四次进攻中的第一次机会，进攻球员必须把球向前推进 10 码（约 9.14 米）。

forward pass 向前传球：进攻球员的传球，使进攻球员更接近对方的球门线。进攻球员每场只能向前传球一次，而且必须从进攻球队的边线后传球。

forward progress 向前推进：持球球员已经推进球到了指定位置，即使球员到达位置后被迫退后。

foul 犯规：球队或球员违反 NFL 官方规则，可处以判罚。

Franchise 专营权：建立 NFL 球队所有权的法律安排。

free agent 自由球员：球员与他的球队的合同已经到期，允许他与任何有报价的球队签订新的合同。

free kick 任意球：把球摆放在地面上踢或者是从手中抛落后踢，而不是在发球点踢。不是传球。

fumble 漏接掉球：当持球人在比赛结束前将球抛落或将球击飞而失去控球权时发生，第一个获得控球权的球员的球队变成进攻方。

goal line 球门线：球门线横穿过场地，在每条线内 10 码（约 9.14 米）处，球队必须带球越过底线才能触地得分。

goal post 门柱：金属结构，在终点区后面。由顶杆和从顶杆向上延伸的两根立柱组成，由底座直接支撑在终点线的上方。各队试着将球踢过横木或在立柱之间以得分或多得一分。

going for it 全力以赴进攻：俚语，指球队面临第四次进攻时，决定尝试新一次达阵进攻而不是踢传。

hand-off 交递球：四分卫将球传给后卫的跑动战术。

hang time 滞空时间：踢悬空球的滞空时间。

holding 拉人犯规：球员抓住或钩住对手身体或任何部分而妨碍对手正常移动的犯规；是罚球，进攻队员将被判先攻。一名进攻队员出现这种情况将导致 10 码（约 9.14 米）的罚球。

huddle 聚商：进攻队员在进攻开球前集合。四分卫通常是领导者，召集人围在一起准备战术、进攻。

in bounds 界内：球场边线和端线内的区域。

incomplete pass 传球未完成：在被拦截之前接触地面的向前传球。

intentional grounding 故意弃球：四分卫故意犯规，该四分卫为了避免被擒抱而故意向前传不完整球。如果传球落在或超过争球线，则不算犯规。

interception 抄截：防守队员在空中截住传球，掌控球权，成为进攻队。

kickoff 开球：当踢球员用球座（用来控球的小支架）将球踢给接球队员时发生。球座被放置在踢球员所在的 30 码（约 27.43 米）线上。接球一方的球员常常试图接球并把球推进另一个方向。用于比赛开始、下半场、加时赛，以及每次得分后重新开始比赛。

lateral 侧向传球：从球队的争球线向后或平行地传给队友。球员每次只能尝试一次向前传球，但球员可以无限次侧向传球。

line of scrimmage 启球线：假想的线，在开球前任何球员不得越过。每支球队都有自己的混战路线，由中立区隔开。

live ball 活球：当球被自由踢出时，它就变成了活球。

loose ball 活球：两队都没有控球权的球，如在一次失误或开球后，两队都有可能拿到球权。

loss of possession on downs 失去球权：当进攻队在第四次进攻时未能达到规定的进攻线时发生，其中规定的进攻线到第一次进攻的争球线距离为 10 码（约 9.14 米）。

midfield 中场：50 码（约 45.72 米）线的另一种说法，它将球场的长度分成两半。也用于称呼 50 码（约 45.72 米）线附近的位置。

moving the ball 运球：用两种方式来推进球，包括跑动和传球。

necessary line 首攻线：进攻时必须通过，以完成第一次进攻。

neutral zone 中立区：在每次比赛前球落在地上的区域。两线之间的区域。

NFL（National Football League）美国职业橄榄球大联盟：美国主要的职业橄榄球联盟，由 32 个队组成。

NFL Championship 美国国家橄榄球联盟冠军赛：1933～1965 年举行的决定美国职业橄榄球冠军的比赛，1966 年更名为超级碗。

offending team：犯规的球队。

offense（offensive team）进攻球队：拥有控球权的球队。

offensive players 进攻球员：负责进攻的成员，通常包括以下角色：负责传球的四分卫；负责把球传给四分卫并防守的中锋；负责防守的两名后卫和两名防守截锋；负责防守，并负责接住四分卫投掷的球的防守端；负责接球（和四分卫交接），带球跑动的后卫。场上一队有 11 名进攻球员，其进攻端、后卫和接球手数各不相同。

offside 越位：击球时，球员身体任何部位只要越过争球线，即越位；犯规判后退 5 码（约 4.57 米）。

open receiver 空位接球手：没有防守者贴防的球员。

out of bounds 界外：场地接触边线或边线外的区域。当带球者或球本身触及界外时，一局就结束了。

pass 传球：通常由四分卫扔球来完成，虽然有时也会有其他球员传球来迷惑防守队员，但是只要球从争球线后方传出，任何进攻球员都可以传球。球被另一名进攻球员接住，通常是一名外接手或接球手，有时是一名跑动后卫。如果球在接住之前先落地，则称传球失误。

pass defender 传球后卫：防守球员，防守对方的接球手。

pass protection 传球保护：来自进攻球员的阻挡，使其他防守球员在四分卫传球时保持距离。

pass route 传球路线：接球手事先设定好接球路线，帮助传球手快速传球，这样传球手就能更容易地把球传到接球手手中。

pass rush 中传手，通常是防守端或外线卫：防守队员突破对方防守，为四分卫解围。

personal foul 个人犯规：可能导致受伤的犯规，罚 15 码（约 13.72 米）。

picked off：“抄截”的另一种说法，如“拦截传球”。

pitch-out 抛球：从四分卫到跑卫的侧抛。不是向前传球。

play 比赛开始：开球传球的瞬间，代表比赛开始。

players 球员：防守球员和进攻球员，每队 11 人。

play clock 比赛计时钟：显示在每个达阵区的时钟，将球队的比赛时间限制在 40 秒；球必须在时钟转到零之前将球传出。

play-action pass 假动作传球：四分卫假传球后的传球。

playoffs 季后赛：决定 NFL 冠军的季后赛。

pocket 传球口袋：进攻线后四分卫被本方阻截者保护的区域。

point-after-touchdown（PAT）达阵后附加分得分：在对手 2 码（约 1.83 米）线外判给达阵得分的球队的定位球。如果球越过了球门，那就得 1 分。

possession 球权：接住或控制橄榄球。

previous spot：上一局球被抢断的地方。

punt 弃踢：当一名球员在中线后 10 码（约 9.14 米）处接到一个开球，将其抛下并在球落地前将其踢出时，就称为“踢”；对手试图以另一种方式抓住并推进它，不是任意球。

quarterback 四分卫：进攻队伍的主导。从中锋接球后，要么把球传给跑卫带球跑，要么把球传给接球手，要么带球跑。

reading the defense 阅读防守：四分卫对对方防守阵型的破解，他可以发出指令来调整进攻。

receiver 接球手：接球或试图接球的进攻球员。

recovery 获得球权：获得或者重新获得一次因失球而失掉的球权。

red zone 红区：20 码（约 18.29 米）线和球门线之间的假想区域。进攻最有可能得分的区域。

return 回传：接球手接球时的一种尝试，如拦截、踢出界外球或开球，以改变原本球的方向。

roll out 四分卫跑动传球：当四分卫沿着球门线平行跑动，寻找接球手时发生。

rookie 新秀：在 NFL 或其他联盟中第一年的球员，也称菜鸟球员。

run 跑动：当四分卫把球传给跑卫，跑卫试图通过躲避防守球员而获得尽可能多的码数时发生。四分卫也可以带球跑动。

rush 冲球：对进攻队员来说，就是跑动。对防守队员来说，是冲击四分卫的战术，见 pass rush。

sack 擒杀：四分卫在争球线后的战术。

safety 安全得分：带球队员将球带到本方禁区后，在本方禁区内被拦截；防守方得 2 分，并得到本方 20 码（约 18.29 米）线上的一次任意球。

scoring 得分：比赛的目标是获得最多的分数。在橄榄球比赛中有 4 种得分方法。

scrambling 争夺：四分卫的动作，试图避免被防守方在争球线后阻截。

series 回合：在四档进攻里，每队必须前进 10 码（约 9.14 米）。

sideline 边线：沿边线长度与场地长度相等的边界线。带球者或球越过边线会被判为出界。

single-elimination 单淘汰赛：一个队在一场失利后被淘汰的比赛。NFL 季后赛是单淘汰赛。

snap 开球：两队站在中场，进攻球员快速将球从两腿之间传给站在他身后的球员（通常是四分卫），意味着比赛开始。

special teams 特勤组：上场的在大名单里面的球员。

spike 扣球：球员将球抛向地面庆祝触地得分。

spiral 转球：球以旋转的方式传出或踢出，使其更准确地向前推进；球在整个飞行过程中都指向同一个方向。

spot：球场上的位置，记录着进攻球队的前进距离或犯规区域。

stiff arm (straight arm) 直臂格挡：持球者为阻挡阻截者而进行的推挡。

Super Bowl 超级碗：NFL 的冠军赛，每年一月在一个中立的地点举行，由 AFC 和 NFC 的两支冠军队参加，是 NFL 季后赛的最后一场比赛。

tackle 擒抱：球员在进攻和防守线上的位置。通常有左右进攻擒抱、左右防守擒抱。

tackling 擒抱：防守球员通过双手擒抱进攻方的持球队员，使其除手以外的身体任意部分触地，从而结束其进攻。

territory 防守半场：球队防守对手的半场。

third-and-long 三档长码数：第三次进攻，并且距离第一次进攻有一个长码数时，就会发生这种情况。也就是说，第三次进攻距离第一次进攻有 5 码（约 4.57 米）或更多的码数。

tied game 平局：两队得分相同的比赛。在 NFL 常规赛中，会有一个 15 分钟的加时赛。

touchback 回阵：如果球员在本方区域内控球，膝盖着地，在本方 20 码（约 18.29 米）线处自动继续比赛；如果他的对手将球踢过终点线，也会被判得分。

touchdown（TD）达阵（即“触地得分”）：橄榄球比赛中单次最大得分。它不仅值 6 分，达阵方还会得到一次附加分机会。如果挑战达阵，球必须越过阵区线进入达阵区，在阵区内接住球，或者掉球到阵区，或者踢球队伍把球踢到阵区。

turnover 交换球权：在一场比赛中进攻方由于失球或被抄截而非自愿地失去控球权。

two-point conversion 两分转换：在 NFL 中，当一支球队刚刚触地得分后，在对手的 2 码（约 1.83 米）线上继续比赛，并将球越过球门线就会追加 2 分。当成功的时候，它看起来就像触地得分。1994 年 NFL 引入了这个说法。

Wild Card 外卡：NFL 的球队在非分区冠军中拥有两项最好的记录之一，从而可以进入季后赛。

winning percentage 胜率百分比：“百分比”一词用于表示实际的占比。这是团队运动中常见的统计数据，指一支球队在一段时间内赢得比赛的比例。这一公式适用于连续性、紧密性的比赛，这可能符合 NFL 常规赛，公式如下：

$$胜率百分比=\frac{胜场数+(平手数/2)}{比赛次数}$$

篮球术语[①]

air ball“三不沾”：投出的球不沾篮板、不沾篮筐、不沾篮网。

alley-hoop pass 空中接力：一名运动员把球传给另一名向篮筐跑去的进攻队员，该队员在半空中起跳接住传球，直接上篮或扣篮得分。

assist 助攻：直接使另一名球员得分的传球。与得分一样，助攻也是球员进攻表现的重要方面。比赛中的助攻数通常用 AST 表示。

assist percentage 助攻率：队友的进球中有多少来自他的助攻，其百分比为助攻率，用 AST% 来表示。

backcourt 后场：如后卫，当其他球员进攻时，后卫返回或继续防守（在球队的防守半场）。

backdoor play 反跑战术：篮球基本战术之一，当一名球员在罚球弧周围接到队友传球时，防守球员向该名持球球员移动，另有无球球员在防守者背后切入篮下，在篮下接到队友的传球后直接进攻得分。

bank shot 擦板球：球员出手后篮球先击打篮板，后经过反弹命中篮筐的投篮。

baseline（endline）底线：球场两端的边界线，在篮筐下方。

basket 篮筐：比赛中篮球进入得分的一个物体。由篮圈和篮网组成，固定在篮板的底部中央。

bench 替补球员：参与比赛但是不在场上的 5 名球员之中。

---

① 本术语表定义了适用于美国国家篮球协会（2015a，2015b）的术语，同时大多数也适用于高中和大学的篮球比赛。参见奥利弗的文献资料，了解更多关于篮球统计的术语（Oliver，2004a）。另外，教练专用术语可以参考麦克奎尔和甘道夫的文献资料（McGuire，1958，1960；Gandolfi，2009）。

block 盖帽：防止对手投篮进入篮筐而直接拦截对方的球。比赛中的盖帽数通常用 BLK 来表示。

block percentage 盖帽率：进攻方球员投篮时，球被防守方球员用手干扰而破坏了球的运行，这有效地阻止了投篮得分的比率。

bonus 罚球：当一支队伍在“罚球状态”时，意味着对方球队已经超过了它的犯规次数限制。

bounce pass 击地传球：同队球员之间的传球，持球者在传球时，将球先击地再传给队友。

box out 抢篮板挡人：球员将自己的身体置于对手和篮筐之间，处于抢篮板的有利位置。

brick 球打在篮筐或篮板上被崩出来：一个很差的投篮，但与三不沾不同。这个投篮碰到了篮筐或篮板，只是没有命中。

charging 带球撞人：进攻球员与防守球员发生强烈的身体冲撞这种违反规则的行为。这是一名进攻球员运球时对防守球员的犯规。被判罚的进攻球队失去球权，但是防守球队没有罚球。

coast-to-coast：带球从球场的一端到另一端。

collective bargaining agreement 劳资协议：球队和球员之间的协议。NBA 和 NBPA 之间的协议就是一个例子。该协议说明雇佣条款和条件。

cut 空切：球员快速向篮筐移动，到达投篮位置。

dead-ball foul 死球犯规：犯规发生在停表和不在比赛的时候。

deny the ball 绕前防守：通过非常紧密的防守，阻止对手拿到球。

double dribble 两次运球：犯规的一种，指一名球员运球，停球，之后又再次运球。

double foul 双方犯规：在比赛中，双方队员几乎同时犯规。

doubl-team 双人夹击：两名防守球员防守一名进攻球员。

downtown 三分线以外：篮球俚语，指远距离投篮，如在三分线后投篮。

DPOY：NBA 年度最佳防守球员的缩写。

draft 选秀：NBA 一年一度的纳新大会，即 NBA 一年一度的从大学和其他球队中挑选球员的大会。

dribble 运球：指拍按由地面反弹起来的球的动作。球员在持球移动时必须运球且必须在第二步之前开始运球。

dunk（slam dunk）强力扣篮（灌篮）：一种极具气势的投篮，从篮筐上方向下砸。

fast break 快攻：一支球队拥有球权后，快速从球场的防守半场推进到进攻半场。一次快攻可以给一支球队提供战略上的优势，因为对手没有时间建立防守。

field goal 投篮（总称）：投篮得 2 分或者 3 分。两分球数量的总数用符号 2P 来表示。三分球数量的总数用符号 3P 来表示。投篮得分的总数用 FG 来表示。投篮出手（2PA、3PA 和 FG）和投篮命中的百分比（2PA%、3PA%和 FG%）都有相应的符号。虽然称为百分率，但是它们实际上是按比例计算的。

flagrant foul 恶意犯规：与对手过度接触的犯规。

foul 犯规：违反规则。个人犯规是最常见的犯规类型。它包括从比赛开始后到比赛结束前与对手进行的非法的身体接触的行为。如果是进攻球队犯规，则为进攻球员个人犯规；如果是防守球队犯规，则为防守球员个人犯规；如果两支球队都没有控制球权，则为无球控球犯规。个人犯规是对一名球员的犯规，并且可以据此计算个人的犯规次数上限。技术犯规有别于个人犯规，是违反体育道德的行为。

foul out 犯满离场：每名球员都有个人犯规的限制，当超过个人犯规上限时，他将被取消参加剩余比赛的资格。

foul trouble 快要犯满离场：当球员在被逐出比赛前接近个人犯规上限，或是当一支球队接近每节的犯规上限时，在那之后所有的犯规都将变成罚篮犯规。

free agent 自由人：指一名球员的合同到期或根据 NBA 的裁员规程被终止合同，或指这名球员有资格参加 NBA 选秀并且从未签署过 NBA 合同。

free throw 罚球：离篮筐 15 英尺（约 4.57 米）的投篮，每次得 1 分。一名球员有两次罚球的机会，并且如果被犯规的时候有投篮的动作，将额外增加一次。罚球出手次数用 FTA 表示，罚球成功次数用 FT 表示。相应的罚球命中率（FT%）是罚球出手和罚球命中的比例。

frontcourt 前场：非后场球员。另外一个术语是球队的中锋和前锋。

give-and-go 传切配合：当一名球员传球给另一名球员并朝篮筐方向移动时，等待回传。在接到回传后，第一个球员可能更适合上篮或扣篮。

goaltending 干涉得分：违例的一种，指球员干扰正在下降轨迹中的投篮。球必须有进入篮筐的可能性，而且必须在篮筐上方。

gunner：经常投篮的投手。

hang time 滞空时间：当一名球员出手投篮时在空中（悬空）停留的时间。

high post 高位：罚球弧周围的区域。

hook shot 勾手投篮：呈弧线的、钩状的投篮动作。投篮者不是直接面向篮筐或头对着篮筐，而是身体垂直于篮筐。

hoop 篮圈：篮筐，也就是投篮得分的地方。

jump ball 跳球；争球：当双方球队各一名或数名球员同时握着球，任一队员无法获得球权时，裁判就会暂停比赛，用“跳球”的方式，决定球权。同样，比赛“开球”以跳球的形式开始。

jump hook 跳勾：跳起时勾手投篮。

jump shot 跳投：球员跳向空中的尝试投篮。有时被简单地称为 J。

lane 限制区：在每一个篮筐附近，端线和罚球线之间的区域。离篮筐最远的边线是罚球的底线。罚球队员必须站在限制区外。

loose-ball foul 争抢球犯规：两队都没有控球时的犯规。

lottery：确定选秀顺序的过程。

low post 篮下；低位：篮筐两侧罚球线底部的区域。

man-to-man defense 一对一防守：防守队员被指派去防守对应的进攻队员。与区域联防形成对比。

NBA：美国职业篮球联盟，成立于 1946 年，总部设在纽约市，美国主要的职业篮球联盟。目前有 30 支球队，15 支在东部赛区，15 支在西部赛区。

NBPA：美国国家篮球运动员协会。代表 NBA 球员的联盟。

net 篮网：挂在篮筐边缘的 15 英寸（约 30.10 厘米）到 18 英寸（约 45.72 厘米）长的网。

open shot 无人看管的投篮：这是无争议投篮的另一个术语，指没有防守球员靠近球员的投篮。

outlet pass 抢到篮球板后的第一传，特指抢到篮板后直接的跨场长传：抢到篮板后传给队友的球。

over the limit（penalty situation）超过了犯规限制次数：在达到一定数量的犯规（限制）后，犯规的队被认为是“超过了限制”，随后他们的每一次犯规，另一队都将罚球。

overtime 加时赛：在 4 节比赛结束后平局时，会有 5 分钟的加时赛。如果一场比赛在最初的加时赛之后仍然平局，就会进行另一场比赛，直到出现胜者为止。无论是常规赛还是季后赛，在 NBA 的比赛中都不会有平局情况出现。

pace factor（pace of play）比赛速度：每一节时间内控球次数的量度，被认为可以预测球队的表现，更快的速度与得分呈正相关关系。

pick（set a pick）掩护：一名进攻球员通过占据一个固定位置来帮队友创造出投篮空间的机会，防止对方防守球员对投篮者进行防守干扰。当进攻球员建立的掩护不是固定的并且和防守者产生了接触时就会被判犯规，这种类型的犯规会导致进攻方失去球权。

pick-and-roll 挡拆战术：进攻球员给持球的队友作掩护，然后掩护队员向篮下移动，再接队友的传球，在无人防守的情况下投篮。

pivot 篮下：通常指由中锋控制的区域，也指以一只脚为中枢转动身体改变方向的动作。这一术语也指改变方向的行为，即一只脚踩在地上，另一只脚的方向可以多个变化。

player control foul 进攻犯规：带球撞人的另一个术语。

point guard 控球后卫：球队的主要控球者，组织球队进攻的球员。

power forward 大前锋：两个前锋中身材较大的球员。主要职责是抢篮板球和得到尽可能多的分数。

possessions 控球：表示球队拿球的次数和对方拿球的次数。

press 紧逼（防守）：防守队伍中所有球员压迫性地、紧密地防守有球的队伍，此时防守一方就是“使用紧逼防守”。

quarter（period）节：一场 NBA 比赛分为 4 节，每节 12 分钟。

quadruple-double 四双：指球员在同一场比赛中，下列中有 4 项分别累计得分达到两位数：得分、篮板、助攻、抢断和盖帽。

rebound 篮板球：抢到一个未命中投篮的球权。防守篮板的数量（DRB）和防守篮板的百分比（DRB%）是衡量防守能力的指标。进攻篮板的数量（ORB）和进攻篮板的百分比（ORB%）是衡量进攻能力的指标。

rejection：盖帽。

sag 后撤防守：一种防守战术，为了配合另一名队友而放弃或离开他被指派防守的进攻球员（在一对一防守中），去防守另外一名进攻队员。

salary cap 工资帽：在 NBA 赛季中，每支球队可以支付的最高工资。由 NBA 和球员之间的集体谈判协议来确定（以 NBPA 为代表）。

screen 掩护：进攻方一名球员站在队友和防守球员之间，给队友创造出一个空位进攻。

set-shot 原地投篮：球员投篮时双脚都在地板上固定的位置，与之相反的是跳投。

shot clock 24 秒计时器：用于记录进攻时间的计时器。球队必须在 24 秒内击中篮筐，否则将失去控球权。

SRS 简单评价系统：把平均分的差异和赛程强度考虑进去，以零为界限上下浮动。评级以高于或低于平均水平的分数表示，代表球队的表现。

steal percentage 抢断率：计算公式为 100×［抢断次数×（球队比赛时间/5）］/（球员比赛时

间×对方球队的进攻机会次数）。抢断率是对以抢断为结束的对手进攻的百分比的预测。

strength of schedul 赛程强度：评价一支球队的赛程强度要基于这支球队对手的实力。评级以高于或低于平均水平的分数表示，其中零为平均水平。

sixth man 第六人：替补球员里实力最强的球员。

sky-hook 天勾：勾手投篮的一种，当球员的手在弧线的顶部时将球投出。这种投篮的高度和角度很大，因此很难被盖帽。

skywalk 空中漫步：跳跃时在空中横向移动。

squaring up：球员投篮时肩膀正对着篮筐，这被认为是良好的投篮姿势。

stutter：短促而富有变化的步伐，用来减缓身体冲力。

switch 换（防）：队友在比赛中交换要防守的球员。

team fouls 累计犯规：当全队犯规超过限制时，对手就会获得罚球的机会。

technical foul 技术犯规：违反体育道德的行为，如语言辱骂或打架等。

three-point shot 三分投篮：在距离篮筐 22 英尺（约 6.71 米）的弧线外投篮。每次命中得 3 分。

three-point attempts 三分球出手次数：在三分线外尝试得分的投篮。由 3PA 来表示。

three-point field goals 三分球得分：在三分线外的投篮命中的次数。由 3P 来表示。

three-point field goals percentage 三分球命中率：虽然称为百分率，但是实际上是比例。三分球投篮命中的概率，用 3P%来表示。

three-sixty（360）360° 转身：通过 360° 转身躲避防守队员。

three-second violation 三秒违例：进攻球员不能站在禁区超过 3 秒。

tip-in 补篮：将一个未命中的投篮补进篮筐。

tip-off 跳球开球：篮球比赛开始时，每支球队各派一名球员，将球从这两名球员之间抛出。

trailer 快攻中尾随的球员：指进攻的球员，他在快攻时处于得分的有利位置。

transition 由攻转守的过程：从进攻到防守的转变，反之亦然。

traveling 走步违例：违例的一种，即在没有运球的情况下走太多步。

triple-double 三双：即 3 项技术统计数值超两位数，指球员在同一场比赛中，在下列选项中有任意 3 项分别累计得分达到两位数：得分、篮板、助攻、抢断和盖帽。

turnover 失误：进攻方由于自己的失误，将球传出界外或者违例而失去球权。

two-point attempts 两分球出手：在三分线内尝试得分的投篮。用 2PA 来表示。

two-point field goals 两分球得分：在三分线内的投篮命中的次数。用 2P 来表示。

two-point field goal percentage 两分球命中率：虽然是百分率，但是实际上是比例。得分的两分球投篮的命中率，用 2P%来表示。

veteran free agent 资深自由球员：一名球员完成了对他的球队的合同义务，然后可以自由地和 NBA 球队签约。由 NBA 和球员（以 NBPA 为代表）之间的集体谈判协议来定义。

weakside 弱侧：指因为距离太远或是直接传球的路线上有防守球员而导致离球的距离多于一次传球的距离。同时指场上无球的一侧区域。

wing 侧翼：罚球线外篮筐一侧的边线位置。

zone defense 区域防守（联防）：一种防守战术，指球员防守场上的区域，而不是具体的球员（如一对一防守）。

棒球术语[①]

All Star Game 全明星赛：在美国职业棒球大联盟中，棒球赛季中期从各支球队中选拔具有高超球技的球员进行的比赛。

American League 美国联盟：是美国职业棒球大联盟中的两个联盟之一，共 15 支球队，分 3 个分区，每个分区各 5 支球队。美国联盟允许指定击球手。

around the horn：棒球俚语，指完成了无人在垒位的策动后，绕内场传球。

at bats（AB）自由击球数：击球手没有得到四坏球保送（不是触身球）和牺牲打（触击牺牲打和高飞牺牲打）时的击球情况，总打数在计算球员打击率时被用作分母。

bailing out 伸踏（离垒）：棒球俚语，挥击球时，击球手距离投手最近的脚远离本垒。无论击球手的击球姿势（闭合或打开）如何，都可能发生。也被称为踏入桶（stepping in the bucket）。

ball 坏球：投手合法投出的没有直接通过好球区而击球员又未击中的球叫坏球。

base 垒位：跑垒员为得分而必须踏触四个位置的其中之一：一垒、二垒、三垒和本垒。

base on balls（BB）四坏球保送：击球手在不击球的情况下被保送上一垒，因为投球手在击球手打出 3 个好球之前，投出了 4 个坏球。

---

① 本术语表是与米勒一起制定的，适用于棒球运动员、经理、分析师和球迷。根据美国棒球 200 多年的发展历程，本术语表总结了常用的棒球比赛用语（Miller，2016）。官方定义参照了美国职业棒球大联盟（2015 年）的术语。汉普尔对棒球的相关俚语进行了回顾整理（Hample，2007），里普肯为球员和教练员解释了棒球运动的基本原理（Ripken，2004，2007）。其他与棒球相关的资源请参照迪克森的文献资料（Dickson，2009）、MLB.com 网站和维基百科（2015）棒球术语表。

base runner 跑垒员：垒位上的进攻球员（一垒、二垒和三垒）。

bases loaded 满垒：棒球俚语，指一垒、二垒和三垒上均有跑垒员。

base coach 跑垒指导员：主教练指定的穿制服的队伍成员，为垒道上的跑垒员提供线路建议。一垒跑垒指导员向跑垒员建议如何从一垒跑到二垒。三垒跑垒指导员向跑垒员建议如何跑回本垒。

base hit 安打：击球手安全到达一垒前所做出的一次击打。参见本术语表中的另一术语 single hit（1B）。

baserunner 跑垒员：已经安全到达任意垒位的进攻球员，并一直保持在垒位上直到本局结束。

baserunning error 跑垒失误：进攻球员在垒位线路外跑或未能触垒。算作进攻队的一次出局，但不会记录在得分记录表上。得分记录表上只记录防守队的失误。

batter 击球员：进攻球员的最初角色。站在击球区内用球棒击中投手投出的球。也称为击球手。

batter in the hole 下棒击球员：队员席中的进攻球员，位于击球员准备区，在前一轮击球手之后成为新的击球员。

batter on deck 下一个击球员：即将进入击球区的进攻球员，也就是将成为和目前在场上击球手一样的击球手。这是一个被称为下一个击球区的特殊地带，在击球员准备区，新的击球手多为站立或跪姿。

batter's box 击球区：击球员必须站立击球的区域。

battery 组：投手和接手组成的二人小组。

batting average 安打率：安打数除以打数（四坏球和牺牲球不包括在打数内）。高于 0.300 的打击率是比较出色的。低于 0.200（有时称为门多萨线 Mendoza Line）的打击率对于投手和出色的接手及内场手是比较好的。2014 年美国职业棒球大联盟 30 支球队的常规赛季平均打击率为 0.251（Sports Reference LLC 2015）。选择优秀击球手的直接方法是寻找高于 0.250 的打击率值——也就是说，我们寻找击球手的得分大约是每四次击打中能击中一次，而打击率高于 0.300 的情况很少见。

batting stance 击球姿势：在投手投球前，击球手在击球区摆好站姿。详见参考本术语表中的其他术语，见封闭式站法（closed stance）和开放式站法（open stance）。

batting（team）进攻方：进攻球队，而不是防守球队（做防守）。

behind in the count 球数落后：从击球手的角度来看，他的好球数比坏球数更多。也称为计数以下（down in the count）或在洞里（in the hole）。与计数在前（ahead in the count）相反。

bench 替补席：队伍就座区，也称为队员席。不在比赛中的球员被称为替补，且他们坐在长凳上。不在场上但有着天赋球员的球队被称为板凳力量或深板凳。

big leagues 大联盟：美国职业棒球大联盟。

bloop single 力量不大落在内外场之间的一垒安打：击球员将球击出后安全跑上一垒。

bunt 触击：击球策略，包括不挥动球棒而有意等球碰棒，而不是挥动球棒。两次好球后，一次击出界外球将导致第三次好球。

call 裁判判罚：作为动词，表示裁判员中止比赛（中止投的坏球和好球，安打界内和界外，跑垒员安全或出局）；作为名词，表示裁判员做出中止裁决。

called game 中止比赛：裁判取消或推迟的比赛。在有灯光照明的体育场出现之前，比赛可能由于黑暗而被中止。如今，比赛通常是由于恶劣的天气被中止的。

catcher 接手：防守球员蹲在本垒后面，负责接住投手投出的球。这是防守队在界外区域中安置的唯一球员。

caught looking 第三击并没有挥棒的投杀：击球手三次内如果没有击中球就会被中止出局。

caught off base 离垒被触杀：跑垒员可以跑到下一垒，但可能在离开原有垒位时被防守球员触杀。

caught stealing（CS）偷垒被杀：尝试偷垒时，在到达下一垒之前跑垒员被触杀。

center fielder 中外场手：在外场中部的防守球员，位于左外场手和右外场手之间。

Championship Series 冠军系列：在常规赛和加场赛之后，美国职业棒球大联盟和另一个全国联盟分别有两个分区季后赛。这些分区的获胜队在七胜制系列赛（广为人知的锦标系列赛）与其他队相互比拼。

changeup 变速球：低速投球（MLB 速度为 70～85 英里/小时）（112.65～136.79 千米/小时）。速度是区别快速球和这种投球的标准，而不是距离。变速球有不同的形式，包括圆指变速球、三指变速球和四指变速球。

check swing 检查挥杆是否过半：击球手对投出的球进行挥击，但挥棒距离还不够被称为击球。由击球手的挥棒动作能判断是试探挥棒还是击球挥棒。可以由司球裁判员中止，对于右手击球手可能会向一垒裁判员申诉，而对于左手击球手则可能向三垒裁判员申诉。

choking up 握短棒：用双手托住球棒，使其远离球棒底部（球棒手柄末端），是一种单侧击球手挥短棒且对球棒施加更多控制的技术。

chop single 砍打：一垒安打时击球手故意将球击向地面的技术，其反弹较高，使接手难以接住。

closed stance 封闭式站法：击球手在击球区的位置，其靠近投手的脚比远离投手的脚更靠近本垒板。

closer 终结者：终结比赛的投手。

clutch hitter 能扭转场上局势的击球手：在垒位或比赛即将结束时与其他跑垒员有良好配合的击球手。

coach 教练员：由主教练指定穿制服的团队成员，以协助主教练工作，如担任垒位指导员。

command 指令：得到指令的投手当需要投出好球时便可以投出好球。另参见 control。

control 控球：有控制力的投手投出的好球数比坏球数更多。

cover the bases 有人上垒：防守队的一名球员通过挨着垒位站而准备进行覆垒。守场员利用距离垒位近的优势准备实施触杀和封杀。每一个垒位都有一名防守队员在进行覆垒。

crowd the plate：击球手站在非常靠近本垒的击球区域里。

curveball（curve）曲线球：要比快球慢得多的变化球［MLB 速度为 65～80 英里/小时（104.60～128.75 千米/小时）］。投手右手投球到击球手右侧，或者投手左手投球到击球手左侧，曲线球一般会从击球手处脱离。标准曲线球是肩上曲线球，有些投手会投掷出蝴蝶球。

cut fastball（cutter）切球：有动作的快速球。

cut-off position 打截拦击位置：外场手和本垒之间的比赛位置。跑垒员绕垒并回本垒，外场手可以以低轨迹将球投向本垒，因此处于拦击位置的内场手可以拦截球并扔向另一个垒，通常是二垒，以防止另一个在垒位附近前进的跑垒员向垒位推进。或者，内场手切断来自外场的球，将球投向本垒，使投手可以将跑垒员触杀。由于内场手比外场手更接近本垒，内场手的传球比外场手的传球更准确。许多外场手没有很好地把球传回本垒的能力，因此在拦击位置向其他投手传球是必不可少的。

defense 防守：防守球队，与准备击球（进攻）的球队相反。

defensive indifference 消极防守：场上一名跑垒员需要努力从一个垒位跑向下一个垒位，同时防守方允许这样的情况发生。这种情况通常发生在比赛后期当防守队领先不止一分时，额外的得分不会使进攻队获胜。当正式记录员判防守方消极比赛时，跑垒员跑向下一垒的行为不会被记录为偷垒。

designated hitter（DH）指定击球员：在击球手名单里但在球场内没有位置的球员。该球员代替最弱的击球球员（通常是投手）去击打球。在美国职业棒球大联盟中，指定击球手的角色可能适用于美国联盟，但并不适用于全国联盟。

diamond 内场：棒球比赛场内的另一个词。以由 4 个垒位组成方形或钻石形的棒球内场而得名。

dig in 刨坑：击球手用鞋上的钉子在击球区刨坑，以获得更好的支撑。

Division Series 分区赛：常规赛结束后，一个联盟中的 3 个分区或加场赛获胜者进行的五胜制季后赛。每个联盟有两个分区系列赛。

double hit（2B）二垒安打：使击球手能连续跑到二垒所进行的击球。

double-header：同一天打了两场比赛。标准的两场连赛（double header），其间有短暂的休息时间。日夜两场连赛（day-right double header）中间则有几个小时的休息时间。

double play 双杀：在一场比赛中两次出局。各种双杀由运动员位置来编号。例如，一场 4－6－3 的双杀涉及由二垒手传球到游击手，然后从游击手传至一垒手。无助攻双杀是由一名运动员单独执行的双杀。

double-switch 双换人：涉及两名球员的替换。通常用来替换位置球员和替补投手，将位置球员（通常是更好的击球手）放在先发阵容中，以便他在投手（通常是更弱的击球手）下场之前击球。

dugout 队员席：也称为长凳。

earned run average（ERA）责任失分率：投球性能指标。每九局比赛所失的分数（不是由于失误）。另请参阅本术语表中的另一术语 WHIP。

expected runs 预期得分：对半局状态或比赛情况的计算，在半局结束时，进攻队的预计得分数。该计算基于状态或比赛情况，以及历史多次比赛数据。预期得分在改变比赛策略的评估方面特别有用，如是否使用触击牺牲或是否尝试偷垒。

extra-base hit 多垒打：不只是一垒安打，还包括二垒安打、三垒安打和本垒打。

fair ball 界内球：球击在犯规线以内。

fair territory 界内区：犯规线以内的区域。

fan 粉丝："fanatic"或"fancier"的缩写。另一个较早的术语是"crank"。意思是体育比赛的观众，热爱比赛的人或特定队伍的人。

fantasy baseball 管理球队的棒球游戏：棒球迷们假装组建并管理美国职业棒球大联盟球队。这使球迷能够像自己担当球队老板一样做决定。

fastball 直线球：在 MLB 里，这种球的速度比任何其他类型的投球都要快，每小时 80～100 英里（128.75～160.93 千米）。根据投手抓球部位分为不同的类型，包括四线缝快球、两线缝快球、外切快速球和叉指变速球（也称分离器）。四线缝快球比其他快球速度更快，但运动距离短。

fielder：守场员。

fielder's choice 守场员选杀：击球手到达一垒是因为守场员选择让一名跑垒员出局来代替击球手。击球员未获得安打。

fielding error 防守失误：防守球目的本应是让进攻方出局，但是没有，因为是接球，而不是传球。另请参阅 throwing error。

first base 一垒：为了安打，击球手必须首先踏触的垒位。

first baseman 一垒手：最接近一垒的防守球员和内场手。

five-tool player 全能选手：棒球技巧很棒的球员，可以进行奔跑、防守、传球及有力的击球。

fly ball 高飞球：与地滚球相反，球在空中被击中。但与平直球也不一样，不是在低空被击打。

fly out 高飞球出局：球在空中被击出并被接住，导致击球手一次出局。可能发生在界内或者界外区。也称为腾飞球出局，与地滚球不同。

forfeited game 弃权比赛：因违反游戏规则，被主裁判直接判定结束比赛并把得分判定为 9:0。

force out 封杀：与触杀相反，为一次性出局，防守球员手中持球提前触到垒位，击跑员因为先前的垒位已经被占领或马上被占领而被封杀，参见 neighborhood play。

foul ball 界外球：球被击出界线外。

foul territory 界外区：界线以外区域。

foul tip 擦棒被捕：直接从击球手的球棒落到接球手的手套中或手上的球。可以是一次好球，也可以是第三次好球。

frame（a pitch）接手偷好球：接手通过手腕等动作将坏球接得像好球，以迷惑裁判。

free agent 自由球员：有资格与所有球队签约却没有与任何一支球队签约的球员。

full count 满球数：击球手打出 3 个坏球和 2 个好球。

game-winning hit 致胜安打（G）：棒球比赛或在比赛中出场的缩写。

grand slam 满贯本垒打：满垒情况下的本垒打。

ground ball 地滚球：与平直球或飞球相反，球撞击在地面上。

ground out 地滚出局：击地滚球后，击球员在一垒把球传给一名守场员。与飞球相反。

ground-rule double 穿越安打：击出的界内球弹场后出场，判罚为二垒打。

hit（H）安打：在没有失误，守场员选杀，四坏球或触身球的情况下击球手击球并安全到达一垒。包括一垒打、二垒打、三垒打和本垒打。

hitter 打击者：击球员的另外一个术语。

hitting slump 打击低迷：击球手连续多次比赛表现都很低迷，没有安打数或安打数很少。

hitting streak 连续安打：击球手在垒上的表现异常出色。通常连续比赛中至少有一次安打。乔·迪马乔（Joe DiMaggio）保持了连续安打纪录，连续 56 场比赛有安打。

hitting for power 长打：进行本垒打。

holding runner on base 牵制跑垒员：一垒手的活动，当跑垒员在一垒时，一垒手会站在一垒附近。因此，跑垒员会停留在更靠近垒的位置（少带领），以免投手将球传给一垒手被触杀。这样做是为了使跑垒员不太可能偷垒成功。

home plate 本垒板：朝向投手的正方形扁平橡胶物体，三角形侧面背向投手。接手在本垒后面蹲伏。击球时，击球员站在本垒板旁边击球区。在围绕着垒跑完后，他们必须触摸本垒板才能得分。也称为本垒。

home run（HR）本垒打：击球手到达本垒的安打，也称为本垒打（homer）或长球（long ball）。通常是把球击到界外而获得的。对于内场本垒打，球停留在比赛场地中后，击球手同时围绕垒跑完一圈，并安全触摸到本垒板。

illegal pitch 不合法投球：投手的轴心脚不在投手地板上时所投出的球，如突袭投球或佯投。

infielder 内场手：在垒位附近的防守球员。

inning 局：棒球比赛中的比赛单位。一局由 3 个出局组成。全局比赛包括先攻队击球，然后是后攻队击球。一局的上半场部分是先攻队进攻击球，而下半场部分是后攻队进攻击球。

intentional base on balls 故意四坏球保送：投手给击球手扔出四坏球而不是尽力投出好球。这是一种棒球策略，以避免击打者击出好球（针对优秀的击球手），或为了使跑垒员跑到一垒，从而进行封杀。

interference 妨碍：进攻方的干扰犯规行为，包括进攻球队干扰、阻挡、阻碍或迷惑守场员进行杀球。例如，为了干扰外场手接球，跑垒员在跑时故意被球击中，这又被称为浸泡（soaked），跑垒员则被判出局。防守方的干扰犯规发生在接球手的手套碰到球棒，影响击球手的挥杆或阻止他击球时。除此之外，还可能有裁判员干扰或观众干扰。

in the hole 好球数领先坏球数：从击球手的角度来看，他的好球数多于坏球数。也被称为计数之下（down in the count）。

knuckle ball 蝴蝶球：极慢的投球［MLB 速度为 55～70 英里/小时（88.51～112.65 千米/小时）］，很少旋转，以无法预测的方式运动。也称为弹指（knuckler）。

lead-off hitter 第一棒击球员：先发阵容中的第一个击球手，因为他很有可能上垒，所以被选为球队的第一个击球手。

leave the yard（go yard）本垒打：棒球俚语，为一次本垒打。

left fielder（LF）左外场手：在外场左侧打球的防守球员，其中“左侧”是以本垒上看到的场地而定义的。

left on base（LOB）残垒数：当球队达到三人出局时有其他球员在垒上，是进攻半局的结束。

lefty 左投手：用左手击球或传球的球员。

line drive 平直球：与地滚球相反，球被击打到空中。但与飞球不同，球没有被击打到高空。

lineup 先发阵容：比赛开始时球队已提交给本垒裁判的球员或击球手次序名单，可以在比赛过程中向裁判员报告以更改。

live ball 活球：正在比赛中的球。

live ball era：1920 年以后，美国职业棒球大联盟要求使用新的白色棒球。

making the turn：向着一垒跑的跑垒员可以超越该垒并且跑向界外区，如果不跑向界外区，跑垒员会开始向二垒的线路跑，那么这种行为被称为转弯，可能会被守场员触杀。

manager 主教练或经理：在球场负责团队行动的人，也可能是运动员之一。

manufactured run 棒球短语，用于得分不多或没有安打：由“小球”策略产生的跑动，并能让跑垒员上垒。通过单打、保送或偷垒成功推进一垒，而不是击出额外的安打。

men on base：进攻队在一垒、二垒或三垒的跑垒员。

middle reliever 中继投手：在比赛开始后和比赛结束前进入比赛的投手。与先发投手和救援投手不同。

middle infielder：二垒手或游击手。

MLB：即美国职业棒球大联盟（Major League Baseball），是美国的职业棒球组织。目前由两个联赛的 30 支球队组成，分别是美国联盟的 15 支球队和全国联盟的 15 支球队。

National League 全国联盟：美国职业棒球大联盟中的一个联盟，由 15 支队伍组成，分 3 个分区各 5 支球队。全国联盟（National League）不允许指定击球手。具体也可以查阅美国联盟（American League）的情况。

neighborhood play 邻里打法：当跑垒员滑步进二垒并在这里有近身杀球时，即使二垒手的脚没有保持在垒内，也会被记为封杀。只要二垒手的脚在二垒附近，就会被记为封杀。这是为了避免对穿着钉鞋的球员造成损伤。见本术语表中的另一术语 force out。

no hitter 无安打比赛：尽管击球手可能会因为四坏球或失误而到达垒位，但投手可在不允许进行安打的情况下投 9 局。也可参见 perfect game。

no-no 无安打比赛：无击球手的棒球俚语，指其他队伍没有安打和得分的情况。也可参考 perfect game。

obstruction 阻挡：在没有持球的情况下，守场员妨碍跑垒员推进。

offense 进攻：与队伍防守（防卫）相对应，组队击球。

official scorer 正式记录员：指定负责记录比赛，并对安打或防守失误做出判断的人。

on the field（team）防守球队：指场上防守的球队，而不是进攻队。

on-base percentage（OBP）上垒率：击球手通过安打、四坏球、触身球到达垒位数所占总得垒位数的比例，不包括因对方防守失误，守场员选杀，掉落或未接第三个好球，守场员的阻拦或接手的妨碍而上垒，也称为 on-base average（OBA）。通常以比例表示，而不是百分比。见刘易斯（Lewis）（2003）出版的书籍《魔球》（*Moneyball*）及其后续同名电影，OBP 被认为是比打击率更好的进攻表现指标。计算公式如下：

OBP=（安打+四坏保送+触身球）/（打数+四坏保送+触身球+牺牲高飞打）

得到四坏球或触身球与击球手的一垒安打有着相同的效果——他们将击球手送到一垒，但没有被判定出局。

2014 赛季 30 支 MLB 球队的常规赛 OBP 平均值为 0.314（Sports Reference LLC 2015）。选择击球手的经验法则是寻找 OBP 值高于 0.333 的人，也就是说，我们寻找的击球手需要每 3 个打席中有大约 1 个能上垒。

on-base percentage plus slugging（OPS）进攻指数：衡量整体击球能力的方法。

OPS=上垒率+长打率

2014 赛季 30 支 MLB 球队的常规赛季 OPS 平均为 0.700（Sports Reference LLC 2015）。

open stance 开放式站法：击球手在击球区的姿势，其中靠近投手的脚比离投手远的脚离本垒的距离更远。

out 出局：击球队的 3 个比赛单元之一。也就是说，一个半局里有 3 次出局。

“out”出局：裁判的中止命令暗示一次出局将会记录。

outfielder 外场手：远离垒位的防守球员。

overslide 滑垒离位/滑离垒位：在二垒和三垒，触碰到垒位后，跑垒员能越过垒位并与垒位失联。当球员离开垒位后，他有可能被守场员触杀。滑垒离位能在二垒和三垒出现，一垒不存在滑垒离位，因为一垒允许超越垒位并向界外区前进。滑垒离位也与本垒打无关，因为沿着垒位线路得分后，跑垒员需要跑过本垒。

pace of play 打球速度： 也称为比赛节奏。美国职业棒球大联盟一直在尝试寻找加快比赛节奏的方法，而重点是避免因投手或击球员所造成的不必要的延误。这是有争议的，因为悠闲的节奏和对时间的弹性要求是棒球有吸引力的一个点。视频重播的引入会间接影响比赛速度，从观众角度来说，比赛的时间被延长了。

passed ball 漏接： 越过接手的投球是接手的责任，相对应地，暴投则是投手的责任。

PECOTA： 一种将运动员可比较的年龄曲线作为基础数据的测量和预测系统。名称来自 20 世纪 80 年代的比尔·佩科塔（Bill Pecota），他是堪萨斯城皇家队的内场手。

perfect game 完美比赛： 投手在不让跑垒员到达垒位的情况下投 9 局——没有安打数，没有四坏球保送，没有失误。27 个击球手来到本垒板，并且他们全都投杀。

pick off assignment 指定牵制： 指定守场员为有效击杀而负责掩护垒包。与二垒击杀有关，因为二垒手或者游击手能掩护垒包。

pick-off play 牵制球战术： 投手把球传给一垒、二垒或三垒，然后垒手试图抓住跑垒员。守场员得到球必须在跑垒员接触垒位前触杀他出局，通常和一垒跑垒员发生这种情况。

pinch hitter 替补击球员： 一名球员替代另一名球员击球，替换了先发阵容中最初的球员。最初的球员也可能不会返回比赛。

pinch runner 替补跑垒员： 为出现在垒位上的其他球员而战的一名球员，替换了首发的球员。首发球员有可能不会返回比赛。

pitch 投球： 投手将球投向击球手。

pitch count 投球数： 投手进入比赛后投的球数（坏球和好球的和）。主教练会仔细查看该数字。许多主教练都将先发投手的投球数 100 视为警告信号。随着投球次数的增加，投手更容易受伤。在增加击球次数时，投手的快速球速度会降低，让对手出局的概率降低。击球数也指击球手在给定打数时击球的数量。进攻团队可能会采用高投数策略，使投手采用更多的投球方式（坏球和好球）从而增加先发投手的投球数，并迫使该投手退出比赛。这是被刘易斯（2003）的书籍《魔球》和后来的同名电影推广的策略之一。

pitcher（P）投手： 投手负责将球投向击球手。

pitcher's duel 投手的较量： 比赛中两个主要投手都投球，跑垒员几乎没有得分。

pitcher's park 对投手有利的球场： 众所周知，有些公园对投手有利，如芝加哥的美国蜂窝球场和旧金山圣山的 AT&T 公园，在这些地方比赛的跑垒员比在其他州比赛时的预期得分都低。相对应的是击球手公园（hitter's park）。

pitcher's plate 投手板：也称为橡胶板。投手区中间附近的矩形硬橡胶平台。在将球传递给击球手之前，投手的轴心脚必须位于投手板上。

pitching from the stretch 侧身投球/侧面投球：投手没有使用完全的正面投球法，而是使用了部分正面投球法，在投球前会有短暂完全停止的状态。通常在垒上有跑垒员的情况下使用。

pitching depth 投手数量：球队里可以参加比赛的投手球员数量。

pitching mound 投手区：投手投球区凸起的圆形区域。

pitching rotation 轮流担任先发投手的几位投手：以 4～5 名球员作为队伍先发投手的有顺序设置。在常规赛的各场比赛中，先发投手通常有固定的出场次数，因此每个投手在两次先发比赛之间有 3～4 天休息时间。

pivot foot 投手轴心脚：将球传到击球手时，投手的脚必须与投手板接触。

place hitter 安打王，指熟练的棒球击球手：击球手可以很好地控制球棒，并将球击落在守场员不能触及的地方，同时又确保球落在场内。

plate 本垒板（也表示得分）：棒球俚语，动词，表示得分。来自 home plate 一词。因此，"他们有两次板"的意思是"他们得分两次"。

plate appearance 轮击次数：打数，四坏球保送，安打数和牺牲球的总和。

platooning：一种管理策略，当右投手对抗左投手时使用不同的先发阵容策略。例如，先发阵容的先发投手可能包括更多的右击球手（当对方球队的投手是左手时）和更多的左击球手（当对手球队的投手是右手时）。这样做是因为，用右手的击球手对抗右投手的效果不佳，用左手的击球手对抗左投手的效果不佳。这些差别是因为曲线球从类似击球手的位置脱离，其更难击中。

"play ball" 开球：主裁判开始比赛的命令。

pop-up 内场腾空球：球被击打的空中距离不远，通常会被内场手、接手或投手抓住。

position number 站位编号：与场上站位相关联的数字，便于官方评分：①投手，②接手，③一垒手，④二垒手，⑤三垒手，⑥游击手，⑦左外场手，⑧中外场手，⑨右外场手。

position player 场员：投手以外的球员，即内场手、外场手或接手。

power hitter 力量型击球员：本垒打的棒球运动员。

productive at bat 推进打击：在某种程度上使跑垒员向前推进的击球，包括击出安打、触击牺牲打、高飞牺牲打或在跑垒员后面击球以使跑垒员向前推进。也被称为"频繁的出局"

（productive out），与之相对的是“不频繁的出局”（unproductive out）。

pull hitter 拉打型球员：惯用右手的击球手，通常向二垒和三垒的左场区方向击球。另外，一个惯用左手的击球手通常向一垒和二垒之间击球或向右场区击球。为了牵制球手，一些防守队会进行轮换，使球员离开他们的正常位置。

pull the string：棒球俚语，是指通过投球来欺骗击球手，通常是曲线球。

quick-return pitch 急投：投手投出的球没有给击球员在击球区足够的时间来回应。也称为快回（quick return）。

reaching for the fences 围栏挥杆：试图打出本垒打的棒球运动员。

regulation game 正式比赛：记为正式完成的比赛。有一些比赛被取消，也有其他比赛被延期以至未完成，但必须在随后规定的时间内进行。

relief pitcher 后援投手：先发投手在比赛中被淘汰后进入比赛的投手。

replay review 重播回放：裁判员的中止比赛判决受制于位于遥远位置的裁判员所观看的视频回放。这些需要审核的判决包括潜在的本垒打判决，非本垒打边界判决，特定的界内或界外区判决，封杀或触杀出局判决，外场接球，触身球判决，本垒板的碰撞判决，返垒判决，以及各种封杀或触杀判决。本垒裁判做出的坏球和好球判决不可改判。

retouch 再踏垒：跑垒员在通过垒位后又返回垒位。因为跑垒员必须触摸垒位以避免被守场员触杀。

reverse curve 反向曲线球：从曲线球相反的方向运动的变化球。也称为螺旋球（screwball）或落球（fall-away）。

right fielder（RF）右外场手：在外场右侧的防守球员。“右侧”是通过从本垒板观察球场来定义的。

rounding the bases 本垒跑：棒球俚语，围绕着垒位跑动，从一垒到二垒，到三垒，再到本垒。

run 得分：棒球得分单位。也称为一次得分。类似于足球或篮球中得一分。

run batted in（RBI）得分打：当跑垒员因击球手的安打、牺牲打或守场员选杀失败而得分，击球手会得到 RBI。

run-down play 夹杀：守场员可能会在垒位之间触杀一名跑垒员。通常有两名或两名以上的守场员参与这项活动，来回扔球，试图把跑垒员触杀。

runner 跑垒员：进攻球员不再击球，而是在垒道上。

sacrifice bunt 触击牺牲打：成功超越跑垒员的触击。

sacrifice fly 高飞牺牲打：击球员击出平飞或高飞球使得跑垒员进垒。跑垒员必须触碰当前垒位并前进到下一个垒位，才不会被触杀。

“safe”安全上垒：裁判员的指令，意味着跑垒员保送至下一垒。

scoring position 得分点：二垒或三垒的跑垒员称为得分点，因为通常一垒安打足以使该跑垒员跑回本垒。

screwball 螺旋球：与曲线球的运动方向相反的变化球。也称为反向曲线球（reverse curve）或落球（fall-away）。

season 赛季：在美国职业棒球大联盟中，一个棒球赛季有 162 场比赛，包括 81 场客场比赛和 81 场主场比赛。

second base 二垒：位于内场中间的垒，在一垒和三垒之间。也称为梯形麻袋（keystone sack）。

second baseman 二垒手：防守球员，最接近二垒的内场手。

secondary lead 二次离垒：跑垒员带着最初的领先优势离开垒位，而投手在他的正面区。但是在投手投出球后，跑垒员距离垒位更远，这一段外加的距离被认为是二次领先。

semi-intentional walk 四坏球保送：投手故意向击球手投出保送击球手上垒的四坏球，但接手没有发出故意四坏球保送的信号。这种情况被记为四坏球保送，而不是故意四坏球保送。

shadow ball 影子球：棒球哑剧或玩假想球来娱乐球迷。萧条时期在黑色棒球队中普及。

shift 移防布阵：守场员变化位置以适应击球手的特殊击球。例如，对于惯用右手的击球手，二垒手位置变化可能处于二垒与三垒之间，而不是正常出现在二垒与一垒之间的常规位置上。换位的使用是有争议的。比赛时若守场员离开常规位置，可能会导致其不便进行双杀，执行牵制，占领隔断位置。这种变化也会影响棒球数据的完整性。假设一名三垒手正在换位，在一垒和二垒之间打球，惯用左手的击球手在击打，当那名三垒手在一垒和二垒之间防守了一个地滚球，并将球投向击球手让他出局，比赛记录为 5:3 出局，这意味着该球是被击向三垒的。

shine ball 投手用自己的衣服或手套擦过的球：投手使用一侧的制服将球擦干净，同时在另一侧上撒灰尘或粉末。用来影响球的运动轨迹。

shutout 完封：投手投掷了一次完整的 9 局比赛，对方队没有得分。

shortstop 游击手：防守球员，游击手像三垒手一样，在二垒和三垒之间打球。但是游击手比三垒手离三垒位置更远。

side-arm delivery 横手投球（侧手投球）：处于普通过头传球和低手传球之间的投传（与垒球相似）。

single hit（1B）一垒安打：使击球手上位一垒的击球。也称为一次垒位安打。

slider 滑球：像两线缝快球一样紧握球，但略带离心。MLB 速度为 70～85 英里/小时（112.65～136.79 千米/小时），它不如快球快，但与曲线球有相同的变化方向。

slugging percentage（SLG）长打率：击打力的度量方法。贝比·鲁丝（Babe Ruth）的长打率是 0.690，这是美国职业棒球大联盟的历史纪录。最大值可能是 4.0，这意味着球员在每次安打时都为本垒打。计算公式如下：

SLG=（一垒打数+二垒打数×2+三垒打数×3+四垒打数×4）/打数

2014 赛季 30 支 MLB 球队的常规赛 SLG 平均值为 0.386（Sports Reference LLC 2015）。

small ball 小球：基于一垒安打、四坏球和偷垒的棒球策略。就是说，其是通过每一次推进一个垒位来得分的。也称为内场比赛，表示动作在垒位线路内完成。

spin rate 转速：从投手的手到本垒板所投出球的旋转率。具有相同速度（以英里/小时为单位）的快球可能具有不同的旋转率。低旋转率（每分钟少于 2 000 转）的快球有时被称为“沉重球”，它们看起来似乎是下沉的。高旋转率（每分钟超过 2 500 转）的快球具有更多的动力。

spitball 唾液曲球：也称为飞溅曲球（spitter）。投手将唾液或某些异物施加到球上，这可能会影响球的轨迹。尽管美国职业棒球大联盟不允许使用唾液曲球，但某些投手仍有投掷唾液曲球的嫌疑。

squeeze play 抢分战术：击球手和三垒跑垒员的触击球，并在两人出局前，试图帮助跑垒员跑回本垒。这是自杀式的抢分，投手开始传球时第三名的跑垒员就开始跑回本垒。要确保抢分的安全，击球手触击球后，三垒的跑垒员就要开始跑。

starting pitcher 先发投手：比赛先发阵容中的投手，而不是后援投手。

stolen base（SB）偷垒：无须击球、传球或暴投的协助直接从一垒到二垒，从二垒到三垒，或从三垒前进到本垒。自 1990 年以来，美国职业棒球大联盟在偷垒上的成功率约为 70%（Baumer and Zimbalist，2014）。

stepping in the bucket 踏入桶：棒球俚语，击球时，击球手最靠近投手的脚会远离本垒板。不管击球手的击球姿势（闭合或打开）如何，这种情况都可能发生。

strike：指好球，是击球区内击球手不会挥击的投球。或者是击球手在第一次或第二次击球时犯规的球。对于挥棒击球，指击球手挥击但不击中的球。或是在第三次打击中，击球手击球但未击中，球直接落入接手的手套，也称擦棒球。或是在第三次尝试的触击中，球直接打到界外，也是擦棒球。为了保持坏球和好球记录的完整性，任何投入比赛的球（不管其在好球区域中的位置）均计为好球。

strikeout（K）投杀：也叫三振出局。指的是击球手得到 4 个坏球前得到 3 个好球。可以是击球手没有挥动球棒或挥动球棒的三振出局。在棒球比赛计分板上球员所对应的数字号码下的位置计一个符号 K 表示三振出局，可以认为是来自“knockout”或“strikeout”中的字母“k”。如果一垒没有被跑垒员占用，而接手未能接住第三次好球，那么击球手在被触杀之前到达一垒，则可以被授予一垒。符号 SO 用于表示击球手的一次三振出局或三振出局的次数。

strike zone 好球区：矩形区域，其垒位宽度和长度由本垒板的区域定义，高度依击球手情况而定，从击球手的膝盖骨延伸到击球手皮带上方大约 3 个棒球距离。以前，好球区的上限是击球手的肩膀。有效好球区根据裁判的不同而略有差异。较小或较窄的好球区有利于击球手。较大或较宽的好球区有利于投手。

suspended game 延期比赛：被中止的比赛并将在以后的时间完成。

sweep：棒球俚语，指与另一支球队在短系列赛（通常 3～4 场比赛）中赢得所有比赛。也称为“清扫干净”。

switch hitter 左/右打：可以从左侧或右侧击球的击球手。

switch pitcher 左/右双投：可以从左侧或右侧投球的投手。在球员中极其少见。

tagging up 再踏垒：当出局数少于 3 次时，跑垒员可以将脚放在垒上，等待飞球被接住，然后跑向下一垒。当跑垒员以这种方式上垒后，如果他没有在触垒前被守场员触杀，他将安全进入下一垒。

tag out 触杀：与出球相反，触杀是指在运动员触垒之前，守垒员拿着球触到跑垒员身上。也叫捉人游戏。

take a lead（off base）领先：跑垒员从他所处的垒向下一垒的方向移动一段距离，以便为跑向下一垒或偷垒做准备。详见 holding runner on base。

take a pitcher deep 本垒打：棒球俚语，指击打了一个本垒打。

Texas Leaguer 得州安打：进攻方使击打的球落在内场手和外场手之间。也叫“单一腾飞球”（bloop single）。得克萨斯联盟是一个小棒球联盟，但没有证据表明这种打击在该联盟比在任何其他联盟更普遍。

third base 三垒：一垒和二垒之后的垒，跑垒员在跑回本垒板时必须踏触到的垒。

third baseman 三垒手：防守球员，内场手，最接近三垒。

three-bagger 三垒打：击球手打到三垒的安打。也叫三重（triple）。

throw 传球：手传球的动作，不是投球给击球手。

throwing error 传球失误：一场本应导致进攻方出局的防守，却没有使其出局。由于是投球，而不是接球。也可以参考 fielding error。

tie game 平局比赛：主队和客队得分相同。在棒球运动中很少发生。

tip a pitch：投手的动作，显示出投球的类型。可以反映出投手在投手板上的位置（橡胶），手臂的角度或投出点。如果这些中的任何类型都是不一样的球，一个精明的击球手就可以提前推断出投手投球类型。知道投出球的类型能让击球手在击球时占有优势。

total bases（TB）垒打数：一个跑垒员所获得的垒数。即单打的数目，加上 2 倍的双打数目，3 倍的三垒打数目和 4 倍的本垒打数目。

triple hit（3B）三垒安打：击球手击出的球使自己安全跑到三垒。也叫三垒打。

triple crown 三冠王：击球手在常规赛中，在打击率、本垒打和跑垒上都是联盟第一。

triple play 三杀：一场攻防比赛里，三人连续出局。不同的三人连续出局由球员的位置编号来指定。例如，5－4－3 三连击包括从三垒手传球给二垒手，然后从二垒手投球给一垒手。无人协助的三连杀是由一名球员独自完成的。

two-bagger 二垒打：击球手跑到二垒的安打。也叫 double（2B）。

umpire 裁判员：负责执行美国职业棒球大联盟规则的人，在比赛中对球是否安全或出局，以及对本垒上的好球或坏球进行裁定的人员。常规赛有 4 名裁判员，他们分别在每个垒和本垒上（本垒裁判负责判决好球或坏球）。在季后赛会增加 2 名裁判，一名在右外场线，一名在左外场线。

umpire-in-chief 主审裁判员：裁判组的首席裁判。

up the middle 中路防守：指中内场手（二垒手和游击手）和中外场手的配合。许多球队把他们最好的外场手放在这些位置上，因为有很多球被打到球场中央（在中间）。

up to bat（team）进攻队：与防守队相对的击球队或进攻队。

ORP：在同一位置上，一名球员的能力高于一般替补球员的能力。表示为每场比赛的跑步情况。一种类似于 WAR 的综合性能度量。

walk 四坏保送：击球手被保送至一垒，因为投杀前有 4 个坏球。也被称为 base on balls（BB）。

walk-off balk 结束比赛的投手犯规：在第九局下半局时，投手的假动作使跑垒员从三垒跑向本垒赢得一场比赛，是非常罕见的事件。也可以被称为一场 balk-off win。

walk-off hit 结束比赛的安打：安打在第九局下半局发生，进攻队得一分，即赢得比赛。

walk-off home run 结束比赛的本垒打：主队在第九局末段打出本垒打，赢得比赛。

WAR（WARP）球员综合评价：在整个赛季中赢得比替补（球员）更多的胜利。在同一位置上，一名球员的价值高于一名普通能力的替补球员。例如，5 的胜场率意味着，如果球队必须更换球员，整个赛季就会少赢 5 场比赛。以整个赛季的胜场为单位，10 分等于 1 胜。这种类型的评估各种各样，不同的地方是球员比替补球员多赢球的数量。WAR 是一种类似于 VORP（Value Over Replacement Player，指球员替换价值）的综合性能度量。open WAR 是一种开放源评估的 WAR 度量，它允许使用公共域数据源进行计算。

WHIP 每局被上垒率：每局投球造成的保送上垒和安打率。就像平均得分（ERA）一样，是对投球表现的总结。

Wild Card Game 外卡赛：常规赛结束后，两支外卡球队之间进行一场单场季后赛比赛，这是战绩最好但没有赢得分区冠军的两支球队的比赛。

wild pitch 暴投：因投手的错而越过接手的投球，与因接手的错而越过接手的球相反。暴投被认为无法接捕。

wind-up position 正面投球：正面投球通常在没有进攻球员在垒上的情况下使用。正面投球时，投手在投球之前不会突然有完全停止的动作。另一个合法投球姿势是固定式投球（set position）。

World Series 世界大赛：美国职业棒球大联盟赛季结束后的七场季后赛，由美国联盟系列赛的冠军与全国联盟系列赛的冠军比赛。自 1903 年以来每年演出一次，但 1904 年和 1994 年除外。

足球术语[1]

added time 补时：在足球比赛每半场结束时为弥补因比赛暂停丢失的时间而增加的时间，也叫伤停补时。

advantage rule 有利原则：足球比赛中的一个规则，规定如果控球方遭到对方犯规，球权仍在控球方一方，并且在对控球方进攻有利的时候，裁判一般不会吹犯规。

against the run of play 与比赛的大形势相反：描述的是与比赛形势相反的比赛结果。例如，A 队在整场比赛中有很多控球以及得分的机会，但是最后赢球的却是 B 队。

aggregate score 总比分：一个队的总进球数。在客场和主场进行的比赛中，总比分将决定哪支球队晋级下一阶段。

anchorman 后腰：在中后卫前面的中场球员，其主要职责是破坏对手的进攻，又称为防守型中场、持球型中场、中场后腰。

angle of the pass 传球角度：与防守者、进攻者有关的传球方向。

angle of the run 跑动角度：助攻队员的跑动方向。

angling 封锁角度：守门员为使自己更接近进攻者以缩小其射门角度的一种技术。

arc（penalty arch）弧形（罚球区）：罚球区后面的一条弧线。在足球比赛中，这一区域犯规的球员会让对方得到判罚点球的机会。

---

① 本术语表中定义参考了国际足球联合会（2015）发布的足球相关规则。在这本书中，“soccer”一词被用来区别足球和美式足球（橄榄球）。除了美国，足球都被称作“football”。

area chica：西班牙俚语，指的是球门线前面 6 码（约 5.49 米）远的区域，也称为球门区。

assist 助攻：在足球比赛中导致直接进球的传球。

assistant referee 助理裁判：在边线上带有手旗的裁判，以前也叫足球边裁。

attacker 前锋：球队中主要职责是进攻和得分的球员。

attacker half 进攻半场：防守方的后场，包括球门。

attacking midfielder 攻击型中场：处于更靠前场的位置，其主要任务就是帮助球队得分。

attacking team 进攻球队：拥有控球权的球队。

auto goal 乌龙球：由球员向自家球门打进的球，也叫自进本方球门的球。

away 客场：在对手的球场进行的一种比赛，或者教练向防守队员发出命令，让他将球踢离球门。

away goal 客场进球：客队在主场球队的球场打进的球。

away goals rule 客场进球规则：在足球比赛中，两队比赛两次，其中一次在各自的主场进行。客场进球规则规定，如果在两场比赛结束时双方得分相等，那么在客场进球较多的球队将获胜。

AYSO 美国青年足球组织：美国的一个非营利性组织，为全国范围内 4～19 岁的青少年提供训练和发展的机会。

B team B 队（预备队）：俱乐部或者国家队的预备队。

back 后卫：组成球队防线的球员。

back and face 回防：通常在失误后给出的指示，告诉球员后退防守。

back four 四后卫：球队有 4 名防守队员。

back header 后头球：足球中的头球会涉及使用后脑勺。

back heel 后脚跟球：用后脚跟踢球的技术。

back pass 回传：球员把球传给本方守门员。这是一种通常用来消耗时间和保留控球权的战术。

back pass rule 回传规则：禁止守门员用手触碰队友故意传给他的球。

back tackle 背后铲球：从球员背后铲球。

ball watching 盯球：球员不关注周围环境，太关注球而忽略了比赛和其他球员的动向。

banana kick 香蕉球：足球中一种特殊的踢球方式，可以使球沿曲线运动。

bench 替补：球队的替补球员。

bend 弧线：足球在半空中的曲线。

booking 记牌：当裁判在给出红牌或者黄牌后，会将球员的号码记录下来。

box 禁区：指守门员可以用手持球的区域，“18 码（约 16.46 米）禁区”是前锋可以造成有力威胁的区域。

box-to-box midfielder 全能型中场：拥有非凡的技术和耐力的中场球员，他既可以进攻也可以防守，之所以这么叫，是因为他可以从对方禁区移动到自禁区。

break 突破：穿过对方防守的跑动。

breakaway 单刀：过掉所有防守队员。最典型的情况是，一个进攻者穿过所有防守员，最终与守门员一对一。

burn 过人：利用速度、灵敏性或者运球技巧绕过防守队员的动作。

captain 队长：队中佩戴臂章可识别的领导者。

cards 牌：用来惩罚违反体育道德行为的卡片，当出示黄牌时是警告，而红牌则意味着被逐出比赛。

center 中场：足球场的中间部分。

center back（center defender）中后卫：位于防守线的中心位置，在边后卫之间。

center circle 中圈：球场中心的大圆圈。

center forward 中锋：主要职责是进攻，通常是主要的得分手。

center half（center back）中后卫：位于场地中央的防守队员。

center line 中线：足球场中部的水平线。

center midfielder 中场：这个位置需要承担很多责任，既要进攻也要防守，要根据比赛的战术而定。

challenge 抢断：防守队员抢下进攻球员的球。

channels 通道：距离边线大约 15 码（约 13.72 米）的区域。

charge 卡位：防守队员为了从进攻球员脚下抢球进行的肩对肩的接触。

chest（chest trap）胸部停球：用上半身控制住飞行的球。

Chilena 智利式：南美洲常用来表示倒勾球。

chip 挑球：一种使球飞到空中的短距离传球或射门。

chip pass 挑传：把球挑到空中的传球。

clear 解围：把球踢离自家球门。

cleats 钉鞋：专门为踢足球而设计的鞋子。

closing down 逼抢：球员向带球的对手进攻，试图赢得比赛时间或者赢回球权。

club 俱乐部：指在联赛中踢球，用来避免与“球队”混淆，后者通常是指在国家队中踢球。

combination play 组合动作：包含两个或者两个以上的移动动作。

commit 预判：让对手知道本方按照计划的战术。

conditioned play：模拟比赛条件，使球员执行特定的技能、技巧或者战术的训练条件。

Confederations Cup 国际足球世界杯（简称“世界杯”）：是由国际足球联合会（FIFA）组织的由各国足球队每四年参加一次的足球比赛。

control（the ball）停球：用身体表面通过缓冲来达到控球的目的。

control 控球：在足球比赛中的控球权。

corner 角球：球员最后一次触球后，球越过本方球门线出界，重新在边角开球。

cover 补位：一名球员向另一名球员提供帮助，帮助队友在进攻者身后或者身旁进行盯防，第二名或者第三名球员也会盯守同一名进攻者。

cross 传中：一种长传球，通常在空中从边角进入禁区。在对方禁区两侧或者从角旗底线踢出的球。长传分为下底传中和边路传中。从球场中心到球门区的交叉弧线和从边线到足球场中心的一个向外的交叉弧线。远点是从角球区传来的一个长传球，它会穿过罚球区，瞄准最远的门柱。近点是瞄准最近的门柱。

corner arc 角弧：足球场每个边角上画的白色弧线。

corner ball 角球：足球中边角踢球的另一种说法，通常发生在进攻方开出任意球后，球越过球门线出界之前，防守球员是最后一个触球的。

corner flag 角旗：足球场地每个边角的旗。

corner kick 角球：指在球场边界的角位进行的开球行为。

corridor of uncertainty 不确定传球：守门员和最后一名防守队员之间的传球，之所以这样叫是因为不确定哪名球员会接球，哪名球员会将球留给另一名球员。

counterattack 反攻：在防守中抢回球权后迅速进攻。

crossbar 横梁：球门上连接两个门柱的横杆，简称横梁。

cul-de-sac 死胡同：用来形容一名球员把球带到球场的某个地方，而这个地方对本方球队比赛几乎没有什么价值。

cup-tied 杯赛限制：指在同一赛季，球员从一家俱乐部转到另一家俱乐部后，不能参加杯赛，球员在整个杯赛期间只能为一支球队效力。

danger zone 危险区：禁区内进球最多的地方。

decoy run 假跑：足球运动员跑动吸引对方注意，也称创造空间。

defend deep 纵深防守：给防守队员的指令，让他们守在防守的半场。

defender（defenseman）后卫：在足球比赛中防止对手控球和得分的球员。

defensive half 防守半场：球队球门所在的半个球场。

defensive midfielder 防守型中场：主要任务是防守的中场球员。

deflection：球员射门时打在别的球员身上发生的弹射，后卫用身体拦球以防止得分或切断传球。

diamond 钻石战术：中场球员组成的菱形阵型，两名球员为边锋，一名是进攻型中场，另一名是防守型中场，典型的4－4－2阵型。

direct free kick 直接任意球：一种球员可以直接射门得分的任意球，与之相反的是间接任意球，在进球前必须有另一名球员触球。

disallow 进球无效：声明某个进球因为违反规则而无效，如果裁判认为球没有完全越过球门线，也可以判决进球无效。

dive 跳水：为了获得一个点球或任意球而假装被防守队员犯规，在足球比赛中跳水会被罚一张黄牌，也称假摔。

diving header 鱼跃冲顶：一种通过平行跳跃来获得头球的方法，通常是球太高无法被踢到，或者对于站着的球员来说，球太低无法正常用头击球。

draw（D）平局：一场得分相同的比赛。

dribble 盘带：在球不离地的情况下，通过脚的移动来控制球的移动。

dribbling 盘带技术：球不离脚带球的近距离控球技术。

drop back 回防：给后卫的一种表达，提醒他们进入防守半场并进行防守。

dummy 假动作：使对手失去平衡或者迷惑对手的运球花样或技巧。

early ball 直传球：寻找机会尽快将球传给队友，通常是为了利用空间，

EL Clasico 西班牙国家德比：通常是指西班牙最受欢迎的两个俱乐部皇家马德里和巴塞罗那的比赛，也是世界上最受关注的体育赛事之一。

European Champions League 欧洲足球冠军联赛：整个欧洲最负盛名的俱乐部赛事，欧洲顶级俱乐部每年都会参加，也被称为冠军联赛或欧冠。

extra time 加时：在比赛结束时，双方比分打平，通常有两场15分钟的加时赛时间，总共30分钟，或者直到加时赛中双方谁先进一球为止。

equalizer 扳平：将比分扳平的进球。

expulsion 罚下：由于严重违反或者一直违反比赛规则而被取消继续比赛的资格，被罚下的球员不允许留在球场上或者球队的替补席上。

end line 底线：球门线的另一种说法，指足球场地两底线。

eighteen-yard line 18 码线：指罚球区，这样叫是因为它距离球门线的距离是 18 码（约 16.46 米）。

FA 英格兰足球总会：是英国最古老的足球协会，以制定出现代足球的基本规则而闻名，与足协挑战杯有关。

fair charging 合理冲撞：与对手肩并肩对抗以取得控球优势，如果不是用力猛撞或带有危险性的动作，它就是合理冲撞，也称为肩撞。

fair play 公平竞赛：当两队得分相等，且无法打破平局时发生，得到黄牌和红牌最少的队晋级下一轮。

fake（feint）假动作（佯攻）：足球中欺骗对手的运球动作。

fakeover 假动作过人：看起来好像要从队友手中抢球，但实际上只是越过对方。

FC：足球俱乐部的缩写，常作为美国和英国足球俱乐部名字的后缀。

FIFA 国际足联：世界最高级别的足球管理机构，成立于 1904 年，总部设在瑞士，负责制定国际比赛（包括世界杯）中男足和女足的比赛规则。

FIFA Ballon d'Or 国际足联金球奖：国际足联每年颁发给年度最佳球员的奖项，也被称为足球先生。

FIFA World Cup 国际足联世界杯：每四年举办一次的最大的足球比赛。成为世界杯冠军的球队、国家和球员都会得到很高的声望。

final whistle 终场哨：足球中的一个习语，意味着一场比赛的结束。虽然足球比赛的时长是有规定的，但是裁判可以决定什么时候吹终场哨声。

first half 上半场：足球比赛的第一个阶段，比赛分为两个半场，每个半场 45 分钟。

first team 一队：能够参加俱乐部比赛的一组球员，不属于一队的则是替补队员。

first touch：球员接球的一瞬间，接球瞬间的良好状态可以使球员很好地控球或者准确地射门。

fist（boxing）拳击：守门员的一种技术——用拳头击打难以控制的高空球。

fixture 赛时：规定的足球比赛时长（90 分钟）。

flat four 四后卫阵型：由两名中后卫和两名后卫组成的防线，他们经常排成一条直线。

flick pass 敲传：用脚外侧快速传球，通常是进攻队员为了进球做的动作。

footwork 脚法：巧妙地移动，用来躲避对手或者带球。

formation 阵型：球员在足球场上的站位，现代足球的阵型通常是进攻队员和防守队员的数量保持平衡。

forward 前锋：位置最接近对方球门的球员，主要任务就是得分。

forward line 前锋线：离对方球门最近的球员或一组球员。例如，在 3－5－2 阵型中，前锋是由最靠近防守方球门区的两名球员组成的。

foul 犯规：不公平、危险或者违反比赛规则的行为。足球中的犯规动作在国际足联的比赛规则中都有列举。

free agent 自由球员：暂时不属于任何俱乐部的球员。

free kick 任意球：比赛因为犯规被裁判叫停时会发生。

front block tackle 正面拦截：一种与球密切接触的抢球行为，同时要面对对手。

front header 前额球：用前额制造的头球。

front tackle 正面抢截：面对进攻对手，试图把球从他旁边踢开。

full time：足球比赛结束的时间。

full back 后卫：第一道防线的防守队员。

futebol：足球（指葡萄牙语中的足球）。

Galácticos 银河战舰：这个词用来形容那些以高价购买的皇马球员。2001 年，有球员创造出 4 600 万英镑（约 4 亿 1655 万元）的转会费。

give and go（one-two pass，wall pass）：一种足球技术，是指球员将球传给队友，队友接球后迅速回传。

goal 进球：足球比赛中，当球越过球门线时，即得分，球必须被射进球门。足球球门的尺寸是 8 英尺（约 2.44 米）×24 英尺（约 7.32 米）。

goal area（penalty box）大禁区（罚球区）：足球场上守门员可以合法控球的区域，一个长 18 码（约 16.46 米），宽 44 码（约 40.23 米）的长方形区域。

goal average 平均进球数：一名球员或一支球队在一个赛季或比赛中的平均进球数。

goal kick 球门球：如果足球整体越过球门线，而不是进球，且越过球门线前最后一个接触足球的运动员是进攻方的队员，则判给防守方一个球门球。

goal line 球门线：在足球场地两端的底线，当球越过两个球门柱之间的球门线时，即进球。

goal posts 门柱：球门上两个垂直的柱子，每根 8 英尺（约 2.44 米）高。

goal side：球门和球之间的区域。

goalaso：西班牙语中的感叹词，指一个惊人的进球。

goalie（goalkeeper，keeper）守门员：根据比赛规则，这是唯一被允许在禁区内用手触球的球员。

golden goal 金球制：以前是指在加时赛中第一个进球的球队赢得比赛，金球打进后，比赛立即结束。

ground ball 地滚球：在地面上移动的传球或射门。

hacking 踢人犯规：踢对手的腿，处以黄牌或红牌的惩罚（处罚）。

half 半场：足球比赛的两个 45 分钟的上下半场比赛时间。

halfback 中前卫：位于前锋和后卫之间的球员。

half-time（interval，break）中场休息：上半场和下半场之间的时间，一般为 15 分钟，这是球员的休息时间，也是教练进行激励和讲解战术的时间。

halfway line 中线：在足球场地中央的粗线，它把足球场分成两个相等的部分。

half volley 反弹球：球员接球后正好落在面前且向上弹起的球，在球弹起后将球踢向空中的行为。

hand ball 手球：用手触球。如果裁判认为手球是故意的，那么球员将被判黄牌，但是如果裁判认为是无意的，则可以继续比赛而不判犯规。

hat-trick 帽子戏法：一名球员在一场比赛中打进三球。

head 头球：用头击球。当球在球门附近时，头球技术是非常关键的。

head coach 主教练：负责管理球队或者俱乐部的人。职责包括在比赛中选择阵容和战术，购买或者出售球员，以及寻找新球员。在一场比赛中，主教练经常坐在球队的替补席上，对球员下达指令。在英国，主教练被称为经理。

high press 高压战术：球队的一种战术部署，当失去球权后，所有的队员立刻向对手施加压力，通常发生在对手半场。

hits the post 击中门柱：球击中门柱而没有进入球门。

holding the line 越位线：由防守队员确定的一条假想的线以判断对手是否越位。

holding midfielder 稳定型中场球员：其主要任务就是破坏对手的进攻，也称为防守型中场。

horseshoe formation 马蹄阵型：4－5－1型，之所以这样叫是因为它的形状像马蹄。

indirect kick 间接任意球：在射门前，另一名球员（除罚球者）必须触球的一种任意球。

injury time 伤停补时：在每半场结束时增加的时间，以弥补因为犯规、受伤或者技术问题而浪费的比赛时间。

intercept 拦截：阻挡或切断对手之间的传球。

jockeying 卡位：限制进攻者的移动，不是试图抢断球或拖延比赛，不是铲球假摔，而是待在正确的位置阻止对手前进。

kick-off 开球：足球比赛的开始或者得分后重新开始的方法。把球放在球场的中心，然后把它踢给附近的队友。

last defender 最后一名防守队员：离球门最近的一名防守球员。

Laws of the Game 比赛规则：国际上通用的足球规则，参照2015年国际足球联合会制定的规则。

league 联赛：一种比赛形式，在比赛结束时积分最多的球队获胜。在联赛中，胜3分，平1分，负0分。

League Cup 联赛杯：官方称足球联赛杯。英格兰和威尔士职业球队之间的淘汰赛，通常在当年6月至次年2月进行。

left back 左后卫：在守门员左侧的防守球员。

left winger 左边锋：在球场左侧踢球的中场球员。

line of recovery 防守线：当一名球员被击败后，他们沿着这条线撤退，以获得再次进攻的机会。

linesman 边裁：足球裁判助理的别称。在足球比赛中，有两名边裁监督越位和界外球，并帮助主裁判做出决策。

lineup 首发阵容：指足球比赛开始出场并且有希望在大部分比赛上场的球员。

lofted pass 过顶长传：一种高球，通过踢球的下半部分把球踢到空中。

long ball 长传：传球距离较长，如后卫传给前锋的球。

long shot 远射：从很远的地方射向球门的球。

man-on：一种感叹词，用来提醒控球的队友在他附近有对方的球员。

man short 球员短缺：一支球队在赛季结束后球员减少。

manager 经理：英国人对主教练的称呼。

mark（marking）盯人：是为了防止对方球员接到球。防守队员在无球情况下紧盯进攻队员。

match 比赛：足球比赛。

match officials 比赛官方工作人员：负责管理足球比赛的人，通常由一名主裁判和两名助理裁判或边裁组成。在职业联赛中，第四官员负责管理球员的替换和其他技术事务。

measured ball 精准传球：达到预期目标的计算精确的传球，也叫可计算的射球（measured shot）。

metodo system：典型的 2－3－2－3 阵型。

midfield 中场：足球场地的中间三分之一的区域；出于战术原因，比赛场地分为三部分，后场或防守半场、中场、前场。

midfield anchor 中场后腰：中场球员位于中场，主要任务是阻断对手的进攻。

midfielder 中场球员：位于球场中间，在前锋和后卫之间的球员。

mistimed tackle：对手在接球或者传球后进行的铲球；这是通常以红牌或者黄牌处罚的危险动作。

multiball system 多球制：足球比赛中会准备很多球以节省时间；当足球出界后，会换一个球，从而减少了花在捡球上的时间。

Mundial 世界杯：国际足联世界杯的简称，世界上最大的国际足球锦标赛。

narrowing the angle 封堵角度：靠近球员，使他们射门或者传球的角度明显减小。

netting 射门：直接得分或者试图在传球后得分的动作。

obstruction 阻挡：在不争抢球的情况下挡住对方的进攻，这种行为在足球比赛中是犯规的。

offensive player 进攻球员：在进攻中试图得分或者帮助进攻的球员。

official caution 官方警告：黄牌警告的替代说法。

off-season 休赛期：常规赛开始前的一段时间。

offside 越位：进攻球员在球前，但在所有防守球员（除守门员）后面的一种犯规行为。

off the ball 跑位：球员跑动，以创造空间和机会。

olympic goal 角球直接得分：一种非常困难的进球方式，球员踢角球直接得分而其他人没有触球。

on offense 控球方：指控球的球队。

one-touch 一脚出球：仅需一触即可打出球，如在接球后立即传球或射门。

one-touch pass 一脚球：是指球员在触球后一脚传出。有些传球位置不好，或者传得太猛，这就是接球的人可能要触球两次或者两次以上才能控制球的原因。

one-touch soccer 一触式足球：是一种进攻性的足球战术，球员在接到球后快速把球传出。

one-two 二过一：一种进攻技术，球员把球传给队友，然后越过防守队员再接球，传切配合。

open space 空当：进攻队员和球门之间没有防守者的空间。

out of bounds（out of play）出界：出线的另一种说法，指整个球越过边线或球门线。

overtime 加时赛：如果在常规的 90 分钟比赛后，比分打平，则进行两个 15 分钟的比赛，也称为加时。

pace 速度：球员或者球移动的速度。

pass 传球：把球从一名球员传给另一名球员的技术，这种技术很多样，包括短切、半截击、推和过顶长传。

pass and move 传球跑动：足球中的进攻策略。意味着球员一直都在移动，应该准备好在接到球后立刻传球或者带球。而且，传球和移动是球员在传球后马上跑到空位的一种策略。

pass back（back pass）回传：球员将球传给本方的守门员，这是一种用来消耗时间和保持控球的战术。

penalty area 禁区：球门附近的区域，在这个区域犯规可能会被罚点球。

penalty kick 点球：在离球门 12 码（约 10.97 米）的地方踢出的一种任意球，只有防守队的守门员在罚球者和球门之间。

penetration 突破：球队突破对手防线的一个阶段。

peripheral vision 周边视觉：能够看到比前面更宽的东西。

play maker 进攻组织者：一个拥有良好的视野，出色的传球能力，能够打开防线并创造机会的球员。

plyometrics 快速伸缩复合训练：培养球员爆发力的训练。

pressure training 强度训练：需要在有限的时间内快速重复的训练方法。

receiving 接球：控制来球的技术。

running with the ball 带球跑动：持球球员通过快速有效的带球来创造空间，而不是运球。

save 扑救：当守门员或后卫阻挡进球时会做出这一动作。

shadow play：无防守踢球。

shielding 掩护：用身体挡在球和对手之间，保持控球。

show 出现：指运动员在场上有空配合战术实施。

sliding tackle 滑铲：防守球员在地上滑行，用一条伸直的腿去踢对方的球。

soccer ball 足球：足球比赛使用的球形物体。

support play 辅助型打法：当队友移动并为带球球员创造空间和机会时会出现这种情况。

sweeper 清道夫：足球运动员的位置。这名球员是一名防守球员，他在其他防守球员身后的区域里来回走动，试图“扫过”对方的传球。

switching play 战术改变：改变进攻角度。

tackle 抢断：从对方手中抢球。

tackling 抢断：防守队员抢断球时不与进攻队员接触，但是经常导致进攻球员摔倒。

taking a player on 过人：带球球员过掉防守队员。

target man 核心球员：一名前锋或进攻队员（通常身材高大，能够保护球），能够随时接住从中场传出的球，在对手赶来之前带住球。

through pass 直传：一种在两名防守队员之间进行传球，进攻队员进行拦截的技术。

throw-in 掷界外球：当对方球队最后一次接触足球后球越过边线，本方球员可以从边线掷发界外球。

trials 测试：对一名球员的个人能力或对一个团队的整体成员的身体状态水平进行评估的过程。例如，一个经理可能会说：“我们正在进行测试以引进新球员。”

turning an opponent 使对手转身：在跑向对手时，用假动作欺骗对手使其转向，或者将球踢过对手使其转向。

volley 凌空抽射：在球落地前击球，这个技术很难掌握，但是威力很大。

网球术语[1]

ace 发球得分：发球者因为发球而直接得分。

ad court：每边球员的左侧场区。

advantage 占先：当球员拿到局点或者赛点，只要再拿下一分即可赢得该局。

all 平分/平局：指球员拥有相同数量的比分、局或盘的情况。

all-court player 全面型球员：可以在球场上所有位置打球的球员，包括边线、过渡区和球网区。

alley 单打与双打之间的场区：单打场外侧的区域，用于双打。

alternate 替补的球员或队伍：在候补名单上的球员，可能替代比赛中因受伤或退赛而离场的球员。

angles 角度球：迫使对手离开球场的击球。

approach shot 上网球：球员想要从底线逼近到网前所击出的球。

ATP 国际职业网球联合会：国际男子职业网球协会是男子职业网球巡回赛认定的管理机构。

Australian Formation 澳洲式阵式：双打站位策略，两人站在同侧，另一人站在发球者前方的阵式。

backhand 反手击球：球员非优势手的挥拍方法。

backswing 拉拍：击球前将拍子向后拉以便开始挥拍。

bagel 贝果：网球术语，常用来表达球员在没有输一局的情况下赢得一盘比赛胜利。

---

① 本术语表中的定义依据国际网球联合会《网球竞赛规则》(2015)。

ballperson 球童：网球比赛中负责捡球与提供球给发球者的人。

ball toss 抛球：发球的重要组成部分——球在被球拍击中之前被抛向空中。

baseline 底线：球场后方 2 英寸（5.08 厘米）宽的界线，用来区分什么是内，什么是外。这是一条与中间的网平行的线。

baseliner 底线型球员：倾向于站在底线上并通过击落地球赢得分、局、盘和比赛的球员。

break 破发球局，破发：接球球员破了发球球员的发球局而赢下该局。

breakpoint 破发点：在对手的发球局，再赢一分即可破发的状况。

bye 轮空：允许球员在不必和对手面对比赛的情况下进入下一轮比赛，轮空通常授予种子选手。

call 口头判决：网球司线员和达到专业水平的网球运动员来判定界内球还是界外球的术语。

center line 中线：两底线正中间的一条线。

challenge 挑战：球员向官方提出的有关使用鹰眼进行判断球是界内还是界外的请求。

Challenger Tour 挑战者巡回赛：由级别比 ATP 巡回赛低一级的球员组成。在挑战者巡回赛中表现出色的球员可能会获得排名积分，以获得参加 ATP 巡回赛的机会。

change-over 换边休息时间：球员在球场两侧交换场地时的 120 秒休息时间（大多数情况下，双方比赛的总次数为奇数）。

chip and charge：球员在击下回旋球后接着上网的战略。

clip the line 压线：球部分落在线上的击球。

code violation 犯规：球员违反规则或规定，包括扔球拍或说脏话。

counterpuncher 防御型的底线型球员：防守意识很强的底线球员，等待他的对手犯错误，并且可以在场内连续击回很多界内球。

court 球场：打网球所用的场地。

crosscourt 对角球：球被击出后沿着对角线穿过球场，无论它是来自反手拍还是正手拍，这在击落地球的回合中经常被使用。

Davis Cup 戴维斯杯，国际男子团体网球对抗赛：同一国家的男选手以队伍形式代表自己的国家对抗其他国家的国际比赛。

deep 深球：指落在球场后方靠近底线的球。

deuce 平分：比分追平在 40:40，也被称为 40 平，需要 2 分才能赢得比赛时，每个球员站在各自球场的右侧。

double bagel 百吉饼：指球员未输一局赢得比赛，比分是 6:0，6:0。

double fault 双发失误，双误：连续两次发球失误并因此被扣分。

doubles 双打：由 4 名球员组成的比赛，2 队各 2 名选手。

drop shot 过网急坠球，放小球：故意在场上放短球，并且很少使球超过网前区。

down the line 直线行进：直线向前击球而不是对角线穿过球场。

Entry System 排名系统：根据排名或积分数来筛选参加比赛的球员的方法。

fault 发球失误：发出的球落在接球区以外或者撞在球网上。

Fed Cup 国际女子团体网球对抗赛：戴维斯杯国际比赛，女性球员被选出来代表自己的国家以团队形式和其他国家竞争。

flat 平击：自旋度极低的击球方式。

follow-through 随挥，随球动作：击到球之后的挥拍动作。

foot fault 脚误，踩线犯规：发球者在发球过程中踩到底线（严格来说，球员先踩到底线后马上击球）。

forced error：双打比赛中，发球员做出了一次刁钻的击球后导致另一名队友无法接住球（本质上这次失误是被动的）。

forehand 正手击球：球员用优势手挥拍击球。

Futures 未来赛：比挑战者巡回赛低一个级别，比职业巡回赛低两个级别的系列赛。

game 局：网球得分用的术语，一局里球员至少赢得 4 分（0，15，30，40，局）。每盘比赛有 6 局，比赛将持续进行到球员赢得 3 盘比赛中的 2 盘（有些锦标赛可能会持续到球员赢得 5 盘中的 3 盘）。

Golden Slam 金满贯：在一年里赢得了 4 项大满贯赛事（澳大利亚网球公开赛、温布尔登网球公开赛、法国网球公开赛和美国网球公开赛）的冠军，并赢得了奥运会网球项目的金牌。

Grand Slam 大满贯：一生中赢得所有 4 项大满贯赛事（澳大利亚网球公开赛、温布尔登网球公开赛、法国网球公开赛和美国网球公开赛）的冠军。

groundstroke 击落地球：从底线击打网球，通常是正手击球或反手击球。

Hawk-Eye 鹰眼系统：在 ATP 和 WTA 巡回赛中使用的计算机系统，用于确定球是落在界内还是界外，当球员对裁判的界外判决提出质疑时使用。

hold 保住发球局：发球的球员赢得本局比赛。

I-Formation 双打策略：发球方球员和其搭档站在球场的同一侧。

inside out 单打策略：球员用他的非优势手（通常是他的反手）回击正手来的斜线球。

ITF 国际网球联合会：网球的管理机构。

let 重发：当发出的球擦网了，但是继续沿着路径落在指定发球区时，可以重发。另一种情况是当邻场的球落入本方球场时，本方球员可以请求重发，并且重新开始。

linesmen（line judge）网球司线员：负责判断球的落点是在界内还是界外的裁判人员。

lob 高吊球：弧线高但仍落在场内的球，多数为上旋球。

love 网球比赛中的零分：在网球中意味着得分为零。当说分数时，它用于说明得分为零，并且按次序该分数排列第一位。例如，如果说 Love－40，则意味着球员获得 0 分，而对手获得 3 分，并且对手差 1 分就能赢得本局比赛。

match point 赛点：在一场比赛中领先的一方球员再赢得一分即可获胜的情况。

mixed doubles 混合双打：包含一名男性球员和一名女性球员的双打队伍。

miss-hit：球员未能用球拍的最佳击球点击球或用球边框而不是球拍线击球。

natural gut 天然肠线：一种由牛肠或羊肠制成的球拍线。

net 球网：球网将网球场分为两半，它横跨球场中央，两端高 3.6 英尺（约 1.10 米），中间高 3 英尺（约 0.91 米）。

no man's land 无人区：底线和发球线之间的球场区域。这片区域之所以被称为无人区，是因为该区域被认为无法进行强有力的防御或进攻。

NTRP Rating 网球能力分级法：美国国家网球分级方法，是根据排名量表（1.0～7.0）对运动员进行评级。

out 出界：球落在指定比赛区域之外。

overhead（smash）高压扣杀：击球位置在球员的头部上方。

overrule 改判：主裁判员驳回线审的判决。

passing shot 穿越球：当对手在网前时，另一名球员从底线打出一记球，从网前球员身边穿过。

racquet 球拍：网球中用来击球的器具，由框架、握柄以及由线包裹起来的击打面组成。球拍的材质成分有多种，包括钛、石墨、碳纤维和木材。

racquet head：球拍中包含拍线的一部分。

rally 回合球：发球之后一连串的攻防来回，直到其中一名球员无法将球击入有效区域为止。

receiver 接发方：接击发出的球的球员而不是发球者。

referee 裁判长：负责执行比赛规则的人。

return 回击：用来描述接发球者的击球（即一个好的回击）。

second serve 二发：第一次发球无法落入对手的接球区后，如果这次也发球失败，则将是两次发球失误，接球方得一分。

serve 发球：每次网球局计分开始的击球。

set 盘：6 局比赛为一盘。第一个赢得 6 局比赛并领先 2 局的球员赢得一盘。通常，球员赢得 3 盘比赛中的 2 盘才能赢得一场网球比赛（有一些锦标赛球员需要赢得 5 盘中的 3 盘）。

set point 盘点：距离赢得一盘只差一分的情况。

singles 单打：球场的每一侧都仅有一名球员的网球比赛。

slice 切削球：（回球）用下旋的方式击球；（发球）带侧旋的发球。

spin 旋转球：球员击打球时在球上产生的效果。按击球类型球可以有侧旋、上旋或下旋，具体取决于击球的方式。

split step 分腿垫步：脚步动作技巧。通过两脚分开，然后跳离地面一两英寸（0.03～0.05 米），并以膝盖略微弯曲的方式着地，与肩同宽。

stance 准备击球姿势：击球之前身体的位置。

stroke 击球：挥打球的技术。

T：指中线与发球线的交点。

tiebreaker 抢七：当球员得分并列时进行加赛，第一个达到 7 分并比对手多赢 2 分的球员赢得胜利。

tennis ball 网球：黄色的合成毛皮的充气的橡胶球，用于网球比赛。

Tennis Hall of Fame 网球名人堂：指位于罗得岛纽波特岛上的网球名人堂，许多伟大的网球运动员都在这里受到表彰。

topspin 上旋球：球向前旋转，通常是从低到高击球而产生的。

umpire（official）主裁：网球比赛计分和边线呼报的负责人。

underspin 下旋球：球向后旋转，通常是从高到低击球而产生的。

unforced error 主动性失误：球员缺乏判断力或粗心大意导致的失误。

volley 截击：球落地弹起前在空中被击打的网球动作。从技术上来说，是短击。

Wildcard 外卡：允许尚未获得正式资格的球员参加的比赛。有的比赛在抽签中会保留几个外卡名额，通常将其奖励给来自比赛举办所在国家/地区的球员或其他特定条件的球员。

winner 制胜球：击球十分出色，对手无法将球击回，完全丢失接球机会或他们的球拍根本未触及球。

WTA 国际女子网球联合会：国际女子职业巡回赛。

参考文献

Abdelkrim, N. B., A. Chaouachi, K. Chamari, M. Chtara, and C. Castagna 2010. Positional role and competitive-level differences in elite-level men's basketball players. *Journal of Strength & Conditioning Research* 24(5): 1346–1355.

Abe, T., K. Kumagai, and W. F. Brechue 2000. Fascicle length of leg muscles is greater in sprinters than distance runners. *Medicine and Science in Sports and Exercise* 32(6): 1125–1129.

Achten, J., M. Gleeson, A. E. Jeukendrup, and others 2002. Determination of the exercise intensity that elicits maximal fat oxidation. *Medicine and Science in Sports and Exercise* 34(1): 92–97.

Ackland, T. 1999. Talent identification: What makes a champion swimmer? In *Applied Proceedings of the XVII International Symposium of Biomechanics in Sports*, 17: 67–74.

Ackland, T. R., B. Elliott, and J. Bloomfield 2009. *Applied Anatomy and Biomechanics in Sport*. Human Kinetics.

Ackland, T. R., A. B. Schreiner, and D. A. Kerr 1997. Absolute size and proportionality characteristics of world championship female basketball players. *Journal of Sports Sciences* 15(5): 485–490.

Agresti, A. and M. Kateri 2011. *Categorical Data Analysis*. Springer.

Alemdaroğlu, U. 2012. The relationship between muscle strength, anaerobic performance, agility, sprint ability and vertical jump performance in professional basketball players. *Journal of Human Kinetics* 31:149–158.

Alexander, C. C. 1991. *Our Game: An American Baseball History*. Macmillan.

Alexander, C. C. 2002. *Breaking the Slump: Baseball in the Depression Era*. Columbia University Press.

Alexander, M. J. 1976. The relationship of somatotype and selected anthropometric measures to basketball performance in highly skilled females. *Research Quarterly. American Alliance for Health, Physical Education and Recreation* 47(4): 575–585.

Alexander, R. M. 2013. *The Human Machine*. Columbia University Press.

Alston, W. E. and D. C. Weiskopf 1972. *The Complete Baseball Handbook: Strategies and Techniques for Winning*. Allyn & Bacon.

Altman, D. G., J. M. Bland, and others 2005. Standard Deviations and Standard Errors. *BMJ* 331(7521): 903.

Alwin, D. F. and J. A. Krosnick 1985. The measurement of values in surveys: A comparison of ratings and rankings. *Public Opinion Quarterly* 49(4): 535–552.

American College of Sports Medicine 2013a. *ACSM's Guidelines for Exercise Testing and Prescription*. Lippincott Williams Wilkins. 19, 23, 32, 35, 40.

American College of Sports Medicine 2013b. *ACSM's Health-related Physical Fitness Assessment Manual*. Lippincott Williams Wilkins.

Andersen, M. B. and J. M. Williams 1988. A model of stress and athletic injury: Prediction and prevention. *Journal of Sport and Exercise Psychology* 10(3): 294–306.

Anderson, C. and D. Sally 2013. *The Numbers Game: Why Everything You Know about Soccer is* Wrong. New York: Penguin. 144.

Anderson, D. 1988. *The Story of Basketball*. William Morrow.

Anderson, D., D. Sweeney, T. Williams, J. Camm, and J. Cochran 2015. *An Introduction to Management Science: Quantitative Approaches to Decision Making*. Cengage Learning.

Anderson, M. J. 2001. A new method for non-parametric multivariate analysis of variance. *Austral Ecology* 26(1): 32–46.

Anderson, T. and J. T. Kearney 1982. Effects of three resistance training programs on muscular strength and absolute and relative endurance. *Research Quarterly for Exercise and Sport* 53(1): 1–7.

Andrew, D. P., P. M. Pedersen, and C. D. McEvoy 2011. *Research Methods and Design in Sport Management*. Human Kinetics.

Andrews, D. L. 1999. Whither the NBA, whither America? *Peace Review* 11(4): 505–510.

Andrews, D. L. 2001. The fact(s) of Michael Jordan's blackness: Excavating a floating racial signifier. *Michael Jordan, Inc.: Corporate Sport, Media Culture, and Late-modern America*:107–153.

Angyan, L., T. Teczely, Z. Zalay, and I. Karsai 2003. Relationship of anthropometrical, physiological and motor attributes to sport-specific skills. *Acta Physiologica Hungarica* 90(3): 225–231.

Appaneal, R. N., B. R. Levine, F. M. Perna, J. L. Roh, and others 2009. Measuring postinjury depression among male and female competitive athletes. *Journal of Sport & Exercise Psychology* 31(1): 60–76.

Apple, A. 1983. Offensive rebounding. *Journal of Physical Education, Recreation & Dance* 54 (1): 45–45.

Appleton, D. R. 1995. May the best man win? *The Statistician* 44(4): 529–538.

Arnason, A., S. B. Sigurdsson, A. Gudmundsson, I. Holme, L. Engebretsen, and R. Bahr 2004. Physical fitness, injuries, and team performance in soccer. *Medicine & Science in Sports & Exercise* 36(2): 278–285.

Association, A. F. C. 2000. *Offensive Football Strategies*. Human Kinetics.

Association, N. B. C. and others 2009. *NBA Coaches Playbook: Techniques, Tactics, and Teaching Points*. Human Kinetics.

Åstrand, P. – O. 2003. *Textbook of Work Physiology: Physiological Bases of Exercise*. Human Kinetics.

Atkinson, G. and A. M. Nevill 1998. Statistical methods for assessing measurement error (reliability) in variables relevant to sports medicine. *Sports Medicine* 26(4): 217–238.

Atkinson, G. and A. M. Nevill 2001. Selected issues in the design and analysis of sport performance research. *Journal of Sports Sciences* 19(10): 811–827.

Atmosukarto, I., B. Ghanem, S. Ahuja, K. Muthuswamy, and N. Ahuja 2013. Automatic recognition of offensive team formation in American football plays. In *IEEE Conference on Computer Vision and Pattern Recognition Workshops (CVPRW)*, pp. 991–998.

Aunola, S., J. Marniemi, E. Alanen, M. Mäntylä, M. Saraste, and H. Rusko 1988. Muscle metabolic profile and oxygen transport capacity as determinants of aerobic and anaerobic thresholds. *European Journal of Applied Physiology and Occupational Physiology* 57(6): 726–734.

Backman, S. E. 2002. NFL players fight for their freedom: The history of free agency in the NFL.

Sports Law Journal 9:1.

Baechle, T. R. and R. W. Earle (eds.) 2008. *Essentials of Strength Training and Conditioning* (third ed.). Champaign, Ill.: Human Kinetics. National Strength and Conditioning Association. 13, 20.

Bal, B. S., S. Singh, and N. Singh 2008. Analysis of the personality traits of medalist and non medalist athletes. *Shield-Research Journal of Physical Education Sports Science.* 3.

Banerjee, A. N. and J. F. Swinnen 2004. Does a sudden death liven up the game? Rules, incentives, and strategy in football. *Economic Theory* 23(2): 411–421.

Bangsbo, J. 1993. The physiology of soccer–with special reference to intense intermittent exercise. *Acta Physiologica Scandinavica. Supplementum* 619:1–155.

Bangsbo, J. and B. Peitersen 2000. *Soccer Systems and Strategies*. Human Kinetics.

Banzer, W., C. Thiel, A. Rosenhagen, and L. Vogt 2008. Tennis ranking related to exercise capacity. *British Journal of Sports Medicine* 42(2): 152–154.

Bard, K. A. 2015. *An Introduction to the Archaeology of Ancient Egypt*. John Wiley & Sons.

Barros, R. M., M. S. Misuta, R. P. Menezes, P. J. Figueroa, F. A. Moura, S. A. Cunha, R. Anido, and N. J. Leite 2007. Analysis of the distances covered by first division Brazilian soccer players obtained with an automatic tracking method. *Journal of Sports Science & Medicine* 6(2): 233.

Bauer, D. J. and P. J. Curran 2003. Distributional assumptions of growth mixture models: Implications for overextraction of latent trajectory classes. *Psychological Methods* 8(3): 338.

Baumer, B. and A. Zimbalist 2014. *The Sabermetric Revolution: Assessing the Growth of Analytics in Baseball*. Philadelphia: University of Pennsylvania Press, 233.

Beck, A. T. and R. A. Steer 1990. *BAI, Beck Anxiety Inventory*. Psychological Corporation.

Becker, C. 2007. The Cincinnati Football Reds: A franchise in failure. *Ohio History* 114(1): 7–27.

Beilock, S. L. and R. Gray 2007. Why do athletes choke under pressure? In G. Tenenbaum and B. Eklund (eds.), *Handbook of Sport Psychology*, pp. 425 – 444. New York: Wiley.

Beise, D. and V. Peaseley 1937. The relation of reaction time, speed, and agility of big muscle groups to certain sport skills. *Research Quarterly. American Physical Education Association* 8(1): 133–142.

Bell, D. R., K. M. Guskiewicz, M. A. Clark, and D. A. Padua 2011. Systematic review of the Balance Error Scoring System. *Sports Health: A Multidisciplinary Approach* 3(3): 287–295.

Bell, W. and G. Rhodes 1975. The morphological characteristics of the Association Football player. *British Journal of Sports Medicine* 9(4): 196.

Berg, K. and R. W. Latin 1995. Comparison of physical and performance characteristics of NCAA Division I basketball and football players. *Journal of Strength & Conditioning Research* 9(1): 22–26.

Berger, T. 2015. *Pau Gasol 121 Success Secrets –121 Most Asked Questions on Pau Gasol—What You Need to Know*. Emereo Publishing.

Berri, D. J. 1999. Who is "most valuable"? Measuring the player's production of wins in the National Basketball Association. *Managerial and Decision Economics* 20(8): 411–427.

Berri, D. J., S. L. Brook, and A. J. Fenn 2011. From college to the pros: Predicting the NBA amateur player draft. *Journal of Productivity Analysis* 35(1): 25–35.

Berri, D. J. and R. Simmons 2011. Catching a draft: On the process of selecting quarterbacks in the National Football League amateur draft. *Journal of Productivity Analysis* 35(1): 37–49.

Berry, R. C., W. B. Gould, and P. D. Staudohar 1986. *Labor Relations in Professional Sports*. Greenwood Publishing Group.

Berry, W. D. 1993. *Understanding Regression Assumptions*, Volume 92. Sage Publications.

Beynnon, B. D., D. F. Murphy, and D. M. Alosa 2002. Predictive factors for lateral ankle sprains: a literature review. *Journal of Athletic Training* 37(4): 376.

Bigliani, L. U., T. P. Codd, P. M. Connor, W. N. Levine, M. A. Littlefield, and S. J. Hershon 1997, Sep-Oct. Shoulder motion and laxity in the professional baseball player. *The American Journal of Sports Medicine* 25(5): 609–613.

Billat, V., D. Hill, J. Pinoteau, B. Petit, and J.–P. Koralsztein 1996. Effect of protocol on determination of velocity at VO_2 max and on its time to exhaustion. *Archives of Physiology and Biochemistry* 104(3): 313–321.

Bishop, G. 2015, July 6. Brett Favre. *Sports Illustrated* 123(1): 15–26.

Bishop, T. and E. G. McFarland 1993. Sport-specific: In-season strength program for baseball players. *Strength & Conditioning Journal* 15(4): 42–45.

Black, K. 2011. *Business Statistics: For Contemporary Decision Making*. John Wiley & Sons.

Blackburn, M. L. 2013. Ranking the performance of tennis players: An application to women's professional tennis. *Journal of Quantitative Analysis in Sports* 9(4): 367–378. 174.

Blackwood, T. 2008. Bushidō baseball? Three "fathers" and the invention of a tradition. *Social Science Japan Journal* 11(2): 223–240.

Bloomfield, J., R. Polman, and P. O'Donoghue 2007. Physical demands of different positions in FA Premier League soccer. *Journal of Sports Science & Medicine* 6(1): 63.

Boone, J., R. Vaeyens, A. Steyaert, L. V. Bossche, and J. Bourgois 2012. Physical fitness of elite Belgian soccer players by player position. *Journal of Strength & Conditioning Research* 26(8): 2051–2057.

Bosco, C., P. Luhtanen, and P. V. Komi 1983. A simple method for measurement of mechanical power in jumping. *European Journal of Applied Physiology and Occupational Physiology* 50(2): 273–282. 29.

Brand, R., P. Heck, and M. Ziegler 2014. Illegal performance-enhancing drugs and doping in sport: A picture-based brief Implicit Association Test for measuring athletes' attitudes. *Substance Abuse Treatment, Prevention, and Policy* 9(7).

Brand, R., M. Melzer, and N. Hagemann 2011. Towards an Implicit Association Test (IAT) for measuring doping attitudes in sports. Data-based recommendations developed from two recently published tests. *Psychology of Sport and Exercise* 12(3): 250–256.

Bredemeier, B. 1975. The assessment of reactive and instrumental athletic aggression. *Psychology of Sport and Motor Behaviour –II*:71–83.

Bressel, E., J. C. Yonker, J. Kras, and E. M. Heath 2007. Comparison of static and dynamic balance in female collegiate soccer, basketball, and gymnastics athletes. *Journal of Athletic Training* 42(1): 42.

Brevers, D., B. Dan, X. Noel, and F. Nils 2011. Sport superstition: Mediation of psychological tension on non-professional sportsmen's superstitious rituals. *Journal of Sport Behavior* 34(1): 3–24.

Broglio, S. P., J. J. Sosnoff, K. S. Rosengren, and K. McShane 2009. A comparison of balance performance: Computerized dynamic posturography and a random motion platform. *Archives of Physical Medicine and Rehabilitation* 90(1): 145–150.

Brown, L. and V. Ferrigno 2014. *Training for Speed, Agility, and Quickness, 3E*. Human Kinetics.

Brown, L. E. and J. P. Weir 2001. ASEP procedures recommendation I: Accurate assessment of muscular strength and power. *Professionalization of Exercise Physiology* 4(11).

Brown, L. P., S. L. Niehues, A. Harrah, P. Yavorsky, H. P. Hirshman, and others 1988. Upper extremity range of motion and isokinetic strength of the internal and external shoulder rotators in Major League Baseball players. *American Journal of Sports Medicine* 16(6): 577–585.

Brown, M. T. and others 2003. An analysis on online marketing in the sport industry: User activity, communication objectives, and perceived benefits. *Sport Marketing Quarterly* 12(1): 48–55.

Brownell, S. 2008. *The 1904 Anthropology Days and Olympic Games: Sport, Race, and American Imperialism*. University of Nebraska Press.

Burgos, A. 2007. *Playing America's Game: Baseball, Latinos, and the Color Line*, Volume 23. University of California Press.

Burpee, R. H. and W. Stroll 1936. Measuring reaction time of athletes. *Research Quarterly. American Physical Education Association* 7(1): 110–118.

Cale, K. 2010. How Well They Play the Game. *The Hardball Times*.

Campbell, F. G. 2014. *An Insider's Guide to Basketball*. The Rosen Publishing Group.

Campomar, A. 2014. *Golazo!: The Beautiful Game from the Aztecs to the World Cup: The Complete History of how Soccer Shaped Latin America*. Penguin.

Cantwell, J. D. 2004. The physician who invented basketball. *The American Journal of Cardiology* 93(8): 1075–1077.

Carda, R. and M. Looney 1994. Differences in physical characteristics in collegiate baseball players: A descriptive position by position analysis. *Journal of Sports Medicine and Physical Fitness* 34(4): 370–376.

Carlin, B. P. 1996, February. Improved NCAA basketball tournament modeling via point spread and team strength information. *The American Statistician* 50(1): 39–43.

Carling, C. 2011. Influence of opposition team formation on physical and skill-related performance in a professional soccer team. *European Journal of Sport Science* 11(3): 155–164.

Carling, C., A. M. Williams, and T. Reilly 2005. *Handbook of Soccer Match Analysis: A Systematic Approach to Improving Performance*. Psychology Press.

Carney, G. 2006. *Burying the Black Sox: How Baseball's Cover-Up of the 1919 World Series Fix Almost Succeeded*. Potomac Books, Inc.

Carroll, B. 1999. *Total Football II: The Official Encyclopedia of the National Football League*. Harper Collins.

Carroll, L. 1989. A comparative study of narcissism, gender, and sex-role orientation among bodybuilders, athletes, and psychology students. *Psychological Reports* 64(3): 999–1006.

Carron, A. V. 2002. Cohesion and performance in sport. *Journal of Sport & Exercise Psychology* 24:168–188.

Carron, A. V. and L. R. Brawley 2000. Cohesion conceptual and measurement issues. *Small Group Research* 31(1): 89–106.

Carron, A. V., W. N. Widmeyer, and L. R. Brawley 1985. The development of an instrument to assess cohesion in sport teams: The group environment questionnaire. *Journal of Sport Psychology* 7(3): 244–266.

Carvajal, W., A. Ríos, I. Echevarría, M. Martínez, J. Miñoso, D. Rodríguez, and others 2009. Body type and performance of elite Cuban baseball players. *MEDICC Rev* 11 (2): 15–20.

Casajús, J. A. 2001. Seasonal variation in fitness variables in professional soccer players. *Journal of Sports Medicine and Physical Fitness* 41(4): 463–469.

Casey, S. 2001. *Cautious Crusade: Franklin D. Roosevelt, American Public Opinion, and the War Against Nazi Germany*. Oxford University Press.

Castlebury, F. D., M. J. Hilsenroth, L. Handler, and T. W. Durham 1997. Use of the MMPI–2 personality disorder scales in the assessment of DSM–IV antisocial, borderline, and narcissistic personality disorders. *Assessment* 4(2): 155–168.

Cattell, R. B., H. W. Eber, and M. M. Tatsuoka 1970. *Handbook for the Sixteen Personality Factor Questionnaire (16 PF): In Clinical, Educational, Industrial, and Research Psychology, for Use with All Forms of the Test*. Institute for Personality and Ability Testing. 47, 52.

Cervone, D., A. D'Amour, L. Bornn, and K. Goldsberry 2014. Pointwise: Predicting points and valuing decisions in real time with NBA optical tracking data. *Proceedings MIT Sloan Sports Analytics*. 37.

Chamari, K., A. Chaouachi, M. Hambli, F. Kaouech, U. Wisløff, and C. Castagna 2008. The five-jump test for distance as a field test to assess lower limb explosive power in soccer players. *Journal of Strength & Conditioning Research* 22(3): 944–950.

Chambers, C. 2006. *Goal!: How Football Conquered the World*. Black Dog Books.

Charnock, B. L., M. W. Wiliams, E. L. Sims, W. E. Garrett, and R. M. Queen 2007. Proprio 5000: A New Method for Assessing Dynamic Balance.

Chartrand, J. M., D. P. Jowdy, and S. J. Danish 1992. The Psychological Skills Inventory for Sports: Psychometric characteristics and applied implications. *Journal of Sport and Exercise Psychology* 14:405–405.

Chi, E. H. 2008. Sensors and ubiquitous computing technologies in sports. *Computers in Sport* 68:249–268. 37, 40.

Chin, E. R., E. N. Olson, J. A. Richardson, Q. Yang, C. Humphries, J. M. Shelton, H. Wu, W. Zhu, R. Bassel-Duby, and R. S. Williams 1998. A calcineurin-dependent transcrip-tional pathway controls skeletal muscle fiber type. *Genes & Development* 12(16): 2499–2509.

Clark, J. F., J. K. Ellis, J. Bench, J. Khoury, and P. Graman 2012. High-performance vision training improves batting statistics for University of Cincinnati baseball players. *PLoS ONE* 7(1): 1–6.

Clark, M., S. Lucett, and D. T. Kirkendall 2010. *NASM's Essentials of Sports Performance Training*. Lippincott Williams & Wilkins.

Clarke, K. and R. Warwick 2001. An approach to statistical analysis and interpretation. *Change in Marine Communities* 2.

Clarke, S. R. and D. Dyte 2000. Using official ratings to simulate major tennis tournaments. *International Transactions in Operational Research* 7(6): 585–594. 174.

Clarkson, H. M. 2000. *Musculoskeletal Assessment: Joint Range of Motion and Manual Muscle Strength*. Lippincott Williams & Wilkins.

Classé, J. G., L. P. Semes, K. M. Daum, R. Nowakowski, L. J. Alexander, J. Wisniewski, J. A. Beisel, K. Mann, R. Rutstein, M. Smith, and others 1997. Association between visual reaction time and batting, fielding, and earned run averages among players of the southern baseball league. *Journal of the American Optometric Association* 68(1): 43–49.

Coate, D. and D. Robbins 2001. The tournament careers of top-ranked men and women tennis professionals: Are the gentlemen more committed than the ladies? *Journal of Labor Research* 22(1): 185–193.

Coleman, A. E. and L. M. Lasky 1992. Assessing running speed and body composition in professional baseball players. *Journal of Strength & Conditioning Research* 6(4): 207–213.

Coleman, L. 1995. *Fundamental Soccer*. Lerner Publications.

Conn, C. A. and L. Kravitz 2003. The remarkable calorie. *IDEA Personal Trainer* 14:28–35.

Conn, D. 2010. *The Beautiful Game?: Searching for the Soul of Football*. Random House.

Connor-Linton, J. 2003. Chi square tutorial. *Retrieved October* 20:2005.

Constant, C. and A. Murley 1987. A clinical method of functional assessment of the shoulder. *Clinical Orthopaedics and Related Research* 214:160–164.

Constant, C. R., C. Gerber, R. J. Emery, J. O. Søjbjerg, F. Gohlke, and P. Boileau 2008. A review of the constant score: Modifications and guidelines for its use. *Journal of Shoulder and Elbow Surgery* 17(2): 355–361.

Cornelissen, S. 2010. Football's tsars: Proprietorship, corporatism and politics in the 2010 FIFA World Cup. *Soccer & Society* 11(1 – 2): 131–143.

Corry, N., R. D. Merritt, S. Mrug, and B. Pamp 2008. The factor structure of the Narcissistic Personality Inventory. *Journal of Personality Assessment* 90(6): 593–600.

Costa, G. B., M. R. Huber, and J. T. Saccoman 2007. *Understanding Sabermetrics: An Introduction to the Science of Baseball Statistics*. McFarland.

Costa, G. B., M. R. Huber, and J. T. Saccoman 2009. *Practicing Sabermetrics: Putting the Science of Baseball Statistics to Work*. McFarland.

Covassin, T. and S. Pero 2004. The relationship between self-confidence, mood state, and anxiety among collegiate tennis players. *Journal of Sport Behavior* 27(3): 230–242.

Cox, R. H. and others 1998. *Sport Psychology: Concepts and Applications* (fourth ed.). McGraw-Hill.

Cox, R. H., M. P. Martens, W. D. Russell, and others 2003. Measuring anxiety in athletics: The revised Competitive State Anxiety Inventory – 2. *Journal of Sport and Exercise Psychology* 25(4): 519–533.

Cox, R. H., W. D. Russell, and R. Marshall 1998. Development of a CSAI – 2 short form for assessing competitive state anxiety during and immediately prior to competition. *Journal of Sport Behavior* 21(1): 30.

Coyle, E. F., M. E. Feltner, S. A. Kautz, M. T. Hamilton, S. J. Montain, A. M. Baylor, L. D. Abraham, and G. W. Petrek 1991. Physiological and biomechanical factors associated with elite endurance cycling performance. *Medicine and Science in Sports and Exercise* 23(1): 93–107.

Craats, R. 2001a. *Baseball*. Weigl Publishers.

Craats, R. 2001b. *Basketball*. Weigl Publishers.

Craft, L. L., T. M. Magyar, B. J. Becker, and D. L. Feltz 2003. The relationship between the Competitive State Anxiety Inventory – 2 and sport performance: A meta-analysis. *Journal of Sport & Exercise Psychology*:44–65.

Crawford, J. R. and D. C. Howell 1998. Comparing an individual's test score against norms derived from small samples. *Clinical Neuropsychologist* 12(4): 482–486.

Crawley, M. J. 2014. *Statistics: An Introduction Using R*. John Wiley & Sons.

Creighton, D. W., I. Shrier, R. Shultz, W. H. Meeuwisse, and G. O. Matheson 2010. Return to play in sport: A decision-based model. *Clinical Journal of Sport Medicine* 20(5): 379–385.

Crepeau, R. C. 2014. *NFL Football: A History of America's New National Pastime*. University of Illinois Press.

Crespo, M., M. Reid, D. Miley, and F. Atienza 2003. The relationship between professional tournament structure on the national level and success in men's professional tennis. *Journal of Science and Medicine in Sport* 6(1): 3–13. 174

Crespo, M., M. Reid, and A. Quinn 2006. *Tennis psychology: 200+ practical drills and the latest research*. International Tennis Federation.

Cronin, J. B. and K. T. Hansen 2005. Strength and power predictors of sports speed. *Journal of Strength & Conditioning Research* 19(2): 349–357.

Cross, D. 2009. Moneyball. *Journal of Revenue & Pricing Management* 8:107–108.

Crossman, J. 1997. Psychological rehabilitation from sports injuries. *Sports Medicine* 23 (5): 333–339.

Crotin, R. L. and D. K. Ramsey 2012. Stride length compensations and their impacts on brace-transfer ground forces in baseball pitchers. *Proceedings of the 36th Annual American Society of Biomechanics. American Society of Biomechanics*:243–244.

Crowder, M. J. and D. J. Hand 1990. *Analysis of Repeated Measures*. CRC Press.

Crowther, N. B. 2007. *Sport in Ancient Times*. Greenwood Publishing Group.

Csikszentmihalyi, M. 1991. *Flow: The Psychology of Optimal Experience*. Harper Perennial. 46.

Cunningham, C. 2006. *American Hoops: The History of United States Olympic Basketball from Berlin to Barcelona*. ProQuest.

Curran, P. J., D. J. Bauer, and M. T. Willoughby 2004. Testing main effects and interactions in latent curve analysis. *Psychological Methods* 9(2): 220.

Currey, J. D. 2002. *Bones: Structure and Mechanics*. Princeton University Press.

Curry, G. 2002. The trinity connection: An analysis of the role of members of Cambridge University in the development of football in the mid-nineteenth century. *Sports Historian* 22(2): 46–73.

Curry, G. and E. Dunning 2015. *Association Football: A Study in Figurational Sociology*. Routledge.

Dadebo, B., J. White, and K. P. George 2004, Aug. A survey of flexibility training protocols and hamstring strains in professional football clubs in England. *British Journal of Sports Medicine* 38(4): 388–394.

Daly, C. and A. Sachare 1992. *America's Dream Team: The Quest for Olympic Gold*. Turner Pub.

Daneshvar, D. H., C. M. Baugh, C. J. Nowinski, A. C. McKee, R. A. Stern, and R. C. Cantu 2011. Helmets and mouth guards: The role of personal equipment in preventing sport-related concussions. *Clinics in Sports Medicine* 30(1): 145–163.

Davenport, T. H. 2006. Competing on analytics. *Harvard Business Review* 84(1): 98.

Davis, C. S. 2002. *Statistical Methods for the Analysis of Repeated Measurements*. Springer Science & Business Media.

Davis, P. A. and W. E. Sime 2005. Toward a psychophysiology of performance: Sport psychology principles dealing with anxiety. *International Journal of Stress Management* 12(4): 363.

Dawson, P., S. Dobson, and B. Gerrard 2000. Estimating coaching efficiency in professional team sports: Evidence from English Association football. *Scottish Journal of Political Economy* 47(4): 399–421.

Dayton, C. M. 1992. Logistic regression analysis. *Stat*:474–574.

De Francisco Palacios, C. M. 2015. Versin reducida del Athlete Burnout Questionnaire (ABQ). In *Revista de psicologa del deporte*, Volume 24, pp. 177–183.

De Houwer, J. 2002. The Implicit Association Test as a tool for studying dysfunctional associations in psychopathology: Strengths and limitations. *Journal of Behavior Therapy and Experimental Psychiatry* 33(2): 115–133.

Dean, H. L., D. Martí, E. Tsui, J. Rinzel, and B. Pesaran 2011. Reaction time correlations during eye–hand coordination: Behavior and modeling. *Journal of Neuroscience* 31(7): 2399–2412.

Delgado, F. 1999. Sport and politics Major League Soccer, constitution, and (the) Latino audience(s). *Journal of Sport & Social Issues* 23(1): 41–54.

Dellaserra, C. L., Y. Gao, and L. Ransdell 2014. Use of integrated technology in team sports: A review of opportunities, challenges, and future directions for athletes. *Journal of Strength & Conditioning Research* 28(2): 556–573. 37, 40.

Delp, M. D. and C. Duan 1996. Composition and size of type I, IIa, IId/x, and IIb fibers and citrate synthase activity of rat muscle. *Journal of Applied Physiology* 80(1): 261–270.

DeMaris, A. 1995. A tutorial in logistic regression. *Journal of Marriage and the Family*:956–968.

Deurenberg, P., J. A. Weststrate, and J. C. Seidell 1991. Body Mass Index as a measure of body fatness: Age-and sex-specific prediction formulas. *British Journal of Nutrition* 65 (2): 105–114.

Dežman, B., S. Trninić, and D. Dizdar 2001. Expert model of decision-making system for efficient orientation of basketball players to positions and roles in the game empirical verification. *Collegium Antropologicum* 25(1): 141–152.

Diamant, L., J. H. Byrd, and M. J. Himelein 1991. Personality traits and athletic performance. *Mind-body maturity: Psychological approaches to sports, exercise, and fitness*: 227–236.

Dickson, P. 2009. *The Dickson Baseball Dictionary* (third ed.). New York: W.W. Norton & Company.

Didehbani, N., C. M. Cullum, S. Mansinghani, H. Conover, and J. Hart 2013. Depressive symptoms and concussions in aging retired NFL players. *Archives of Clinical Neuropsychology* 28(5): 418–424.

Dirks, K. T. 2000. Trust in leadership and team performance: Evidence from NCAA basketball. *Journal of Applied Psychology* 85(6): 1004.

Dixon, W. J., F. J. Massey, and others 1969. *Introduction to Statistical Analysis*, Volume 344. McGraw-Hill New York.

Domínguez-Almendros, S., N. Benítez-Parejo, and A. Gonzalez-Ramirez 2011. Logistic regression models. *Allergologia et Immunopathologia* 39(5): 295–305.

Donatelli, R., T. S. Ellenbecker, S. R. Ekedahl, J. S. Wilkes, K. Kocher, and J. Adam 2000. Assessment of shoulder strength in professional baseball pitchers. *Journal of Orthopaedic Sports Physical Therapy* 30(9): 544–551.

Draper, N. R., H. Smith, and E. Pownell 1966. *Applied Regression Analysis*. Wiley New York.

Drinkwater, E. J., D. B. Pyne, and M. J. McKenna 2008. Design and interpretation of anthropometric and fitness testing of basketball players. *Sports Medicine* 38(7): 565–578.

Dufek, J. S. and B. T. Bates 1991. Biomechanical factors associated with injury during landing in jump sports. *Sports Medicine* 12(5): 326–337.

Duncan, T. E., S. C. Duncan, and L. A. Strycker 2013. *An Introduction to Latent Variable Growth Curve Modeling: Concepts, Issues, and Application*. Routledge Academic. 67.

Dunmore, T. 2011. *Historical Dictionary of Soccer*. Scarecrow Press.

Durall, C. J., R. C. Manske, and G. J. Davies 2001. Avoiding shoulder injury from resistance training. *Strength & Conditioning Journal* 23(5): 10.

Ebben, W. P., M. J. Hintz, and C. J. Simenz 2005. Strength and conditioning practices of Major League Baseball strength and conditioning coaches. *Journal of Strength & Conditioning Research* 19(3): 538–546.

Edgerton, V. R., J. Smith, and D. Simpson 1975. Muscle fibre type populations of human leg muscles. *Histochemical Journal* 7(3): 259–266.

Edwards, T., L. Hardy, and others 1996. The interactive effects of intensity and direction of cognitive and somatic anxiety and self-confidence upon performance. *Journal of Sport and Exercise Psychology* 18:296–312.

Egloff, B. and S. C. Schmukle 2002. Predictive validity of an Implicit Association Test for assessing anxiety. *Journal of Personality and Social Psychology* 83(6): 1441.

Einolf, K. W. 2004. Is winning everything? A data envelopment analysis of Major League Baseball and the National Football League. *Journal of Sports Economics* 5(2): 127–151. 177

Elliott, A. C. and W. A. Woodward 2007. *Statistical Analysis Quick Reference Guide-book: With SPSS Examples*. Sage.

Elman, W. F. and S. J. McKelvie 2003. Narcissism in football players: Stereotype or reality. *Athletic Insight* 5(1).

Engström, B. K. and P. A. Renström 1998. How can injuries be prevented in the World Cup soccer athlete? *Clinics in Sports Medicine* 17(4): 755–768.

Ermes, M., J. Parkka, J. Mantyjarvi, and I. Korhonen 2008. Detection of daily activities and sports with wearable sensors in controlled and uncontrolled conditions. *IEEE Transactions on Information*

Technology in Biomedicine 12(1): 20–26.

Eschker, E., S. J. Perez, and M. V. Siegler 2004. The NBA and the influx of international basketball players. *Applied Economics* 36(10): 1009–1020.

Falla, J., R. Lester, D. M. Nelson, R. Schmidt, J. L. Shulman, W. G. Bowen, R. A. Smith, and J. S. Watterson 2015. Football, professional. *Sports in America from Colonial Times to the Twenty-First Century: An Encyclopedia*:361.

Fanning, M. 2014. A study of predictive measures of winning percentage in Major League Baseball over the past decade.

Faubert, J. 2013. Professional athletes have extraordinary skills for rapidly learning complex and neutral dynamic visual scenes. *Scientific Reports* 3.

Fay, M. P. and M. A. Proschan 2010. Wilcoxon-Mann-Whitney or *t*-test? On assumptions for hypothesis tests and multiple interpretations of decision rules. *Statistics Surveys* 4:1.

Fazey, J. and L. Hardy 1988. *The Inverted-U Hypothesis: A Catastrophe for Sport Psychology*. British Association of Sports Sciences.

Fédération Internationale de Football Association 2015. *Laws of the Game*. Retrieved from the World Wide Web, December 11, 2015. at http://www.FIFA.com/about-FIFA/official-documents/law-regulations/index.html#lawsOfTheGame. 236.

Feir-Walsh, B. J. and L. E. Toothaker 1974. An empirical comparison of the ANOVA *F*-test, normal scores test and Kruskal-Wallis test under violation of assumptions. *Educational and Psychological Measurement* 34(4): 789–799.

Feltz, D. and M. Chase 1998. The measurement of self-efficacy and confidence in sport. *Advances in Sport and Exercise Psychology Measurement*:65–80.

Feltz, D., S. Short, and P. Sullivan 2008. Self efficacy in sport: Research and strategies for working with athletes, teams and coaches. *International Journal of Sports Science and Coaching* 3(2): 293–295.

Ferraro, T. and S. Rush 2000. Why athletes resist sport psychology. *Athletic Insight* 2(3): 9–14.

FIBA-Fédération Internationale 2000. Official basketball rules for men and women–as adopted by the central board of FIBA on 5th May 2000, Munich, Germany. Web: http://www.fiba.com.

Fichman, M. and M. A. Fichman 2012. From Darwin to the diamond: How baseball and Billy Beane arrived at Moneyball. *Available at SSRN 2112109*.

Field, A. 2009. *Discovering Statistics Using SPSS*. Sage Publications.

Figueroa, P., N. Leite, R. M. Barros, I. Cohen, and G. Medioni 2004. Tracking soccer players using the graph representation. In *Proceedings of the 17th International Conference on Pattern Recognition, 2004. ICPR 2004.*, Volume 4, pp. 787–790.

Filaire, E., X. Bernain, M. Sagnol, and G. Lac 2001. Preliminary results on mood state, salivary testosterone: Cortisol ratio and team performance in a professional soccer team. *European Journal of Applied Physiology* 86(2): 179–184.

Filipčič, T., A. Filipčič, and T. Berendijaš 2008. Comparison of game characteristics of male and female tennis players at Roland Garros 2005. *Acta Univ Palacki Olomuc. Gymnica* 38(3): 21–28.

Finnoff, J. T., V. J. Peterson, J. H. Hollman, and J. Smith 2009. Intrarater and interrater reliability of the Balance Error Scoring System (BESS). *PM&R* 1(1): 50–54.

Fischer, B. and L. Rogal 1986. Eye-hand-coordination in man: A reaction time study. *Biological Cybernetics* 55(4): 253–261.

Fischer, D. 2015. *The Super Bowl: The First Fifty Years of America's Greatest Game*. Skyhorse Publishing, Inc.

Fischman, M. G. and T. Schneider 1985. Skill level, vision, and proprioception in simple one-hand catching. *Journal of Motor Behavior* 17(2): 219–229.

Fisher, R. and J. E. Katz 2008. Social-desirability bias and the validity of self-reported values. 17:105–120.

Fisher, R. and K. Wakefield 1998. Factors leading to group identification: A field study of winners and losers. *Psychology & Marketing* 15(1): 23–40.

Fitts, R. H. and J. J. Widrick 1995. Muscle mechanics: Adaptations with exercise-training. *Exercise and Sport Sciences Reviews* 24:427–473.

Fitts, R. K. 2012. *Banzai Babe Ruth: Baseball, Espionage, & Assassination During the 1934 Tour of Japan*. University of Nebraska Press.

Fitzpatrick, R. 2012. *El Clasico: Barcelona V Real Madrid: Football's Greatest Rivalry*. Bloomsbury Publishing.

Flake, C. R., M. J. Dufur, and E. L. Moore 2013. Advantage men: The sex pay gap in professional tennis. *International Review for the Sociology of Sport* 48(3): 366–376.

Fleishman, E. A. 1964. *Structure and Measurement of Physical Fitness.* Prentice-Hall.

Fleishman, E. A. and G. D. Ellison 1962. A factor analysis of fine manipulative tests. *Journal of Applied Psychology* 46(2): 96.

Fleishman, E. A., E. J. Kremer, and G. W. Shoup 1961. The Dimensions of Physical Fitness: A Factor Analysis of Speed, Flexibility, Balance, and Coordination Tests. Technical Report, DTIC Document.

Formosa, D. and P. Hamburger 2009. *Baseball Field Guide: An In-depth Illustrated Guide to the Complete Rules of Baseball.* Da Capo Press.

Fortenbaugh, D., G. Fleisig, and B. Bolt 2010. Coming down: Throwing mechanics of baseball catchers. In *ISBS-Conference Proceedings Archive*, 1 (1).

Fox, E. L., R. W. Bowers, M. L. Foss, and others 1993. *The Physiological Basis for Exercise and Sport.* Brown & Benchmark.

Fox, J. 2005. Getting started with the R Commander: A basic-statistics graphical user interface to R. *Journal of Statistical Software* 14(9): 1–42.

Francis, S. R., M. B. Andersen, and P. Maley 2000. Physiotherapists' and male professional athletes' views on psychological skills for rehabilitation. *Journal of Science and Medicine in Sport* 3(1): 17–29.

Frank, K. A. 2000. Impact of a confounding variable on a regression coefficient. *Sociological Methods & Research* 29(2): 147–194.

Fredricks, G. A. and R. B. Nelsen 2007. On the relationship between Spearman's rho and Kendall's tau for pairs of continuous random variables. *Journal of Statistical Planning and Inference* 137(7): 2143–2150.

Fredricks, J. A. and J. S. Eccles 2005. Sport psychology. *Journal of Sport & Exercise Psychology* 27:3–31.

Freedman, L. 2010. *The Day All the Stars Came Out: Major League Baseball's First All-Star Game, 1933*. McFarland.

Friend, J., A. Leunes, and others 1990. Predicting baseball player performance. *Journal of Sport Behavior* 13(2): 73–86.

Fry, A. C. and W. J. Kraemer 1991. Physical performance characteristics of American collegiate football players. *Journal of Strength & Conditioning Research* 5(3): 126–138.

Fry, R. W., A. R. Morton, and D. Keast 1991. Overtraining in athletes. *Sports Medicine* 12 (1): 32–65.

Fry, T. R., G. Galanos, and A. Posso 2014. Let's get Messi? Top-scorer productivity in the European Champions League. *Scottish Journal of Political Economy* 61(3): 261–279. 177.

Furst, D. M. and J. S. Hardman 1988. The iceberg profile and young competitive swimmers. *Perceptual and Motor Skills* 67(2): 478.

Fydrich, T., D. Dowdall, and D. L. Chambless 1992. Reliability and validity of the Beck Anxiety Inventory. *Journal of Anxiety Disorders* 6(1): 55–61.

Gallego, J. H. 2013. El Fútbol Británico antes de la International Board,(1863－1886). *Cuadernos de Fútbol: Primera revista de historia del fútbol Español* 42(1): 10–11.

Galli, N., R. S. Vealey, and others 2008. Bouncing back from adversity: Athletes experiences of resilience. *The Sport Psychologist* 22(3): 316–335.

Gandolfi, G. (ed.) 2009. *NBA Coaches Playbook: Techniques, Tactics, and Teaching Points*. Human Kinetics.

Gardner, F. L. 2001. Applied sport psychology in professional sports: The team psychologist. *Professional Psychology: Research and Practice* 32(1): 34.

Garstecki, M. A., R. W. Latin, and M. M. Cuppett 2004. Comparison of selected physical fitness and performance variables between NCAA Division I and II football players. *Journal of Strength & Conditioning Research* 18(2): 292–297.

Gartner, L. 1996. The Rookie Primer. *Radcliffe Rugby Football Club*.

Gastin, P. B. 2001. Energy system interaction and relative contribution during maximal exercise. *Sports Medicine* 31(10): 725–741.

Gelman, A. and J. Hill 2006. *Data Analysis Using Regression and Multilevel/Hierarchical Models*. Cambridge University Press.

Gibbons, J. D. and S. Chakraborti 2011. *Nonparametric Statistical Inference*. Springer.

Gifford, C. 2008. *Soccer*. The Rosen Publishing Group.

Gifford, C. 2009. *American Football*. Evans Brothers.

Gil, S. M., J. Gil, F. Ruiz, A. Irazusta, and J. Irazusta 2007. Physiological and anthropometric characteristics of young soccer players according to their playing position: Relevance for the selection process. *Journal of Strength & Conditioning Research* 21(2): 438–445.

Ginsburg, D. E. 2004. *The Fix Is in: A History of Baseball Gambling and Game Fixing Scandals*. McFarland.

Giossos, Y., A. Sotiropoulos, A. Souglis, and G. Dafopoulou 2011. Reconsidering on the early types of football. *Baltic Journal of Health and Physical Activity* 3(2): 129–134.

Girden, E. R. 1992. *ANOVA: Repeated Measures*. Number 84. Sage.

Giulianotti, R. 2012. *Football*. Wiley Online Library.

Glazer, D. D. 2009, Mar-Apr. Development and preliminary validation of the Injury-Psychological Readiness to Return to Sport (I－PRRS) scale. *Journal of Athletic Training* 44(2): 185–189.

Gobbi, A. and R. Francisco 2006. Factors affecting return to sports after anterior cruciate ligament reconstruction with patellar tendon and hamstring graft: A prospective clinical investigation. *Knee Surgery, Sports Traumatology, Arthroscopy* 14(10): 1021–1028.

Goff, B. L., W. F. S. II, and R. D. Tollison 1997. Batter up! Moral hazard and the effects of the designated hitter rule on hit batsmen. *Economic Inquiry* 35(3): 555–561.

Goldblatt, D. 2008. *The Ball is Round: A Global History of Soccer*. Penguin.

Goldstein, W. 2014. *Playing for Keeps: A History of Early Baseball*. Cornell University Press.

Gollnick, P., K. Piehl, C. Saubert, R. Armstrong, and B. Saltin 1972. Diet, exercise, and glycogen changes in human muscle fibers. *Journal of Applied Physiology* 33(4): 421–425.

Gollnick, P. D., R. Armstrong, B. Saltin, C. Saubert, W. L. Sembrowich, and R. E. Shepherd 1973. Effect of training on enzyme activity and fiber composition of human skeletal muscle. *Journal of Applied Physiology* 34(1): 107–111.

Goplerud III, C. P. 1997. Collective bargaining in the National Football League: A historical and comparative analysis. *Villanova Sports & Entertainment Law Journal* 4: 13.

Gotwals, J. K., J. G. Dunn, and H. A. Wayment 2003. An examination of perfectionism and self-esteem in intercollegiate athletes. *Journal of Sport Behavior* 26(1): 17. 48, 52.

Grabiner, D. and S. P. Sabermetrics 2006. Do clutch hitters exist? In *SABRBoston Presents Sabermetrics Conference*.

Gray, R. 2004. Attending to the execution of a complex sensorimotor skill: Expertise differences, choking, and slumps. *Journal of Experimental Psychology: Applied* 10(1): 42.

Gray-Little, B., V. S. Williams, and T. D. Hancock 1997. An item response theory analysis of the Rosenberg Self-Esteem Scale. *Personality and Social Psychology Bulletin* 23(5): 443–451. 48, 52

Green, S. L. and R. S. Weinberg 2001. Relationships among athletic identity, coping skills, social support, and the psychological impact of injury in recreational participants. *Journal of Applied Sport Psychology* 13(1): 40–59.

Greenwald, A. G., D. E. McGhee, and J. L. Schwartz 1998. Measuring individual differences in implicit cognition: The Implicit Association Test. *Journal of Personality and Social Psychology* 74(6): 1464.

Gribble, P. A. and J. Hertel 2003. Considerations for normalizing measures of the Star Excursion Balance Test. *Measurement in Physical Education and Exercise Science* 7(2): 89–100. 29

Grimm, L. G. and P. R. Yarnold 1995. *Reading and Understanding Multivariate Statistics.* American Psychological Association.

Gripentrog, J. 2010. The transnational pastime: Baseball and American perceptions of Japan in the 1930s. *Diplomatic History* 34(2): 247–273.

Groeneveld, R. A. 1990, November. Ranking teams in a league with two divisions of t teams. *The American Statistician* 44(4): 277–281.

Guay, F., R. J. Vallerand, and C. Blanchard 2000. On the assessment of situational intrinsic and extrinsic motivation: The Situational Motivation Scale (SIMS). *Motivation and Emotion* 24(3): 175–213. 42

Guskiewicz, K. M. and D. H. Perrin 1996. Research and clinical applications of assessing balance. *Journal of Sport Rehabilitation* 5:45–63.

Guthrie-Shimizu, S. 2004. For love of the game: Baseball in early US-Japanese encounters and the rise of a transnational sporting fraternity. *Diplomatic History* 28(5): 637–662.

Guthrie-Shimizu, S. 2008. Baseball in US-Japanese Relations. *Soft power superpowers: Cultural and national assets of Japan and the United States*:154.

Gutman, B. 1979. *Modern Soccer Superstars*. Putnam Pub Group.

Guttmann, A. 2002. *The Olympics, A History of the Modern Games*. University of Illinois Press.

Haas, D. J. 2003. Technical efficiency in the Major League Soccer. *Journal of Sports Economics* 4(3):

203–215.

Haff, G. G. and C. Dumke 2012. *Laboratory Manual for Exercise Physiology*. Human Kinetics. 13, 18, 30, 32, 33, 40.

Hample, Z. 2007. *Watching Baseball Smarter: A Professional Fan's Guide for Beginners, Semi-experts, and Deeply Serious Geeks* (Revised and Updated ed.). Vintage/Random House.

Hand, D. J. 2012. Who's # 1? The science of rating and ranking. *Journal of Applied Statistics* 39(10): 2309–2310.

Hanin, Y. L. 1995. Individual Zones of Optimal Functioning (IZOF) model: An idiographic approach to performance anxiety. *Sport Psychology: An Analysis of Athlete Behavior* 3:103–119.

Hanin, Y. L. 1997. Emotions and athletic performance: Individual Zones of Optimal Functioning model. *European Yearbook of Sport Psychology* 1:29–72.

Hanin, Y. L. 2000. Individual Zones of Optimal Functioning (IZOF) model. *Emotions in Sport*:65–89.

Hanin, Y. L. 2004. Emotions in sport: An individualized approach. *Encyclopedia of Applied Psychology* 1:739–750.

Hanlon, T. W. 2009. *The Sports Rules Book*. Human Kinetics.

Hardy, L. 1996. A test of catastrophe models of anxiety and sports performance against multidimensional anxiety theory models using the method of dynamic differences. *Anxiety, Stress, and Coping* 9(1): 69–86.

Hardy, L. 1996. Testing the predictions of the cusp catastrophe model of anxiety and performance. *Sport Psychologist* 10:140–156.

Hardy, L. and G. Parfitt 1991. A catastrophe model of anxiety and performance. *British Journal of Psychology* 82(2): 163–178.

Härtel, T. and A. Schleichardt 2008. Evaluation of start techniques in sports swimming by dynamics simulation (P18). In *The Engineering of Sport 7*, pp. 89–96. Springer.

Hastie, T., R. Tibshirani, and J. Friedman 2009. *The Elements of Statistical Learning: Data Mining, Inference, and Prediction* (second ed.). Springer.

Haupt, H. A. 2001. Upper extremity injuries associated with strength training. *Clinics in Sports Medicine* 20(3): 481–490.

Hausman, J. A. and G. K. Leonard 1997. Superstars in the National Basketball Association: Economic value and policy. *Journal of Labor Economics* 15(4): 586–624.

Heil, J. 1993. *Psychology of Sport Injury.* Human Kinetics.

Herman, M. 2009. *The Complete Guide to Kickology* (third ed.). Footballguys. http://www.footballguys.com/cdcheck/kickologylite.pdf.

Hetzler, R. K., B. L. Schroeder, J. J. Wages, C. D. Stickley, and I. F. Kimura 2010, Jun. Anthropometry increases 1 Repetition Maximum predictive ability of NFL-225 test for Division IA college football players. *Journal of Strength and Conditioning Research* 24(6): 1429–1439.

Heyward, V. H., D. R. Wagner, and others 2004. *Applied Body Composition Assessment.* Human Kinetics.

Hibbs, A. E., K. G. Thompson, D. French, A. Wrigley, and I. Spears 2008. Optimizing performance by improving core stability and core strength. *Sports Medicine* 38(12): 995–1008.

Hickey, K. C., C. E. Quatman, G. D. Myer, K. R. Ford, J. A. Brosky, and T. E. Hewett 2009, Dec. Methodological report: dynamic field tests used in an NFL Combine setting to identify lower-extremity functional asymmetries. *Journal of Strength and Conditioning Research* 23(9): 2500–2506.

Hill, D. M., S. Hanton, S. Fleming, and N. Matthews 2009. A re-examination of choking in sport. *European Journal of Sport Science* 9(4): 203–212.

Hill, D. M., S. Hanton, N. Matthews, and S. Fleming 2010. Choking in sport: A review. *International Review of Sport and Exercise Psychology* 3(1): 24–39.

Hill, J. R. and W. Spellman 1983. Professional baseball: The reserve clause and salary structure. *Industrial Relations: A Journal of Economy and Society* 22(1): 1–19.

Hill, L. 2010. Football as code: The social diffusion of "soccer" in South Africa. *Soccer & Society* 11(1–2): 12–28.

Ho, R. 2006. *Handbook of Univariate and Multivariate Data Analysis and Interpretation with SPSS* CRC Press.

Hochbaum, D. S. 2015. *Ranking Sports Teams and the Inverse Equal Paths Problem.* http://ieor.berkeley.edu/People/Faculty/hochbaum.htm.

Hoffman, J. 2006. *Norms for Fitness, Performance, and Health*. Human Kinetics. 29.

Hoffman, J., C. Association, and others 2012. *NSCA's Guide to Program Design*. Human Kinetics.

Hoffman, J., M. Bar-Eli, and G. Tenenbaum 1999. An examination of mood changes and performance in a professional basketball team. *Journal of Sports Medicine and Physical Fitness* 39(1): 74.

Hoffman, J. R., S. Epstein, M. Einbinder, and Y. Weinstein 2000. A comparison between the Wingate anaerobic power test to both vertical jump and line drill tests in basketball players. *Journal of Strength & Conditioning Research* 14(3): 261–264.

Hoffman, J. R., J. Vazquez, N. Pichardo, and G. Tenenbaum 2009. Anthropometric and performance comparisons in professional baseball players. *Journal of Strength & Conditioning Research* 23(8): 2173–2178.

Hoffmann, F., G. Falk, and M. J. Manning 2013. *Football and American Identity*. Routledge.

Hofmann, W., B. Gawronski, T. Gschwendner, H. Le, and M. Schmitt 2005. A metaanalysis on the correlation between the Implicit Association Test and explicit self-report measures. *Personality and Social Psychology Bulletin* 31(10): 1369–1385.

Hopwood, C. J., K. M. Thomas, K. E. Markon, A. G. Wright, and R. F. Krueger 2012. DSM−5 personality traits and DSM–IV personality disorders. *Journal of Abnormal Psychology* 121(2): 424.

Horn, T. S. 2008. *Advances in Sport Psychology*. Champaign, Ill. Human Kinetics.

Hosmer, D. W., T. Hosmer, S. Le Cessie, S. Lemeshow, and others 1997. A comparison of goodness-of-fit tests for the logistic regression model. *Statistics in Medicine* 16(9): 965–980.

Hosmer, D. W., S. Taber, and S. Lemeshow 1991. The importance of assessing the fit of logistic regression models: A case study. *American Journal of Public Health* 81(12): 1630–1635.

Hsu, H. and P. A. Lachenbruch 2008. Paired *t*-test. *Wiley Encyclopedia of Clinical Trials*.

Hughes, S., M. Shank, and others 2005. Defining scandal in sports: Media and corporate sponsor perspectives. *Sport Marketing Quarterly* 14(4): 207. 175.

Hurley, B. F. 1995, Nov. Age, gender, and muscular strength. *The Journals of Gerontology. Series A, Biological Sciences and Medical Sciences* 50 Spec No:41–44.

Hyman, R. 1953. Stimulus information as a determinant of reaction time. *Journal of Experimental Psychology* 45(3): 188.

International Tennis Federation 2015. *2015 Rules of Tennis*. Available in English, French, and Spanish. Retrieved from the World Wide Web, December 11, 2015. at http://www.itftennis.com/officiating/

rulebooks/rules-of-tennis.aspx. 241.

Isberg, L. 2000. Anger, aggressive behavior, and athletic performance. *Emotions in Sport* 1:13–33.

Iwase, S. and H. Saito 2004. Parallel tracking of all soccer players by integrating detected positions in multiple view images. In *Proceedings of the 17th International Conference on Pattern Recognition, 2004. ICPR 2004.*, Volume 4, pp. 751–754.

Izenman, A. J. 2008. *Modern Multivariate Statistical Techniques: Regression, Classification, and Manifold Learning*. New York: Springer. 67.

Izquierdo, M., K. Häkkinen, J. J. Gonzalez-Badillo, J. Ibanez, and E. M. Gorostiaga 2002. Effects of long-term training specificity on maximal strength and power of the upper and lower extremities in athletes from different sports. *European Journal of Applied Physiology* 87(3): 264–271.

Jackson, A. S. and M. L. Pollock 1978. Generalized equations for predicting body density of men. *British Journal of Nutrition* 40(3): 497–504.

Jackson, S. A., P. R. Thomas, H. W. Marsh, and C. J. Smethurst 2001. Relationships between flow, self-concept, psychological skills, and performance. *Journal of Applied Sport Psychology* 13(2): 129–153.

James, B. 2014. *The Bill James' Guide to Baseball Managers*. Diversion Books.

Jarmey, C. 2013. *The Concise Book of Muscles*. North Atlantic Books.

Jeličić, M., M. Trninić, and I. Jelaska 2010. Differences between three types of basketball players on the basis of situation-related efficiency. *Acta Kinesiologica* 1:82–89.

Jenkinson, B. 2007. *The Year Babe Ruth Hit 104 Home Runs: Recrowning Baseball's Greatest Slugger*. Da Capo Press.

Jiménez, I. P. and M. T. Pain 2008. Relative age effect in Spanish Association Football: Its extent and implications for wasted potential. *Journal of Sports Sciences* 26(10): 995–1003.

Johnson, D. 2013. *The Complete Guide to Pitching*. Human Kinetics.

Johnson, L. 1992. Patterns of shoulder flexibility among college baseball players. *Journal of Athletic Training* 27(1): 44–49.

Johnson, M., J. Winkin, J. Leggett, and P. McMahon 2001. *Baseball Skills and Drills*. Human Kinetics.

Johnson, R. A., D. W. Wichern, and others 1992. *Applied Multivariate Statistical Analysis*, Volume 4. Prentice Hall Englewood Cliffs, NJ.

Johnston, D. and J. Gigliotti 2005. *Watching Football: Discovering the Game within the Game*. Globe Pequot.

Jones, G., S. Hanton, and A. Swain 1994. Intensity and interpretation of anxiety symptoms in elite and non-elite sports performers. *Personality and Individual Differences* 17 (5): 657–663.

Jones, G. and A. Swain 1992. Intensity and direction as dimensions of competitive state anxiety and relationships with competitiveness. *Perceptual and Motor Skills* 74(2): 467–472.

Jones, R. and T. Tranter 1999. *Soccer Strategies: Defensive and Attacking Tactics*. Reedswain Inc.

Jordet, G., E. Hartman, C. Visscher, and K. A. Lemmink 2007. Kicks from the penalty mark in soccer: The roles of stress, skill, and fatigue for kick outcomes. *Journal of Sports Sciences* 25(2): 121–129.

Jowett, S. and I. Cockerill 2003. Olympic medallists' perspective of the althlete–coach relationship. *Psychology of Sport and Exercise* 4(4): 313–331.

Jukić, I., G. Sporiš, and D. Vuleta 2010. Fitness Profiling in Soccer: Physical and Physiologic Characteristics of Elite Players. In *The Second World Conference on Science and Soccer*.

Kahn, L. M. 1991. Discrimination in professional sports: A survey of the literature. *Industrial & Labor Relations Review* 44(3): 395–418.

Karpinski, A. 2004. Measuring self-esteem using the Implicit Association Test: The role of the other. *Personality and Social Psychology Bulletin* 30(1): 22–34.

Karpinski, A. and J. L. Hilton 2001. Attitudes and the Implicit Association Test. *Journal of Personality and Social Psychology* 81(5): 774.

Katch, F., E. D. Michael, and S. M. Horvath 1967. Estimation of body volume by underwater weighing: Description of a simple method. *Journal of Applied Physiology* 23(5): 811–813.

Kayali, F. 2013. Playing ball. *Sports Videogames*:197.

Keith, T. Z. 2014. *Multiple Regression and Beyond: An Introduction to Multiple Regression and Structural Equation Modeling*. Routledge. 64.

Kelly, B. T., W. R. Kadrmas, and K. P. Speer 1996. The manual muscle examination for rotator cuff strength an electromyographic investigation. *American Journal of Sports Medicine* 24(5): 581–588.

Kennedy, J. 2008. "El Primer Crack" of Argentine basketball: Oscar Furlong. *Sporting Traditions in*

Ireland and Latin America:49.

Kenney, W. L., J. Wilmore, and D. Costill 2015. *Physiology of Sport and Exercise, 6th Edition*. Human Kinetics.

Kenny, D. A., L. Mannetti, A. Pierro, S. Livi, and D. A. Kashy 2002. The statistical analysis of data from small groups. *Journal of Personality and Social Psychology* 83(1): 126.

Kerr, J. 1985. The experience of arousal: A new basis for studying arousal effects in sport. *Journal of Sports Sciences* 3(3): 169–179.

Kerr, J. H. and others 1999. The role of aggression and violence in sport: A rejoinder to the ISSP position stand. *Sport Psychologist* 13(1): 83–88.

Keselman, H., and others 1998. Statistical practices of educational researchers: An analysis of their ANOVA, MANOVA, and ANCOVA analyses. *Review of Educational Research* 68(3): 350–386.

Kibler, W. B., T. J. Chandler, B. P. Livingston, and E. P. Roetert 1996, May-Jun. Shoulder range of motion in elite tennis players: Effect of age and years of tournament play. *American Journal of Sports Medicine* 24(3): 279–285.

King, D. 2006. Hold-up in the NFL: Team specific investment in the National Football League. Ph.D. thesis, Department of Economics-Simon Fraser University.

Kinzey, S. J. and C. W. Armstrong 1998. The reliability of the Star Excursion [Balance] Test in assessing dynamic balance. *Journal of Orthopaedic & Sports Physical Therapy* 27 (5): 356–360. 29.

Klaassen, F. J. and J. R. Magnus 1998. *On the Independence and Identical Distribution of Points in Tennis*. Tilburg University.

Klaassen, F. J. and J. R. Magnus 2003. Forecasting the winner of a tennis match. *European Journal of Operational Research* 148(2): 257–267.

Klaassen, F. and J. R. Magnus 2014. *Analyzing Wimbledon: The Power of Statistics*. Oxford University Press. 174.

Kleine, D. 1990. Anxiety and sport performance: A meta-analysis. *Anxiety Research* 2(2): 113–131.

Kloke, J. and J. W. McKean 2014. *Nonparametric Statistical Methods Using R*. Boca Raton, Fla.: Chapman and Hall/CRC. 67.

Kolber, M. J., K. S. Beekhuizen, M.－S. S. Cheng, and M. A. Hellman 2010. Shoulder injuries attributed to resistance training: A brief review. *Journal of Strength & Conditioning Research* 24(6): 1696–1704.

Komi, P. V. and C. Bosco 1978. Muscles by men and women. *Medicine and Science in Sports* 10(4): 261–265.

Korch, R. 1990. *The Official Pro Football Hall of Fame Play Book*. Simon & Schuster.

Korhonen, M. T., A. Cristea, M. Alén, K. Häkkinen, S. Sipilä, A. Mero, J. T. Viitasalo, L. Larsson, and H. Suominen 2006. Aging, muscle fiber type, and contractile function in sprint-trained athletes. *Journal of Applied Physiology* 101(3): 906–917.

Kornspan, A. S. 2014. A historical analysis of the Chicago Cubs' use of statistics to analyze baseball performance. *NINE: A Journal of Baseball History and Culture* 23(1): 17–40.

Kovacs, M. M. S. 2007. Tennis physiology. *Sports Medicine* 37(3): 189–198.

Kraemer, W. J. 1997. A series of studies-the physiological basis for strength training in American football: Fact over philosophy. *Journal of Strength & Conditioning Research* 11(3): 131–142.

Kraemer, W. J. and N. A. Ratamess 2004. Fundamentals of resistance training: Progression and exercise prescription. *Medicine and Science in Sports and Exercise* 36(4): 674–688.

Kraemer, W. J., J. C. Torine, R. Silvestre, D. N. French, N. A. Ratamess, B. A. Spiering, D. L. Hatfield, J. L. Vingren, and J. S. Volek 2005. Body size and composition of National Football League players. *Journal of Strength & Conditioning Research* 19(3): 485–489.

Krane, V. 1992. Conceptual and methodological considerations in sport anxiety research: From the inverted-U hypothesis to catastrophe theory. *Quest* 44(1): 72–87.

Krane, V. and J. M. Williams 1994. Cognitive anxiety, somatic anxiety, and confidence in track and field athletes: The impact of gender, competitive level and task characteristics. *International Journal of Sport Psychology*.

Krause, J., D. Meyer, and J. Meyer 2008. *Basketball Skills and Drills*. Human Kinetics.

Krautmann, A., P. Von Allmen, and D. J. Berri 2009. The underpayment of restricted players in north American sports leagues. *International Journal of Sport Finance* 4(3): 161–175.

Krohne, H. W. and C. Hindel 1988. Trait anxiety, state anxiety, and coping behavior as predictors of athletic performance. *Anxiety Research* 1(3): 225–234.

Krumer, A., T. Shavit, and M. Rosenboim 2011. Why do professional athletes have different time preferences than non-athletes? *Judgment and Decision Making* 6(6): 542–551.

Kuhn, G. 2011. *Soccer vs. the State: Tackling Football and Radical Politics*. PM Press.

Kuzmits, F. E. and A. J. Adams 2008, Nov. The NFL Combine: Does it predict performance in the National Football League? *Journal of Strength and Conditioning Research* 22(6): 1721–1727.

Kwak, D. H., G. E. Clavio, A. N. Eagleman, and K. T. Kim 2010. Exploring the antecedents and consequences of personalizing sport video game experiences. *Sport Marketing Quarterly* 19(4): 217–225.

Laby, D. M., J. L. Davidson, L. J. Rosenbaum, C. Strasser, M. F. Mellman, A. L. Rosenbaum, and D. G. Kirschen 1996. The visual function of professional baseball players. *American Journal of Ophthalmology* 122(4): 476–485.

Lago, C. and R. Martín 2007. Determinants of possession of the ball in soccer. *Journal of Sports Sciences* 25(9): 969–974.

Lago-Penãs, C., L. Casais, A. Dellal, E. Rey, and E. Domínguez 2011. Anthropometric and physiological characteristics of young soccer players according to their playing positions: Relevance for competition success. *Journal of Strength & Conditioning Research* 25(12): 3358–3367.

Lago-Penãs, C. and A. Dellal 2010. Ball possession strategies in elite soccer according to the evolution of the match-score: The influence of situational variables. *Journal of Human Kinetics* 25:93–100.

Lancaster, H. O. 1969. *Chi-Square Distribution*. Wiley Online Library.

Lane, A. M., D. F. Sewell, P. C. Terry, D. Bartram, and M. S. Nesti 1999. Confirmatory factor analysis of the Competitive State Anxiety Inventory – 2. *Journal of Sports Sciences* 17(6): 505–512.

Lane, D. C. 2004. From Mao to Yao: New game plan for China in the era of basketball globalization. *Pac. Rim L. & Pol'y J.* 13:127.

Langville, A. N. and C. D. Meyer 2012. *Who's #1? The Science of Rating and Ranking*. Princeton University Press. 176.

Lapinski, M., E. Berkson, T. Gill, M. Reinold, J. Paradiso, and others 2009. A distributed wearable, wireless sensor system for evaluating professional baseball pitchers and batters. In *International Symposium on Wearable Computers, 2009. ISWC'09*, pp. 131–138. 37.

Larsson, L., G. Grimby, and J. Karlsson 1979. Muscle strength and speed of movement in relation to age and muscle morphology. *Journal of Applied Physiology* 46(3): 451–456.

Latin, R. W., K. Berg, and T. Baechle 1994. Physical and performance characteristics of NCAA Division I male basketball players. *Journal of Strength & Conditioning Research* 8(4): 214–218.

Laviers, K., G. Sukthankar, D. W. Aha, M. Molineaux, C. Darken, and others 2009. Improving Offensive Performance through Opponent Modeling. In *AIIDE*.

Leddy, M. H., M. J. Lambert, and B. M. Ogles 1994. Psychological consequences of athletic injury among high-level competitors. *Research Quarterly for Exercise and Sport* 65(4): 347–354.

Leeds, M. A. and S. Kowalewski 2001. Winner take all in the NFL the effect of the salary cap and free agency on the compensation of skill position players. *Journal of Sports Economics* 2(3): 244–256.

Lehman, G., E. J. Drinkwater, and D. G. Behm 2013. Correlation of throwing velocity to the results of lower-body field tests in male college baseball players. *Journal of Strength & Conditioning Research* 27(4): 902–908.

Lemyre, P. N., D. C. Treasure, and G. C. Roberts 2006. Sport psychology. *Journal of Sport & Exercise Psychology* 28:32–48.

Levinger, I., C. Goodman, D. L. Hare, G. Jerums, D. Toia, and S. Selig 2009. The reliability of the 1RM strength test for untrained middle-aged individuals. *Journal of Science and Medicine in Sport* 12(2): 310–316.

Lewis, M. 2003. *Moneyball: The Art of Winning an Unfair Game*. W. W. Norton & Company. 175.

Light, R. J. and B. H. Margolin 1971. An analysis of variance for categorical data. *Journal of the American Statistical Association* 66(335): 534–544.

Lin, C.C., V. Chen, C.C. Yu, and Y.C. Lin 2006. A schema to determine basketball defense strategies using a fuzzy expert system. In *Proceedings of the 7th WSEAS International Conference on Fuzzy Systems*, pp. 49–54. World Scientific and Engineering Academy and Society (WSEAS).

Little, R. J. and D. B. Rubin 2014. *Statistical Analysis with Missing Data*. John Wiley & Sons.

Little, T. and A. G. Williams 2005. Specificity of acceleration, maximum speed, and agility in professional soccer players. *Journal of Strength & Conditioning Research* 19(1): 76–78. 35.

Lix, L. M., J. C. Keselman, and H. Keselman 1996. Consequences of assumption violations revisited: A quantitative review of alternatives to the one-way analysis of variance $F-$test. *Review of Educational Research* 66(4): 579–619.

Lopez, S. T. 2012. Special issue on heroes, icons, legends: Legacies of great men in world soccer. *Soccer & Society* 13(4).

Lotz, S. and N. Hagemann 2007. Using the Implicit Association Test to measure athlete's attitude toward doping. *Journal of Sport & Exercise Psychology* 29.

Loveday, A., L. B. Sherar, J. P. Sanders, P. W. Sanderson, and D. W. Esliger 2015. Technologies that assess the location of physical activity and sedentary behavior: A systematic review. *Journal of Medical Internet Research* 17(8): e192.

Lowe, S. 2014. *Fear and Loathing in La Liga: Barcelona, Real Madrid, and the World's Greatest Sports Rivalry*. Nation Books.

Lucey, P., A. Bialkowski, P. Carr, Y. Yue, and I. Matthews 2014. How to get an open shot: Analyzing team movement in basketball using tracking data. MIT Sloan Sports Analytics Conference.

Lukaski, H. C., P. E. Johnson, W. W. Bolonchuk, and G. I. Lykken 1985, Apr. Assessment of fat-free mass using bioelectrical impedance measurements of the human body. *American Journal of Clinical Nutrition* 41(4): 810–817.

Lutz, D. 2012. A cluster analysis of NBA players. MIT Sloan Sports Analytics Conf., Boston, MA.

Luxbacher, J. 2005. *Soccer: Steps to Success*. Human Kinetics.

Lynch, C. J., Y. Xu, A. Hajnal, A. C. Salzberg, and Y. I. Kawasawa 2015. RNA sequencing reveals a slow to fast muscle fiber type transition after olanzapine infusion in rats. *PLoS ONE* 10(4).

Lyons, B. D., B. J. Hoffman, and J. W. Michel 2009. Not much more than G? An examination of the impact of intelligence on NFL performance. *Human Performance* 22(3): 225–245.

MacDougall, D. and D. Sale 2014. *Physiology of Training for High Performance*. Oxford University Press.

Macy, S. 1993. *A Whole New Ball Game: The Story of the All-American Girls Professional Baseball League*. Macmillan.

Magnusen, M. 2007. *Assessing Differences in Strength and Conditioning Coach Selfperceptions of Leadership Style at the NBA, Division I, and Division II Level*. ProQuest.

Major League Baseball 2015. *Official Rules of Major League Baseball*. Triumph Books.

Mall, F. P. 1908. On the teaching of anatomy. *Anatomical Record* 2(8): 313–335.

Mallett, C., M. Kawabata, P. Newcombe, A. Otero-Forero, and S. Jackson 2007. Sport Motivation

Scale – 6 (SMS – 6): A revised six-factor Sport Motivation Scale. *Psychology of Sport and Exercise* 8(5): 600–614.

Mangine, G. T., J. R. Hoffman, M. S. Fragala, J. Vazquez, M. C. Krause, J. Gillett, and N. Pichardo 2013a. Effect of age on anthropometric and physical performance mea-sures in professional baseball players. *Journal of Strength & Conditioning Research* 27 (2): 375–381.

Mangine, G. T., J. R. Hoffman, J. Vazquez, N. Pichardo, M. S. Fragala, and J. R. Stout 2013. Predictors of fielding performance in professional baseball players. *International Journal of Sports Physiology and Performance*.

Manzi, V., S. D'Ottavio, F. M. Impellizzeri, A. Chaouachi, K. Chamari, and C. Castagna 2010, May. Profile of weekly training load in elite male professional basketball players. *Journal of Strength and Conditioning Research* 24(5): 1399–1406.

Marchi, M. and J. Albert 2014. *Analyzing Baseball Data with R*. Chapman & Hall/CRC.

Marcos, F. M. L., P. A. S. Miguel, D. S. Oliva, and T. G. Calvo 2010. Interactive effects of team cohesion on perceived efficacy in semi-professional sport. *Journal of Sports Science & Medicine* 9(2): 320.

Margaria, R., P. Aghemo, and E. Rovelli 1966, Sep. Measurement of muscular power (anaerobic) in man. *Journal of Applied Physiology* 21(5): 1662–1664. 29.

Marks, S. C. and S. N. Popoff 1988. Bone cell biology: The regulation of development, structure, and function in the skeleton. *American Journal of Anatomy* 183(1): 1–44.

Marple, D. 1983. Tournament earnings and performance differentials between the sexes in professional golf and tennis. *Journal of Sport & Social Issues* 7(1): 1–14.

Martens, R. 1971. Anxiety and motor behavior: A review. *Journal of Motor Behavior* 3(2): 151–179.

Martens, R. and D. M. Landers 1970. Motor performance under stress: A test of the inverted – U hypothesis. *Journal of Personality and Social Psychology* 16(1): 29.

Martin, J. J. and D. L. Gill 1991. The relationships among competitive orientation, sport-confidence, self-efficacy, anxiety, and performance.

Martin, L. 2013. Improving Exercise Adherence and Physical Measures in Latina Women. Doctoral dissertation, University of Miami, Coral Gables.

Martin, L. 2015. Is socioeconomic status a contributing factor to tennis players' success? *Journal of*

Medicine and Science in Tennis 20(3): 116–121. 163.

Martin, L. and T. W. Miller 2016. *A Model for Measurement in Sports*. Research Publishers. http://www.research-publishers.com/. 52.

Martin, L., J. F. Signorile, B. E. Kahn, A. W. Perkins, S. Ahn, and A. C. Perry 2015. Improving exercise adherence and physical measures in English-speaking Latina women. *Journal of Racial and Ethnic Health Disparities*:1–10.

Martin, R. and K. Davids 1995. The effects of group development techniques on a professional athletic team. *Journal of Social Psychology* 135(4): 533–535.

Martin-Krumm, C. P., P. G. Sarrazin, C. Peterson, and J.–P. Famose 2003. Explanatory style and resilience after sports failure. *Personality and Individual Differences* 35(7): 1685–1695.

Masters, R. S. 1992. Knowledge, nerves and know-how: The role of explicit versus implicit knowledge in the breakdown of a complex motor skill under pressure. *British Journal of Psychology* 83(3): 343–358.

Maud, P. J. and C. Foster 2006. *Physiological Assessment of Human Fitness*. Human Kinetics.

Maxwell, J., R. Masters, and J. Poolton 2006. Performance breakdown in sport: The roles of reinvestment and verbal knowledge. *Research Quarterly for Exercise and Sport* 77(2): 271–276.

Maxwell, J. and E. Moores 2007. The development of a short scale measuring aggressiveness and anger in competitive athletes. *Psychology of Sport and Exercise* 8(2): 179–193. 47.

Mayhew, J., K. Hancock, L. Rollison, T. Ball, and J. Bowen 2001. Contributions of strength and body composition to the gender difference in anaerobic power. *Journal of Sports Medicine and Physical Fitness* 41(1): 33.

Mayhew, J., J. J. Houser, B. B. Briney, T. B. Williams, F. C. Piper, and W. F. Brechue 2010, Feb. Comparison between hand and electronic timing of 40 yd dash performance in college football players. *Journal of Strength and Conditioning Research* 24(2): 447–451.

Mayhew, J., F. Piper, T. Schwegler, and T. Ball 1989. Contributions of speed, agility and body composition to anaerobic power measurement in college football players. *Journal of Strength Conditioning Research* 3(4): 101–106.

Mayhew, J. and P. C. Salm 1990. Gender differences in anaerobic power tests. *European Journal of Applied Physiology and Occupational Physiology* 60(2): 133–138.

Mayhew, J., J. S. Ware, M. G. Bemben, B. Wilk, T. E. Ward, B. Farris, J. Juraszek, and J. P. Slovak 1999. The NFL－225 test as a measure of bench press strength in college football players. *Journal of Strength & Conditioning Research* 13(2): 130–134.

McArdle, W. D., F. I. Katch, and V. L. Katch 2006. *Essentials of Exercise Physiology*. Lippincott Williams & Wilkins.

McArdle, W. D., F. I. Katch, and V. L. Katch 2010. *Exercise Physiology: Nutrition, Energy, and Human Performance*. Lippincott Williams & Wilkins.

McCann, J. and D. Bryson 2009. *Smart Clothes and Wearable Technology*. Elsevier.

McComas, A. J. 1996. *Skeletal Muscle: Form and Function*. Human Kinetics.

McFarland, S. G. and Z. Crouch 2002. A cognitive skill confound on the Implicit Association Test. *Social Cognition* 20(6): 483–510. 49.

McGee, K. J. and L. N. Burkett 2003. The National Football League Combine: A reliable predictor of draft status? *Journal of Strength & Conditioning Research* 17(1): 6–11. 74.

McGinn, B. 2009. *The Ultimate Super Bowl Book*. MVP Books.

McGuine, T. A., J. J. Greene, T. Best, and G. Leverson 2000. Balance as a predictor of ankle injuries in high school basketball players. *Clinical Journal of Sport Medicine* 10 (4): 239–244.

McGuire, F. 1958. *Offensive Basketball*. Englewook Cliffs, N.J.: Prentice Hall.

McGuire, F. 1960. *Defensive Basketball*. Englewook Cliffs, N.J.: Prentice Hall.

McHale, I. and S. Davies 2007. Statistical analysis of the effectiveness of the FIFA world rankings. *Statistical Thinking in Sports*:77–90. 175.

McHale, I. and A. Morton 2011. A Bradley-Terry type model for forecasting tennis match results. *International Journal of Forecasting* 27(2): 619–630. 174.

McHale, I. G., P. A. Scarf, and D. E. Folker 2012. On the development of a soccer player performance rating system for the English Premier League. *Interfaces* 42(4): 339–351. 175.

McIntosh, J. 2014. *Soccer*. Mason Crest.

McKelvey, G. R. 2001. *For It's One, Two, Three, Four Strikes You're Out at the Owners' Ball Game: Players Versus Management in Baseball*. McFarland.

McLester, J. and P. S. Pierre 2007. *Applied Biomechanics: Concepts and Connections*. Cengage Learning.

McMorris, T. 2014. *Acquisition and Performance of Sports Skills*. New York: John Wiley & Sons.

McMurray, R. G., J. Driskell, I. Wolinsky, and others 2002. Laboratory methods for determining energy expenditure of athletes. *Nutritional Assessment of Athletes*:203–224.

Mead, W. B. and P. Dickson 1997. *Baseball: The Presidents' Game*. Bloomsbury Publishing USA.

Medoff, M. H. 1977. Positional segregation and professional baseball. *International Review for the Sociology of Sport* 12(1): 49–56.

Menard, S. 2002. *Applied Logistic Regression Analysis*, Volume 106. Sage.

Meng, X.L., R. Rosenthal, and D. B. Rubin 1992. Comparing correlated correlation coefficients. *Psychological Bulletin* 111(1): 172.

Messner, M. A. 1988. Sports and male domination: The female athlete as contested ideological terrain. *Sociology of Sport Journal* 5(3): 197–211.

Metaxas, T. I., N. Koutlianos, T. Sendelides, and A. Mandroukas 2009. Preseason physiological profile of soccer and basketball players in different divisions. *Journal of Strength & Conditioning Research* 23(6): 1704–1713.

Meyers, M. C., J. C. Sterling, S. Treadwell, A. E. Bourgeois, and A. LeUnes 1994. Mood and psychological skills of world-ranked female tennis players. *Journal of Sport Behavior* 17(3): 156.

Mielke, D. 2003. *Soccer fundamentals*. Human Kinetics.

Mierke, J. and K. C. Klauer 2001. Implicit association measurement with the IAT: Evidence for effects of executive control porcesses. *Zeitschrift fÃ 1/4r Experimentelle Psychologie*.

Miladinovic, M. 2008. Improving the Ranking System for Women's Professional Tennis. Ph.D. thesis, Stetson University. 174.

Miller, S. and R. Bartlett 1996. The relationship between basketball shooting kinematics, distance and playing position. *Journal of Sports Sciences* 14(3): 243–253.

Miller, T. W. 2015a. *Marketing Data Science: Modeling Techniques in Predictive Analytics with R and Python*. Old Tappan, N.J.: Pearson Education.

Miller, T. W. 2015b. *Modeling Techniques in Predictive Analytics with Python and R: A Guide to Data Science*. Upper Saddle River, N.J.: Pearson Education.

Miller, T. W. 2015c. *Modeling Techniques in Predictive Analytics: Business Problems and Solutions with R* (revised and expanded ed.). Upper Saddle River, N.J.: Pearson Education.

Miller, T. W. 2015d. *Web and Network Data Science: Modeling Techniques in Predictive Analytics with Python and R*. Upper Saddle River, N.J.: Pearson Education.

Miller, T. W. 2016. *Sports Analytics and Data Science: Winning the Game with Methods and Models*. Old Tappan, N.J.: Pearson Education. Data sets and programs available at http://www.ftpress.com/miller/and https://github.com/mtpa/. 176.

Mitchell, J. E. 2003. Realignment in the National Football League: Did they do it right? *Naval Research Logistics (NRL)* 50(7): 683–701.

Mochizuki, K., D. Lee, and R. Gonzalez 1993. *Baseball Saved Us*. Lee & Low.

Montville, L. 2007. *The Big Bam: The Life and Times of Babe Ruth*. Anchor Books.

Moorad, J. S. 1997. Major League Baseball's labor turmoil: The failure of the counter-revolution. *Villanova Sports & Entertainment Law Journal* 4:53.

Moran, A. 2004. *Sport and Exercise Psychology: A Critical Introduction*. Routledge.

Morgan, W. 1980. Test of champions: The iceberg profile. *Psychology Today* 14(2): 92.

Morgan, W. P. 1985. Selected psychological factors limiting performance: A mental health model. *Limits of Human Performance*:70–80.

Moritz, S. E., D. L. Feltz, K. R. Fahrbach, and D. E. Mack 2000. The relation of self-efficacy measures to sport performance: A meta-analytic review. *Research Quarterly for Exercise and Sport* 71(3): 280–294.

Morris, G., T. Engelland, and B. Jones 1976. *Basketball Basics*. Prentice-Hall.

Morrow, H. E. 2003. The wide world of sports is getting wider: A look at drafting foreign players into US professional sports. *Houston Journal of International Law* 26:649.

Morrow, J. R. 2011. *Measurement and Evaluation in Human Performance*. Human Kinetics.

Motulsky, H. 2013. *Intuitive Biostatistics: A Nonmathematical Guide to Statistical Thinking*. Oxford University Press, USA.

Mullins, L. S. and R. E. Kopelman 1988. Toward an assessment of the construct validity of four measures of narcissism. *Journal of Personality Assessment* 52(4): 610–625.

Murphy, K. P. 2012. *Machine Learning: A Probabilistic Perspective*. MIT Press. 67.

Murray, B. and W. J. Murray 1998. *The World's Game: A History of Soccer*. University of Illinois Press.

Muscolino, J. E. 2005. *The Muscular System Manual: The Skeletal Muscles of the Human Body*.

Mosby.

Muscolino, J. E. 2014. *Kinesiology: The Skeletal System and Muscle Function*. Elsevier Health Sciences.

Naismith, J. 1914. Basket ball. *American Physical Education Review* 19(5): 339–351.

Naismith, J. 1941. *Basketball: Its Origin and Development*. University of Nebraska Press.

Naismith, J. 1983. *Rules for Basket Ball*. [Springfield, Mass.: Triangle Publishing Company], 1892 (Springfield, Mass.: Springfield Print. and Binding Company).

National Basketball Association 2015a. *A Glossary of NBA Terms*. Retrieved from the World Wide Web, December 12, 2015. at http://www.nba.com/analysis/00422966.html.

National Basketball Association 2015b. *Official Rules of the National Basketball Association 2015–2016*. Retrieved from the World Wide Web, December 12, 2015. at https://turnernbahangtime.files.wordpress.com/2015/11/official-nba-rule-book-2015-16.pdf.

National Football League 2015. *2015 NFL Rulebook*. Retrieved from the World Wide Web, December 11, 2015. at http://operations.nfl.com/the-rules/2015-nfl-rulebook. 193.

Neilson, P. J. 2003. The Dynamic Testing of Soccer Balls. Ph.D. thesis, © Paul Neilson.

Nelson, D. M. 1994. *The Anatomy of a Game: Football, the Rules, and the Men Who Made the Game*. University of Delaware Press.

Nemec, D. 1994. *The Rules of Baseball: An Anecdotal Look at the Rules of Baseball and How They Came to Be*. Lyons Press.

Nesser, T. W., R. W. Latin, K. Berg, and E. Prentice 1996. Physiological determinants of 40 – meter sprint performance in young male athletes. *Journal of Strength Conditioning Research* 10(4): 263–267.

Neuhauser, M. 2011. *Nonparametric Statistical Tests: A Computational Approach*. Boca Raton, Fla.: Chapman and Hall/CRC. 67.

Nevill, A., R. Holder, and A. Watts 2009. The changing shape of "successful" professional footballers. *Journal of Sports Sciences* 27(5): 419–426.

Nevill, A. M., G. Atkinson, M. D. Hughes, and S. – M. Cooper 2002. Statistical methods for analyzing discrete and categorical data recorded in performance analysis. *Journal of Sports Sciences* 20(10): 829–844.

Nevill, A., R. Holder, and A. Watts 2009. *The changing shape of "successful" professional footballers*. Journal of Sports Sciences 27(5):419–426.

Newton, R. R. and K. E. Rudestam 2012. *Your Statistical Consultant: Answers to Your Data Analysis Questions*. Sage Publications.

Ngonyama, P. 2010. The 2010 FIFA World Cup: Critical voices from below. *Soccer & Society* 11(1 – 2): 168–180.

Nicks, D. C. and E. A. Fleishman 1960. What do Physical Fitness Tests Measure? A Review of Factor Analytic Studies. Technical Report, DTIC Document.

Nimphius, S., M. R. McGuigan, and R. U. Newton 2010. Relationship between strength, power, speed, and change of direction performance of female softball players. *Journal of Strength & Conditioning Research* 24(4): 885–895. 35.

Noakes, T. 2003. *Lore of running*. Human Kinetics.

Noor, M. A. M., N. Kumaraswamy, R. Singh, and M. R. Abdullah 2008. Personality trait as one of psychological predictors of injuries among Malaysian professional football players.

Oberg, B., J. Ekstrand, M. Möller, and J. Gillquist 1984. Muscle strength and flexibility in different positions of soccer players. *International Journal of Sports Medicine* 5(4): 213–216.

O'Donoghue, P. G. 2001. The most important points in Grand Slam singles tennis. *Research Quarterly for Exercise and Sport* 72(2): 125–131.

Ogilvie, B. C. 1967. What is an athlete? *Journal of Health, Physical Education, Recreation* 38 (6): 46–48.

Okrent, D. 2000. *Nine Innings: The Anatomy of a Baseball Game*. Houghton Mifflin Harcourt.

Okubo, H. and M. Hubbard 2015. Rebounds of basketball field shots. *Sports Engineering* 18(1): 43–54.

Olejnik, S. F. and J. Algina 1987. Type I error rates and power estimates of selected parametric and nonparametric tests of scale. *Journal of Educational and Behavioral Statistics* 12(1): 45–61.

Oliver, D. 2004a. *Basketball on Paper: Rules and Tools of Performance Analysis*. Brassey's Press.

Oliver, J. A. 2004b. *Basketball Fundamentals*. Human Kinetics.

Onate, J. A., B. C. Beck, and B. L. Van Lunen 2007. On-field testing environment and Balance Error Scoring System performance during preseason screening of healthy collegiate baseball players. *Journal of Athletic Training* 42(4): 446.

O'Reilly, N. J. and J. P. Nadeau 2006. Revenue generation in professional sport: A diagnostic analysis. *International Journal of Sport Management and Marketing* 1(4): 311–330.

Orejan, J. 2011. *Football/Soccer: History and Tactics*. McFarland.

Orlick, T. 1989. Reflections on sportpsych consulting with individual and team sport athletes at summer and Winter Olympic Games. *Sport Psychologist* 3:358–365.

Ortega, E., D. Cárdenas, P. Sainz de Baranda, and J. Palao 2006a. Analysis of the final actions used in basketball during formative years according to player's position. *Journal of Human Movement Studies* 50(6): 421–437.

Ortega, E., D. Cárdenas, P. Sainz de Baranda, and J. Palao 2006b. Differences in competitive participation according to player's position in formative basketball. *Journal of Human Movement Studies* 50(2): 103–122.

Osborne, J. W. and E. Waters 2002. Multiple Regression Assumptions. ERIC Digest.

Ostojic, S. M., S. Mazic, and N. Dikic 2006. Profiling in basketball: Physical and physio-logical characteristics of elite players. *Journal of Strength & Conditioning Research* 20(4): 740–744.

Otis, C., M. Crespo, C. Flygare, P. Johnston, A. Keber, D. Lloyd-Kolkin, J. Loehr, K. Martin, B. Pluim, A. Quinn, and others 2006. The Sony Ericsson WTA Tour 10 year age eligibility and professional development review. *British Journal of Sports Medicine* 40 (5): 464–468.

Ovadia, S. 2004. Ratings and rankings: Reconsidering the structure of values and their measurement. *International Journal of Social Research Methodology* 7(5): 403–414.

Oxendine, J. B. 1988. *American Indian Sports Heritage*. U of Nebraska Press.

Palacios-Huerta, I. 2004. Structural changes during a century of the world's most popular sport. *Statistical Methods and Applications* 13(2): 241–258.

Palmer, M. L., M. E. Epler, and M. F. Epler 1998. *Fundamentals of Musculoskeletal Assessment Techniques*. Lippincott Williams & Wilkins.

Panait, C. and V. Cojocaru 2013. The new e-registration and analysis methods support for objectification of the training in performance football game. In *Conference Proceedings of eLearning and Software for Education (eLSE)*, Number 03, pp. 49–54. 37.

Pargman, D. 1999. *Psychological Bases of Sport Injuries*. Fitness Information Technology.

Parker, S. 1994. *The Human Body*. Shining Star Press.

Parsons, John, W. H. and T. Henman 2008. *The Tennis Book: The Illustrated Encyclopedia of World Tennis*. Carlton Books.

Paruolo, P., M. Saisana, and A. Saltelli 2013. Ratings and rankings: Voodoo or science? *Journal of the Royal Statistical Society: Series A (Statistics in Society)* 176(3): 609–634.

Pate, R. R., M. L. Burgess, J. A. Woods, J. G. Ross, and T. Baumgartner 1993. Validity of field tests of upper body muscular strength. *Research Quarterly for Exercise and Sport* 64(1): 17–24.

Paternoster, R., R. Brame, P. Mazerolle, and A. Piquero 1998. Using the correct statistical test for the equality of regression coefficients. *Criminology* 36:859.

Pauole, K., K. Madole, J. Garhammer, M. Lacourse, and R. Rozenek 2000. Reliability and validity of the *t*–test as a measure of agility, leg power, and leg speed in college-aged men and women. *Journal of Strength Conditioning Research* 14(4): 443–450.

Pawson, T. 1972. *100 Years of the FA Cup: The Official Centenary History*. Pan.

Payne, K. A., K. Berg, and R. W. Latin 1997. Ankle injuries and ankle strength, flexibility, and proprioception in college basketball players. *Journal of Athletic Training* 32(3): 221.

Pelletier, L. G., M. S. Fortier, R. J. Vallerand, K. M. Tuson, N. M. Briere, and M. R. Blais 1995. Toward a new measure of intrinsic motivation, extrinsic motivation, and motivation in sports: The Sport Motivation Scale (SMS). *Journal of Sport and Exercise Psychology* 17:35–35.

Pellman, E. J., D. C. Viano, A. M. Tucker, I. R. Casson, and J. F. Waeckerle 2003. Concussion in professional football: Reconstruction of game impacts and injuries. *Neurosurgery* 53(4): 799–814.

Peng, C.Y. J., K. L. Lee, and G. M. Ingersoll 2002. An introduction to logistic regression analysis and reporting. *Journal of Educational Research* 96(1): 3–14.

Peng, Y., K. Lo, H. Lin, and L. Wang 2009. EMG analysis of the lower extremity between varying stance squat widths in baseball catcher throwing. In *ISBS–Conference Proceedings Archive*, Volume 1.

Perkin, H. 1989. Teaching the nations how to play: Sport and society in the British Empire and Commonwealth. *The International Journal of the History of Sport* 6(2): 145–155.

Perlini, A. H. and T. R. Halverson 2006. Emotional intelligence in the National Hockey League. *Canadian Journal of Behavioural Science/Revue Canadienne des Sciences du Comportement* 38(2): 109.

Perneger, T. V. 1998. What's wrong with Bonferroni adjustments. *BMJ: British Medical Journal* 316(7139): 1236.

Perrin, D. 1995. *Athletic Taping and Bracing*. Human Kinetics.

Peterson, M. D., M. R. Rhea, and B. A. Alvar 2004, May. Maximizing strength development in athletes: A meta-analysis to determine the dose-response relationship. *Journal of Strength and Conditioning Research* 18(2): 377–382.

Peterson, R. 1970. *Only the Ball Was White*. Prentice Hall.

Peterson, R. W. 1996. *Pigskin: The Early Years of Pro Football*. Oxford University Press.

Peterson, S. L., J. C. Weber, and W. W. Trousdale 1967. Personality traits of women in team sports vs. women in individual sports. *Research Quarterly. American Association for Health, Physical Education and Recreation* 38(4): 686–690.

Pette, D. and R. S. Staron 1990. *Cellular and Molecular Diversities of Mammalian Skeletal Muscle Fibers*. Springer.

Pette, D. and R. S. Staron 1997. Mammalian skeletal muscle fiber type transitions. *International Review of Cytology* 170:143–223.

Pette, D. and R. S. Staron 2000. Myosin isoforms, muscle fiber types, and transitions. *Microscopy Research and Technique* 50(6): 500–509.

Pierman, C. J. 2005. Baseball, conduct, and true womanhood. *Women's Studies Quarterly*: 68–85.

Pinheiro, J., D. Bates, S. DebRoy, D. Sarkar, and others 2007. Linear and Nonlinear Mixed Effects Models. *R Package Version* 3:57. 67.

Plackett, R. L. 1983. Karl Pearson and the chi-squared test. *International Statistical Review/Revue Internationale de Statistique*:59–72.

Plisky, P. J., M. J. Rauh, T. W. Kaminski, and F. B. Underwood 2006. Star Excursion Balance Test as a predictor of lower extremity injury in high school basketball players. *Journal of Orthopaedic & Sports Physical Therapy* 36(12): 911–919. 29.

Pluim, B. M. 2014. The evolution and impact of science in tennis: Eight advances for performance and health. *British Journal of Sports Medicine* 48(Suppl 1): i3–i5. 39.

Plumley, D. and S. W. Flint 2015. The UEFA Champions League: Maintaining the status quo? *Team Performance Management* 21(5/6): 247–258.

Podlog, L. and R. C. Eklund 2005. Return to sport after serious injury: A retrospective examination of motivation and psychological outcomes. *Journal of Sport Rehabilitation* 14(1): 20–34.

Pollard, R. and C. Reep 1997. Measuring the effectiveness of playing strategies at soccer. *The Statistician*:541–550.

Pomrenke, J. 2012. "Call the game!" *Base Ball: A Journal of the Early Game* 6(1).

Pope, S. W. 1995. An army of athletes: Playing fields, battlefields, and the American military sporting experience, 1890–1920. *The Journal of Military History* 59(3): 435.

Potteiger, J. A. and G. D. Wilson 1989. Bridging the gap research: Training the pitcher: A physiological perspective. *Strength & Conditioning Journal* 11(3): 24–26.

Powers, D. A. and Y. Xie 2008. *Statistical Methods for Categorical Data Analysis*. Emerald Group Publishing.

Proctor, D. N., W. E. Sinning, J. Walro, G. C. Sieck, and P. Lemon 1995. Oxidative capacity of human muscle fiber types: Effects of age and training status. *Journal of Applied Physiology* 78(6): 2033–2038.

Puerzer, R. J. 2002. From scientific baseball to Sabermetrics: Professional baseball as a reflection of engineering and management in society. *NINE: A Journal of Baseball History and Culture* 11(1): 34–48.

Qizhi, Z. 1999. The origin and development of the rules for basketball matches. *Sport Science and Technology*:Z1.

Quackenbush, N. and J. Crossman 1994. Injured athletes: A study of emotional responses. *Journal of Sport Behavior* 17(3): 178.

Quinn, A. and M. Reid 2005. Traditional vs functional core training for tennis. In *14th ITF Worldwide Coaches Workshop. London, United Kingdom: The International Tennis Federation*, pp. 1–4.

Quinn, A. M. and B. J. Fallon 1999. The changes in psychological characteristics and reactions of elite athletes from injury onset until full recovery. *Journal of Applied Sport Psychology* 11(2): 210–229.

Raab, M. 2003. Decision making in sports: Influence of complexity on implicit and explicit learning. *International Journal of Sport and Exercise Psychology* 1(4): 406–433.

Rabinowitz, B. 1989. Baseball and the Great Depression. *Baseball History*:49–59.

Rader, B. G. and D. A. Sullivan 1997. *Early Innings: A Documentary History of Baseball, 1825–1908.*

University of Nebraska Press.

Raglin, J. S. 1991. Anxiety and sport performance. *Exercise and Sport Sciences Reviews* 20: 243–274.

Raglin, J. S. 2001. Psychological factors in sport performance. *Sports Medicine* 31(12): 875–890.

Rains, R. 2011. *James Naismith: The Man Who Invented Basketball*. Temple University Press.

Rampinini, E., D. Bishop, S. Marcora, D. Ferrari Bravo, R. Sassi, and F. Impellizzeri 2007. Validity of simple field tests as indicators of match-related physical performance in top-level professional soccer players. *International Journal of Sports Medicine* 28(3): 228.

Ramzaninezhad, R., M. H. Keshtan, M. D. Shahamat, and S. S. Kordshooli 2009. The relationship between collective efficacy, group cohesion and team performance in professional volleyball teams. *Brazilian Journal of Biomotricity* 3(1): 31–39.

Randle, S., R. Weinberg, and others 1997. Multidimensional anxiety and performance: An exploratory examination of the zone of optimal functioning hypothesis. *Sport Psychologist* 11:160–174.

Rankin, W. L. and J. W. Grube 1980. A comparison of ranking and rating procedures for value system measurement. *European Journal of Social Psychology* 10(3): 233–246. 174.

Rao, C. R. and H. Toutenburg 1995. *Linear Models*. Springer.

Raskin, R. and J. Novacek 1989. An MMPI description of the narcissistic personality. *Journal of Personality Assessment* 53(1): 66 80.

Raskin, R. N. and C. S. Hall 1979. A Narcissistic Personality Inventory. *Psychological Reports* 45(2): 590–590.

Real, M. R. and L. Wenner 1989. Super Bowl football versus World Cup soccer: A culturalstructural comparison. *Media, Sports, and Society*:180–203.

Reid, M., M. Crespo, F. Atienza, and J. Dimmock 2007. Tournament structure and nations' success in women's professional tennis. *Journal of Sports Sciences* 25(11): 1221–1228.

Reid, M., D. McMurtrie, and M. Crespo 2010. The relationship between match statistics and top 100 ranking in professional men's tennis. *International Journal of Performance Analysis in Sport* 10(2): 131–138.

Reid, M. and K. Schneiker 2008. Strength and conditioning in tennis: Current research and practice. *Journal of Science and Medicine in Sport* 11(3): 248–256.

Reider, B. 2014. Moneyball. *American Journal of Sports Medicine* 42(3): 533–535.

Requena, B., J. J. González-Badillo, E. S. S. De Villareal, J. Ereline, I. García, H. Gapeyeva, and M. Pääsuke 2009. Functional performance, maximal strength, and power characteristics in isometric and dynamic actions of lower extremities in soccer players. *Journal of Strength & Conditioning Research* 23(5): 1391–1401.

Reynolds, J. M., T. J. Gordon, and R. A. Robergs 2006. Prediction of One Repetition Maximum strength from multiple repetition maximum testing and anthropometry. *Journal of Strength & Conditioning Research* 20(3): 584–592.

Rheinheimer, D. C. and D. A. Penfield 2001. The effects of type I error rate and power of the ANCOVA *F*−test and selected alternatives under nonnormality and variance heterogeneity. *Journal of Experimental Education* 69(4): 373–391.

Ribowsky, M. 1995. *A Complete History of the Negro Leagues, 1884 to 1955*. Carol Publishing Corporation.

Ridder, G., J. Cramer, and P. Hopstaken 1994. Down to ten: Estimating the effect of a red card in soccer. *Journal of the American Statistical Association* 89(427): 1124–1127.

Riley, J. A. 2002. *The Biographical Encyclopedia of the Negro Baseball Leagues*. Carroll & Graf Publishers.

Ripken, C. and B. Ripken 2004. *Play Baseball the Ripken Way: The Complete Illustrated Guide to the Fundamentals*. Ballantine Books.

Ripken, C. and B. Ripken 2007. *Coaching Youth Baseball the Ripken Way*. Human Kinetics.

Robbins, D. W. 2010. The National Football League (NFL) Combine: does normalized data better predict performance in the NFL draft? *Journal of Strength & Conditioning Research* 24(11): 2888–2899.

Robbins, D. W. 2011. Positional physical characteristics of players drafted into the National Football League. *Journal of Strength & Conditioning Research* 25(10): 2661–2667.

Robbins, D. W. 2012. Relationships between National Football League Combine performance measures. *Journal of Strength & Conditioning Research* 26(1): 226–231.

Robbins, D. W. and W. B. Young 2012, Feb. Positional relationships between various sprint and jump abilities in elite American football players. *Journal of Strength & Conditioning Research* 26(2): 388–397.

Robert, C. P. 2007. *The Bayesian Choice: From Decision Theoretic Foundations to Computational Implementation* (second ed.). New York: Springer. 67.

Roberts, H. 1953. *The Story of Pro Football*. Rand McNally.

Robineau, J., T. Jouaux, M. Lacroix, and N. Babault 2012. Neuromuscular fatigue induced by a 90 – minute soccer game modeling. *Journal of Strength & Conditioning Research* 26 (2): 555–562.

Roetert, P. and T. S. Ellenbecker 2007. *Complete Conditioning for Tennis*. Human Kinetics.

Roetert, P. and M. Kovacs 2011. *Tennis Anatomy*. Human Kinetics.

Rosenberg, M. 1965. Rosenberg Self-Esteem Scale (RSES). *Acceptance and Commitment Therapy. Measures Package* 61. 48, 52.

Rowley, A. J., D. M. Landers, L. B. Kyllo, and J. L. Etnier 1995. Does the iceberg profile discriminate between successful and less successful athletes? A meta-analysis. *Journal of Sport and Exercise Psychology* 17:185–185.

Rubin, E. 1958. Questions and answers: An analysis of baseball scores by innings. *The American Statistician* 12(2): 21–22.

Ruff, C. B. 2000. Body size, body shape, and long bone strength in modern humans. *Journal of Human Evolution* 38(2): 269–290.

Ruggiero, J. 2011. The hall of fame. In *Frontiers in Major League Baseball*, pp. 77–92. Springer.

Rupinski, M. T. and W. P. Dunlap 1996. Approximating Pearson product-moment correlations from Kendall's tau and Spearman's rho. *Educational and Psychological Measurement* 56(3): 419–429.

Russell, D. 1997. *Football and the English: A Social History of Association Football in England, 1863–1995*. Carnegie Publishing Ltd.

Rutherford, A. 2011. *ANOVA and ANCOVA: A GLM Approach*. John Wiley & Sons.

Ruxton, G. D. 2006. The unequal variance t – test is an underused alternative to Student's t – test and the Mann-Whitney U test. *Behavioral Ecology* 17(4): 688–690.

Ruxton, G. D. and G. Beauchamp 2008. Time for some a priori thinking about post hoc testing. *Behavioral Ecology* 19(3): 690–693.

Saccoman, J. T. 1996. Sabermetrics: The team teaching approach. *Education* 117(2): 200.

Safir, J. 2015. How analytics, big data, and technology have impacted basketball's quest to maximize efficiency and optimization. 37.

Sagal, M.-S., P. T. Sagal, and G. E. Miller 2004. Assessment in sport psychology. *Encyclopedia of Applied Psychology* 1:177–190.

Sallet, P., D. Perrier, J. M. Ferret, V. Vitelli, and G. Baverel 2005. Physiological differences in professional basketball players as a function of playing position and level of play. *Journal of Sports Medicine and Physical Fitness* 45(3): 291.

Sampaio, J., S. J. Ibañez Godoy, M. Á. Gómez Ruano, A. Lorenzo Calvo, and E. Ortega Toro 2008. Game location influences basketball players performance across playing positions. *International Journal of Sport Psychology* 39(3): 43–50.

Sampaio, J., M. Janeira, S. Ibáñez, and A. Lorenzo 2006. Discriminant analysis of gamerelated statistics between basketball guards, forwards and centres in three professional leagues. *European Journal of Sport Science* 6(3): 173–178.

Santo, C. 2005. The economic impact of sports stadiums: Recasting the analysis in context. *Journal of Urban Affairs* 27(2): 177–192.

Satorra, A. and P. M. Bentler 2001. A scaled difference chi-square test statistic for moment structure analysis. *Psychometrika* 66(4): 507–514.

Scanlon, V. C. and T. Sanders 2014. *Essentials of Anatomy and Physiology*. FA Davis.

Schaerlaeckens, L. 2015. An Inside Look at How MLS Teams Are Using Analytics. http://fusion.net/story/173133/major-league-soccer-analytics/. 144.

Schell, M. J. 2005. *Baseball's All-time Best Sluggers: Adjusted Batting Performance from Strikeouts to Home Runs*. Princeton University Press.

Schumacker, R. and S. Tomek 2013. Chi-square test. In *Understanding Statistics Using R*, pp. 169–175. Springer.

Scully, G. W. 2004. Player salary share and the distribution of player earnings. *Managerial and Decision Economics* 25(2): 77–86. 177.

Seifriz, J. J., J. L. Duda, and L. Chi 1992. The relationship of perceived motivational climate to intrinsic motivation and beliefs about success in basketball. *Journal of Sport and Exercise Psychology* 14:375–375.

Sekulic, D., B. Males, and D. Miletic 2006. Navy recruits: Fitness measuring, validation, and norming. *Military Medicine* 171(8): 749–752.

Semenick, D. 1984. Anaerobic testing: Practical appliations. *Strength & Conditioning Journal* 6(5): 45.

Senaux, B. 2008. A stakeholder approach to football club governance. *International Journal of Sport Management and Marketing* 4(1): 4–17.

Seroyer, S. T., S. J. Nho, B. R. Bach, C. A. Bush-Joseph, G. P. Nicholson, and A. A. Romeo 2010. The kinetic chain in overhand pitching: Its potential role for performance enhancement and injury prevention. *Sports Health: A Multidisciplinary Approach* 2(2): 135–146.

Shamus, E. and J. Shamus 2001. *Sports Injury: Prevention & Rehabilitation*. McGraw-Hill Medical. 26.

Shapiro, S. S. and M. B. Wilk 1965. An analysis of variance test for normality (complete samples). *Biometrika*:591–611.

Shapiro, S. S., M. B. Wilk, and H. J. Chen 1968. A comparative study of various tests for normality. *Journal of the American Statistical Association* 63(324): 1343–1372.

Shea, S. M. 2014. *Basketball Analytics: Spatial Tracking*. CreateSpace.

Shea, S. M. and C. E. Baker 2013. *Basketball Analytics: Objective and Efficient Strategies for Understanding How Teams Win*. Advanced Metrics, LLC.

Sheldon, J. P. and J. S. Eccles 2005. Physical and psychological predictors of perceived ability in adult male and female tennis players. *Journal of Applied Sport Psychology* 17 (1): 48–63.

Sherwood, L. 2015. *Human Physiology: From Cells to Systems*. Cengage Learning.

Sheskin, D. J. 2003. *Handbook of Parametric and Nonparametric Statistical Procedures*. CRC Press.

Shiner, D. 2001. *Baseball's Greatest Players: The Saga Continues*. Superiorbooks. Com Incorporated.

Siegel, J. A., R. M. Gilders, R. S. Staron, and F. C. HaGerman 2002. Human muscle power output during upper-and lower-body exercises. *Journal of Strength & Conditioning Research* 16(2): 173–178.

Siegel, S. 1957. Nonparametric statistics. *The American Statistician* 11(3): 13–19.

Siegfried, J. and A. Zimbalist 2000. The economics of sports facilities and their communities. *Journal of Economic Perspectives*:95–114.

Sierer, S. P., C. L. Battaglini, J. P. Mihalik, E. W. Shields, and N. T. Tomasini 2008, Jan. The National Football League Combine: Performance differences between drafted and nondrafted players entering the 2004 and 2005 drafts. *Journal of Strength and Conditioning Research* 22(1): 6–12.

Simenz, C. J., C. A. Dugan, and W. P. Ebben 2005. Strength and conditioning practices of National

Basketball Association strength and conditioning coaches. *Journal of Strength & Conditioning Research* 19(3): 495–504.

Simmons, B. 2009. *The Book of Basketball: The NBA According to the Sports Guy*. ESPN.

Simmons, R. 2007. Overpaid athletes? Comparing American and European football. *Working USA* 10(4): 457–471. 177.

Sinclair, R. J. 1985. Baseball's rising sun: American interwar baseball diplomacy and Japan. *Canadian Journal of the History of the Sport*:44–53.

Sindik, J. and others 2011. Differences between top senior basketball players from different team positions in big five personality traits. *Acta Kinesiologica* 5(2): 31–35.

Singer, J. D. and J. B. Willett 2003. *Applied Longitudinal Data Analysis: Modeling Change and Event Occurrence*. Oxford University Press.

Siri, W. E. 1961. Body composition from fluid spaces and density: Analysis of methods. *Techniques for Measuring Body Composition* 61:223–244.

Skipper, J. C. 2000. *A Biographical Dictionary of the Baseball Hall of Fame*. McFarland.

Slack, T. and M. M. Parent 2006. *Understanding Sport Organizations: The Application of Organization Theory*. Human Kinetics.

Slobounov, S. 2008. Fitness assessment in athletes. *Injuries in Athletics: Causes and Consequences*: 217–239.

Smekal, G., S. P. von Duvillard, C. Rihacek, R. Pokan, P. Hofmann, R. Baron, H. Tschan, and N. Bachl 2001. A physiological profile of tennis match play. *Medicine and Science in Sports and Exercise* 33(6): 999–1005.

Smith, A. M., S. G. Scott, W. M. O'Fallon, and M. L. Young 1990. Emotional responses of athletes to injury. In *Mayo Clinic Proceedings*, Volume 65, pp. 38–50. Elsevier.

Smith, A. M., S. G. Scott, and D. M. Wiese 1990. The psychological effects of sports injuries coping. *Sports Medicine* 9(6): 352–369.

Smith, A. M., M. J. Stuart, D. M. Wiese-Bjornstal, E. K. Milliner, W. M. O'Fallon, and C. S. Crowson 1993. Competitive athletes: Preinjury and postinjury mood state and self-esteem. In *Mayo Clinic Proceedings*, Volume 68, pp. 939–947. Elsevier.

Smith, D., S. Driver, M. Lafferty, C. Burrell, and T. Devonport 2002. Social desirability bias and direction: Modified Competitive State Anxiety Inventory–2. *Perceptual and Motor Skills* 95(3): 945–952.

Smith, D. and B. Spear 1981. *Basketball, Multiple Offense and Defense*. Prentice Hall.

Smith, R. E., F. L. Smoll, S. P. Cumming, J. R. Grossbard, and others 2006. Measurement of multidimensional sport performance anxiety in children and adults: The Sport Anxiety Scale–2. *Journal of Sport and Exercise Psychology* 28(4): 479.

Smith, R. E., F. L. Smoll, and R. W. Schutz 1990. Measurement and correlates of sport-specific cognitive and somatic trait anxiety: The Sport Anxiety Scale. *Anxiety Research* 2(4): 263–280.

Smoll, F. L., R. E. Smith, B. Curtis, and E. Hunt 1978. Toward a mediational model of coach-player relationships. *Research Quarterly. American Alliance for Health, Physical Education and Recreation* 49(4): 528–541.

Snedecor, G. W. and W. G. Cochran 1989. *Statistical Methods* (eighth ed.). Ames, Iowa: Iowa State University Press. First edition published by Snedecor in 1937.

Sohrabi, F., S. Atashak, and M. Aliloo 2011. Psychological profile of athletes in contact and non-contact sports. *Middle-East Journal of Scientific Research* 9(5): 638–644.

Sparkes, A. C. 1998. Athletic identity: An Achilles' heel to the survival of self. *Qualitative Health Research* 8(5): 644–664.

Spielberger, C. D., I. G. Sarason, and P. B. Defares 1985. *Stress and Anxiety*, Volume 9. Taylor & Francis.

Sporis, G., I. Jukic, S. M. Ostojic, and D. Milanovic 2009. Fitness profiling in soccer: Physical and physiologic characteristics of elite players. *Journal of Strength & Conditioning Research* 23(7): 1947–1953.

Sports Reference LLC 2015. 2014 Major League Baseball team statistics and standings: team & league standard batting. Retrieved from the World Wide Web on September 7, 2015. at http://www.baseball-reference.com/leagues/MLB/2014-standings.shtml/. 210, 218, 223.

Sprent, P. and N. C. Smeeton 2007. *Applied Nonparametric Statistical Methods* (fourth ed.). Chapman and Hall/CRC. 67.

Staffo, D. F. 1998. The development of professional basketball in the United States, with an emphasis on the history of the NBA to its 50th anniversary season in 1996–97. *Physical Educator* 55(1): 9.

Staron, R., E. Malicky, M. Leonardi, J. Falkel, F. HaGerman, and G. Dudley 1990. Muscle hypertrophy and fast fiber type conversions in heavy resistance-trained women. *European Journal of Applied Physiology and Occupational Physiology* 60(1): 71–79.

Staudohar, P. D. 1997. The baseball strike of 1994–95. *Monthly Lab. Rev.* 120:21.

Stefani, R. T. 1987. Applications of statistical methods to American football. *Journal of Applied Statistics* 14(1): 61–73.

Stefani, R. T. 1997. Survey of the major world sports rating systems. *Journal of Applied Statistics* 24(6): 635–646.

Stefani, R. T. and R. Pollard 2007. Football rating systems for top-level competition: A critical survey. *Journal of Quantitative Analysis in Sports* 3(3): 175.

Stewart, W. 2006. *Babe Ruth: A Biography*. Greenwood Publishing Group.

Stølen, T., K. Chamari, C. Castagna, and U. Wisløff 2005. Physiology of soccer. *Sports Medicine* 35(6): 501–536.

Stoltz III, J. F. 2012. Turbulent seasons: Baseball in 1890–1891, and: Under pallor, under shadow: The 1920 American League pennant race that rattled and rebuilt baseball, and: Wins, losses, and empty seats: How baseball outlasted the Great Depression (review). *Journal of Sport History* 39(2): 335–339.

Sugden, J., A. Tomlinson, and others 1998. *FIFA and the Contest for World Football: Who Rules the People's Game?* Polity Press.

Sullivan, G. 1985. *Football Rules Illustrated*. Simon and Schuster.

Sullivan, G. 1990. *All about Football*. Penguin.

Surdam, D. G. 2011. *Wins, Losses, and Empty Seats: How Baseball Outlasted the Great Depression*. U of Nebraska Press.

Sutton, L., M. Scott, J. Wallace, and T. Reilly 2009. Body composition of English Premier League soccer players: Influence of playing position, international status, and ethnicity. *Journal of Sports Sciences* 27(10): 1019–1026.

Svensson, M. and B. Drust 2005. Testing soccer players. *Journal of Sports Sciences* 23(6): 601–618.

Swain, P. and A. Harvey 2012. On Bosworth field or the playing fields of Eton and Rugby? Who really invented modern football? *International Journal of the History of Sport* 29 (10): 1425–1445.

Szto, C. 2015. Serving up change? Gender mainstreaming and the UNESCO–WTA partnership for global gender equality. *Sport in Society* 18(8): 895–908.

Szymanski, S. and others 2010. The market for soccer players in England after Bosman: Winners and losers. *Football Economics and Policy*:27–51.

Szymanski, S. and A. S. Zimbalist 2006. *National Pastime: How Americans Play Baseball and the Rest of the World Plays Soccer*. Brookings Institution Press.

Tabachnick, B. G., L. S. Fidell, and others 2001. Using Multivariate Statistics.

Taimela, S., U. M. Kujala, and K. Osterman 1990. Intrinsic risk factors and athletic injuries. *Sports Medicine* 9(4): 205–215.

Takahashi, J. and K. Suzuki 1993. Scoring big with soccer. *Japan Quarterly* 40(4): 418.

Talsma, G. 1999. Data analysis and baseball. *The Mathematics Teacher* 92(8): 738.

Tamborra, S. 2007. *Complete Conditioning for Baseball*. Human Kinetics.

Tang, M.C. 2015. Contract length, expected surplus, and specific investments empirical evidence from the National Football League. *Journal of Sports Economics* 16(3): 295–311.

Tanner, R., C. Gore, and others 2013. *Physiological Tests for Elite Athletes*. Human Kinetics. 20, 40.

Taskin, H. 2008. Evaluating sprinting ability, density of acceleration, and speed dribbling ability of professional soccer players with respect to their positions. *Journal of Strength & Conditioning Research* 22(5): 1481–1486.

Taylor, J. and B. A. Schneider 1992. The Sport-Clinical Intake Protocol: A compre-hensive interviewing instrument for applied sport psychology. *Professional Psychology: Research and Practice* 23(4): 318.

Taylor, M. 2013. *The Association Game: A History of British Football*. Routledge.

Tazegü l, Ü. 2011. Comparison of narcissims in some branches of athletes. *Journal of Sports and Performance Researches* 3:13–22.

Teichner, W. H. 1954. Recent studies of simple reaction time. *Psychological Bulletin* 51(2): 128.

Teichner, W. H. and J. L. Kobrick 1956. Effects of viewing distance with the Howard-Dolman apparatus. *Journal of the Optical Society of America* 46:837–840.

Tenenbaum, G., D. Furst, and G. Weingarten 1985. A statistical reevaluation of the STAI anxiety questionnaire. *Journal of Clinical Psychology* 41(2): 239–244.

Terjung, R., K. Baldwin, W. Winder, and J. Holloszy 1974. Glycogen repletion in different types of muscle and in liver after exhausting exercise. *American Journal of Physiology– Legacy Content* 226(6): 1387–1391.

Terkel, S. 1997. *The Good War: An Oral History of World War II*. New Press.

Thierer, A. D. 2015. The Internet of things and wearable technology: Addressing privacy and security concerns without derailing innovation. *Richmond Journal of Law & Technology* 21:6–15.

Thompson, M. 1975. On any given Sunday: Fair competitor orderings with maximum likelihood methods. *Journal of the American Statistical Association* 70(351): 536–541.

Thorn, J., P. Palmer, and D. Reuther 2015. *The Hidden Game of Baseball: A Revolutionary Approach to Baseball and Its Statistics*. University of Chicago Press.

Tomarken, A. J. and R. C. Serlin 1986. Comparison of ANOVA alternatives under variance heterogeneity and specific noncentrality structures. *Psychological Bulletin* 99(1): 90.

Topend Sports 2015. Topend Sports: The Sport & Science Resource. http://www.topendsports.com/.

Torres, E. M., W. J. Kraemer, J. L. Vingren, J. S. Volek, D. L. Hatfield, B. A. Spiering, J. Y. Ho, M. S. Fragala, G. A. Thomas, J. M. Anderson, and others 2008. Effects of stretching on upper-body muscular performance. *Journal of Strength & Conditioning Research* 22(4): 1279–1285.

Tracey, J. 2003. The emotional response to the injury and rehabilitation process. *Journal of Applied Sport Psychology* 15(4): 279–293.

Triola, M. F. 2014. *Elementary Statistics*. Upper Saddle River, N.J.: Pearson.

Trninić, S. and D. Dizdar 2000. System of the performance evaluation criteria weighted per positions in the basketball game. *Collegium Antropologicum* 24(1): 217–234.

Trninić, S., D. Dizdar, and B. Dežman 2000. Empirical verification of the weighted system of criteria for the elite basketball players quality evaluation. *Collegium Antropologicum* 24(2): 443–465.

Trninić, S., D. Dizdar, and E. Lukšić 2002. Differences between winning and defeated top quality basketball teams in final tournaments of European club championship. *Collegium Antropologicum* 26(2): 521–531.

Truth, S., A. P. Kennedy, and J. Press 1992. Ain't I a Woman?

Tucker, W. J., B. J. Sawyer, C. L. Jarrett, D. M. Bhammar, and G. A. Gaesser 2015. Physiological responses to high-intensity interval exercise differing in interval duration. *Journal of Strength and*

Conditioning Research.

Tumilty, D. 1993. Physiological characteristics of elite soccer players. *Sports Medicine* 16 (2): 80–96.

Turkin, H. 1976. *The Official Encyclopedia of Baseball*. Barnes.

Vallerand, R. J. 2004. Intrinsic and extrinsic motivation in sport. *Encyclopedia of Applied Psychology* 2(10): 52.

Vallerand, R. J. 2007a. A hierarchical model of intrinsic and extrinsic motivation for sport and physical activity. In M. Hagger N. Chatzisarantis (eds.), *Intrinsic Motivation and Self-Determination in Exercise and Sport*. pp. 255–280. Champaign, Ill.: Human Kinetics.

Vallerand, R. J. 2007b. Intrinsic and extrinsic motivation in sport and physical activity. *Handbook of Sport Psychology* 3:59–83.

Vallerand, R. J. and G. F. Losier 1999. An integrative analysis of intrinsic and extrinsic motivation in sport. *Journal of Applied Sport Psychology* 11(1): 142–169.

Van Pelt, D. 2014. *An Insider's Guide to Football*. The Rosen Publishing Group.

Vancil, M. 1995. *NBA Basketball Basics*. Sterling Publishing Company.

Vealey, R. and M. Chase 2008. Self-confidence in sport. *Advances in Sport Psychology* 3: 65–98.

Vealey, R. S. 1990. Advancements in competitive anxiety research: Use of the sport competition anxiety test and the Competitive State Anxiety Inventory – 2. *Anxiety Research* 2(4): 243–261.

Vealey, R. S. and B. Brewer 2009. Confidence in sport. *Sport Psychology*:43–52.

Vescovi, J. D. and M. R. Mcguigan 2008. Relationships between sprinting, agility, and jump ability in female athletes. *Journal of Sports Sciences* 26(1): 97–107. 35.

Viano, D. C. and E. J. Pellman 2005. Concussion in professional football: Biomechanics of the striking player—part 8. *Neurosurgery* 56(2): 266–280.

Viano, D. C., E. J. Pellman, C. Withnall, and N. Shewchenko 2006. Concussion in professional football: Performance of newer helmets in reconstructed game impacts—part 13. *Neurosurgery* 59(3): 591–606.

Vickers, A. J. 2005. Parametric versus non-parametric statistics in the analysis of randomized trials with non-normally distributed data. *BMC Medical Research Methodology* 5 (1): 35.

Vøllestad, M. K., I. Tabata, and J. Medbø 1992. Glycogen breakdown in different human muscle fibre types during exhaustive exercise of short duration. *Acta Physiologica Scandinavica* 144(2):

135–141.

Vøllestad, M. K., O. Vaage, and L. Hermansen 1984. Muscle glycogen depletion patterns in type I and subgroups of type II fibres during prolonged severe exercise in man. *Acta Physiologica Scandinavica* 122(4): 433–441.

Volpi, P. and E. Taioli 2012, Dec. The health profile of professional soccer players: Future opportunities for injury prevention. *Journal of Strength and Conditioning Research* 26 (12): 3473–3479.

Waddington, I. and M. Roderick 1996. American exceptionalism: Soccer and American football. *Sports Historian* 16(1): 42–63.

Wasserman, L. 2010. *All of Statistics: A Concise Course in Statistical Inference*. New York: Springer.

Wataru, O. 2009. Analytic study on the position and height of rebound balls in basketball. *Human Performance* 6:17–24.

Watkinson, J. 1998. Performance testing for baseball. *Strength & Conditioning Journal* 20 (4): 16–20.

Wegener, F. 2014. *The History of Basketball and Volleyball*. GRIN Verlag.

Wegner, M. 2012. *Implicit vs.explicit processes of motivation and affect regulation in unconsciously and consciously critical situations in sports*.

Wells, K. F. and E. K. Dillon 1952. The sit and reach—A test of back and leg flexibility. *Research Quarterly. American Association for Health, Physical Education and Recreation* 23(1): 115–118. 23.

Welter, J. C. 2013. The Wonderlic Classic Cognitive Ability Test as a Measure of Player Selection and Success for Quarterbacks in the National Football League. Ph.D. thesis, Capella University.

West, B. T. 2006. A simple and flexible rating method for predicting success in the NCAA basketball tournament. *Journal of Quantitative Analysis in Sports* 2(3): 1–14.

White, T. D., M. T. Black, and P. A. Folkens 2011. *Human Osteology*. Academic Press.

Widmeyer, W. N., L. R. Brawley, and A. V. Carron 1985. *The Measurement of Cohesion in Sport Teams: The Group Environment Questionnaire*. Sports Dynamics.

Wierike, S., A. Sluis, I. Akker-Scheek, M. Elferink-Gemser, and C. Visscher 2013. Psychosocial factors influencing the recovery of athletes with anterior cruciate ligament injury: A systematic review. *Scandinavian Journal of Medicine Science in Sports* 23(5): 527–540.

Wikipedia 2015. Glossary of baseball. Retrieved from the World Wide Web on August 29, 2015. at https://en.m.wikipedia.org/wiki/Glossary_of_baseball.

Wilk, K. E., J. R. Andrews, C. A. Arrigo, M. A. Keirns, and D. J. Erber 1993. The strength characteristics of internal and external rotator muscles in professional baseball pitchers. *American Journal of Sports Medicine* 21(1): 61–66.

Wilk, K. E., K. Meister, and J. R. Andrews 2002. Current concepts in the rehabilitation of the overhead throwing athlete. *American Journal of Sports Medicine* 30(1): 136–151.

Wilk, K. E., P. Obma, C. D. Simpson, E. L. Cain, J. Dugas, and J. R. Andrews 2009. Shoulder injuries in the overhead athlete. *Journal of Orthopaedic & Sports Physical Therapy* 39(2): 38–54.

Wilk, K. E. and M. M. Reimold 2004. Specific exercises for the throwing shoulder. *The Shoulder and the Overhead Athlete*:95.

Willardson, J. M. 2007. Core stability training: Applications to sports conditioning programs. *Journal of Strength & Conditioning Research* 21(3): 979–985.

Williams, J. D., G. Abt, and A. E. Kilding 2010. Ball-Sport Endurance and Sprint Test (BEAST90): Validity and reliability of a 90–minute soccer performance test. *Journal of Strength & Conditioning Research* 24(12): 3209–3218.

Williams, C. and C. Wragg 2004. *Data Analysis and Research for Sport and Exercise Science: A Student Guide*. Routledge.

Winkler, P. A. and B. Esses 2011. Platform tilt perturbation as an intervention for people with chronic vestibular dysfunction. *Journal of Neurologic Physical Therapy* 35(3): 105–115.

Winston, W. L. 2009. *Mathletics: How Gamblers, Managers, and Sports Enthusiasts Use Mathematics in Baseball, Basketball, and Football*. Princeton, N.J.: Princeton University Press.

Winter, E. M., A. M. Jones, R. C. R. Davison, P. D. Bromley, and T. H. Mercer 2006. *Sport and Exercise Physiology Testing Guidelines: Volume I–Sport Testing: The British Association of Sport and Exercise Sciences Guide*. Routledge.

Wisloeff, U., J. Helgerud, and J. Hoff 1998. Strength and endurance of elite soccer players. *Medicine and Science in Sports and Exercise* 30:462–467.

Wong, P., I. Mujika, C. Castagna, K. Chamari, P. Lau, and U. Wisloff 2008. Characteristics of World Cup Soccer Players.

Woodman, T. and L. Hardy 2003. The relative impact of cognitive anxiety and selfconfidence upon sport performance: A meta-analysis. *Journal of Sports Sciences* 21 (6): 443–457.

Woods, M. 2009. *Basketball Legends*, Volume 13. Crabtree Publishing Company.

Woods, C., R. Hawkins, M. Hulse, and A. Hodson 2003. The Football Association Medical Research Programme: An audit of injuries in professional football—an analysis of ankle sprains. *British Journal of Sports Medicine* 37(3): 233–238.

Woodson, M. 2011. Comparison of bioelectrical impedance analysis instruments and skinfold calipers in the determination of percent body fat in Division I tennis players. *Celebration of Undergraduate Scholarship, Valparaison University* Retrieved from the World Wide Web, December 2015. at https://mail.google.com/mail/u/0/#inbox/1525425b80d99057?projector=1.

Wooten, E. P. 1965. The structural base of human movement. *Journal of Health, Physical Education, Recreation* 36(8): 59–60.

Worthy, D. A., A. B. Markman, and W. T. Maddox 2009. Choking and excelling at the free throw line. *International Journal of Creativity & Problem Solving* 19(1): 53–58.

Wright, A. G., A. L. Pincus, K. M. Thomas, C. J. Hopwood, K. E. Markon, and R. F. Krueger 2013. Conceptions of narcissism and the DSM－5 pathological personality traits. *Assessment*: 1073191113486692.

Wright, M. J. and R. C. Jackson 2007. Brain regions concerned with perceptual skills in tennis: An fMRI study. *International Journal of Psychophysiology* 63(2): 214–220.

Wughalter, E. H. and J. C. Gondola 1991. Mood states of professional female tennis players. *Perceptual and Motor Skills* 73(1): 187–190.

Xiao-an, W. 2009. Analysis on the competitive strength of the offense and defense of Chinese men's basketball team in the 29th Olympics. Journal of Chengdu Sport University 9:019.

Xu, S.－X. and X.－P. Liu 2004. Summary of the research on basketball awareness. *Shandong Sports Science Technology* 3:6.

Yaffee, R. A. and M. McGee 2000. *An Introduction to Time Series Analysis and Forecasting: With Applications of SAS® and SPSS®*. Academic Press.

Young, W. and D. Farrow 2006. A review of agility: Practical applications for strength and conditioning. *Strength & Conditioning Journal* 28(5): 24–29. 35.

Young, W. B., M. H. McDowell, and B. J. Scarlett 2001. Specificity of sprint and agility training methods. *Journal of Strength & Conditioning Research* 15(3): 315–319. 35.

Zeng, H. Z. 2003. The differences between anxiety and self-confidence between team and individual sports college varsity athletes. *International Sports Journal* 7(1): 28.

Zhang, B. 1999. A chi-squared goodness-of-fit test for logistic regression models based on case-control data. *Biometrika* 86(3): 531–539.

Zhuina, D. V., V. G. Zazykin, and L. G. Maydokina 2015. Empirical study of the psychology of the winner (on the example of the Republic of Mordovia Athletes). *Modern Applied Science* 9(5): 211.

Zupan, M. F., A. W. Arata, L. H. Dawson, A. L. Wile, T. L. Payn, and M. E. Hannon 2009. Wingate anaerobic test peak power and anaerobic capacity classifications for men and women intercollegiate athletes. *Journal of Strength & Conditioning Research* 23(9): 2598–2604.